실리 사회주의 현장을 가다

민족21 | 통일신보 | 조선신보 공동기획 ❷

〈통일신보〉〈조선신보〉 평양특파원의 현장리포트 ❷

인민경제의 개건 현대화,
공업구조의 개혁 추진

지난 10년간 '시련에 찼던 시기'를 지나 북녘의 경제가 상승의 궤도를 타고 있다.

2006년 북은 기간공업과 농업에서 '3년련속계획'을 수립해 집행하기 시작했다.

'80년대 경제발전속도'의 재현을 통해 '경제상승'의 안정을 도모하기 위해서다.

대동강맥주공장이 새로 건설되고, 평양화장품공장 등 수 많은 공장·기업소들이 개건, 현대화됐다.

이 사업은 "하나가 열, 열이 백, 백이 천을 개건현대화하는 방법으로 인민경제의 전반적기술장비수준을 높여나가는 방법"으로 추진되고 있다. 특히 인민생활에 긴요한 '1차소비품'을 우선적으로 해결하는 원칙에 따라 개건현대화를 추진해왔다.

조선신보

민족21

02

식량생산이 주공전선

북녘의 농사는 거름주기, 씨뿌리기로 시작해 본격적으로 모내기철에 들어선다.
북은 2005년 북은 유례없는 풍작을 이루었다.
북은 최근 적지적작, 적기적작의 주체농법 관철, 종자혁명,
두벌농사, 토지정리, 농업기술혁명 등을 차근차근 추진하고 있다.

협동농장마다 먼저 다수확품종의 종자들을 받아들이려는 열의가 높아졌다.
내부적으로는 식량증산을 위한 '총동원, 총집중' 의 분위기가 조성돼 있다.
온 나라가 떨쳐나 농사를 잘 짓는데 모든 력량을 집중하고 있는 셈이다.

조선신보

민족21

05

다양한 물품을 파는
매대 등장

조선신보

06

북녘에서는 2002년 이후 사회주의경제관리를 개선하기 위한 일련의 조치들이 취해졌다.
일한 것만큼, 번 것만큼 분배하는 사회주의분배원칙이 철저히 관철되면서
상업과 봉사부문에서 실리를 추구하는 경향이 눈에 띈다.
백화점에서는 손님을 더 유치하기 위해 다양한 노력을 기울이고,
상업관리소들에서는 여름에는 청량음료와 아이스크림,
겨울에는 고구마, 군밤 등을 파는 매대(판매대)를 설치해 수익을 올리고 있다.

집단의 이익이 개인의 이익

독립채산제가 강화되면서 상점과 봉사시설에서는
주민들의 요구에 맞는 상품 개발과 봉사에 신경을 쓰고 있다.
'실리' 는 집단에도 이익이 되지만 성과급이 지급되면서 개인에게도 이익이 돌아간다.
집단주의 원칙이 유지되는 속에서 개인의 창의성을 높이는 방식이다.

북 당국은 2006년 "가까운 연간에 경제전반이 흥하게 하고 인민들이
우리 경제토대의 덕을 실질적으로 보게 하려는 것이 당의 의도이며 우리의 투쟁목표"라고 선언했다.
《조선신보》는 "올해(2006년) 일어나게 될 사변들은 시련의 시기를 빛나게 결속한
우리식 사회주의의 일대 전성기가 어떤 것인가를 구체적인 현실로 펼쳐보일 것"이라며 낙관론을 폈다.

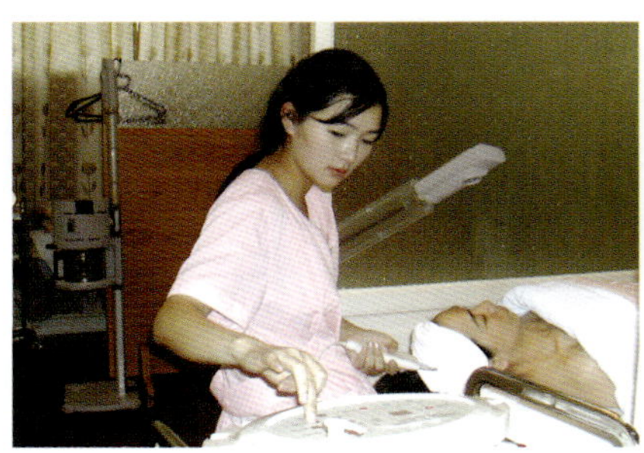

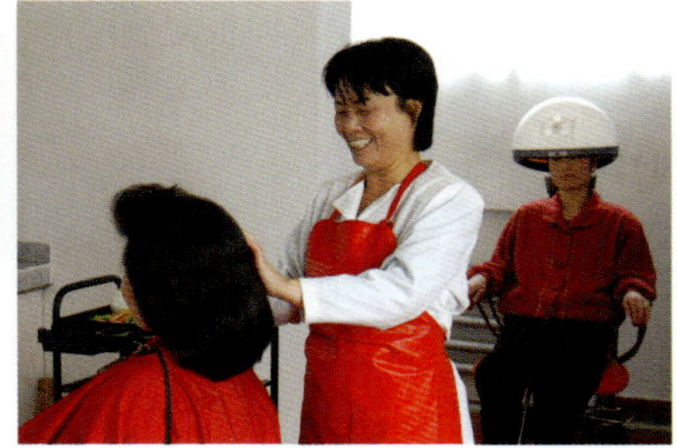

조선신보

"남과 북, 해외동포 기자들이
북녘 내부의 생생한 목소리와 현장을 담았습니다"

'겨레의 마음을 잇는 다리가 되겠다'고 《민족21》을 세상에 내놓은 지 벌써 5년이 되었습니다. 그 동안 열리지 않을 것 같은 철책문이 열려 금강산 육로관광이 시작되었고 개성공단이 착공되었습니다. 한해 방북 인원이 10만 명에 육박하고 교역량이 10억 달러를 넘어서게 될 만큼 남북관계는 발전했습니다.

모두가 2000년 6·15공동선언의 덕입니다. 6·15공동선언이 없었다면 '남북이 함께 하는 민족21'도 태어날 수 없었습니다. 6·15공동선언은 《민족21》의 모태이기도 합니다. 창간에서부터 지금까지 5년의 세월 동안 《민족21》이 걸어온 길은 6·15공동선언의 정신을 남북해외 8000만 겨레의 가슴 속에 심는 것이었습니다.

그동안 《민족》은 남쪽 언론사로서는 처음으로 《조선신보》 평양지국과 《민족대단결》사, 《통일신보》에서 보내온 생생한 북의 목소리를 담아 출발부터 남쪽 사회에 신선한 충격을 주었습니다.

이제 지난 5년 간을 냉철하게 평가하고 앞으로의 5년을 준비하는 각오를 다지면서 《민족21》이 《통일신보》《조선신보》와 함께 걸어온 발자취를 한번 정리할 시점이 됐다고 봅니다.

그런 취지에서 그동안 《통일신보》와 《조선신보》에 보내 준 옥고들을 모아 두 권의 책으로 묶었습니다.

1권《"래일을 위한 오늘에 살지요"》는 북측《통일신보》기자들이 직접 자기 사회와 문화, 인민의 살아가는 모습을 취재해《민족21》에 실었던 기사들을 중심으로《조선신보》와《민족21》의 취재기사를 더해 묶었습니다. 이를 통해 21세기 우리의 반쪽인 북녘 사람들이 무슨 생각을 하고 있고, 어떻게 살고 있는지를 생생하게 만나보십시오.

2권《실리 사회주의의 현장을 가다》는 일본《조선신보》평양지국 기자들이 발로 뛰어 취재한 북녘의 경제현장 보고서를 중심으로《민족21》의 북녘 취재기사의 일부를 포함시켜 엮었습니다. 2001년에 본격적으로 제시된 '새로운 사고'와 2002년 7월 사회주의경제관리개선 조치 이후 변화하고 있는 북녘 사회와 사람들을 만나보실 수 있을 것입니다.

《조선신보》는 두 권에 실린 기사들에 대해서 "오늘 시점에서 과거의 어느 기사를 읽어도 바래져 가치를 상실한 것은 없을뿐더러 오히려 시대를 앞질러 긴요한 문제들을 발제하고 있는 것으로 하여 더 빛이 나고있다고 새삼스레 통감하게 됩니다"라고 평가합니다.

독자 여러분의 평가는 어떨지 두렵기도 합니다만 두 권 모두 북녘 내부의 생생한 목소리와 현장을 담고 있기 때문에 지금까지 북녘사회를 다룬 다른 어떤 책들보다 특별한 감동을 줄 것이라고 확신합니다.

더 이상 통일문제를 몇몇의 전유물로 놓아두어서는 안 됩니다. 이 책이 민족문제, 통일문제를 고민하는 모든 분들에게 조금이나마 도움이 됐으면 하는 마음 간절합니다.

앞으로《민족21》은 6·15시대를 선도하는 것을 자기 사명으로 삼아, 8000만 겨레가 열독할 수 있는 대중적 잡지로 거듭 나도록 노력하겠습니다.

　그것이 외세에 의해 강요된 분단 현실을 두 눈으로 직시하고, 이를 극복하기 위해 '우리 민족끼리' 정신에 발맞춰 민족언론으로서 역할을 제대로 수행하는 길이라고 봅니다.

　통일붓 들고 6·15공동선언 실천 위해 일로매진(一路邁進)하겠습니다.

　앞으로 《민족21》이 통일언론, 민족언론으로서 맡겨진 사명을 다할 수 있도록 남북해외 8000만 겨레의 격려와 따뜻한 질책을 부탁드립니다.

　마지막으로 《민족21》이 뿌리내리고 두 권의 단행본이 나올 수 있도록 물심양면으로 도와주신 모든 분께 감사의 인사를 드립니다. 또 아무런 조건 없이 기사와 사진을 보내주고, 기쁨과 고통을 함께 해준 북의 《통일신보》와 일본의 《조선신보》 관계자 여러분에게도 고마움을 표시하고자 합니다.

2006년 4월 19일
《민족21》 임직원 일동

"북을 올바로 리해하고 통일을
앞당기는데 기여하기를 바랍니다"

지금은 6·15시대입니다. 대결과 불신의 시대가 아니라 화해와 협력의 시대입니다. 이 시대에 북과 남의 언론들이 들고 나가야 할 기치는 6·15공동선언입니다. 공동선언은 통일의 빛이고 희망이며 진정한 민족언론이 서야할 위치와 가야할 목표를 밝혀준 통일애국의 리정표입니다.

6·15시대는 북과 남의 언론이 서로 힘을 합쳐 붓대로 민족의 단합, 통일에 이바지할 것을 요구합니다. 우리 민족의 언론이라면 마땅히 공동선언리행의 길에서 민족 앞에 지닌 자기의 본분을 다해 나가야 합니다.

돌이켜보면 6·15공동선언리행을 위한 성스러운 길에서 우리 《통일신보》가 남의 월간잡지 《민족21》과 손을 잡고 협력해온지도 어언 다섯해가 됩니다.

7·4남북공동성명의 채택으로 삼천리강토를 진감한 통일의 환희와 감격을 안고 출현한 북의 《통일신보》, 6·15시대의 벅찬 흐름과 민족의 뜨거운 통일열기에 떠받들려 태여난 《민족21》은 분명 통일애국의 산아들이였습니다.

'우리 민족끼리'의 기치밑에 통일의 주인인 북과 남을 하나로 굳게 단합시켜 온 겨레를 자주통일에로 선도해나가려는 공통된 지향은 북과 남의 우리 두 언론을 하나가 되게 한 것입니다.

북과 남의 언론들이 처음으로 함께 손잡고 걷는 이 길에는 희열에 넘친 기쁨도 있었고 넘어질세라 서로 의지해온 후더운 신뢰도 있었습니다. 때로는 어깨걸고 넘어야 할 시련의 고충도 없지 않았습니다.

하지만 통일의 길에서 《민족21》과 《통일신보》가 맺은 우정과 협력은 오늘도 계속되고 래일도 변함없을 것입니다.

북녘동포들의 신념과 지향, 투쟁과 생활을 리해하고 그 진실을 전하려는 《민족21》기자들의 뜨거운 헌신과 열정은 《통일신보》기자들을 감동시켰고 지난 5년간 한건 한건의 글과 사진들을 만들어 《민족21》에 보내도록 떠밀어준 힘으로 되었습니다.

그 자그마한 '화해의 싹' 들이 모이고 모여 어느덧 두터운 부피를 이루어 오늘은 《민족21》과 함께 단행본을 묶게 되었습니다.

우리들이 만들어내는 책이 쌓이고 쌓일수록 겨레의 가슴속에 통일에 대한 신심이 넘쳐나고 북과 남 사이의 화해와 협력, 단합이 더욱 두터워진다면 그것이 바로 조국통일이라고 생각합니다.

6·15자주통일시대에 북과 남의 언론인들이 공동으로 발행하는 이 책이 한 피줄을 이은 동족이고 통일조국에서 함께 살고 번영해야 할 북을 올바로 리해하고 통일을 앞당기는데 적으나마 기여한다면 더 바랄 것이 없겠습니다.

아울러 이 책의 출판을 맡아주신 《민족21》잡지사의 여러분들에게 다시 한번 감사를 드리며 앞으로도 '우리 민족끼리' 의 기치밑에 6·15공동선언을 실현해나가는 길에서 우리는 남조선의 통일애국언론들과 언제나 함께 있을 것임을 약속드립니다.

독자들의 변함없는 성원을 기대합니다.

2006년 4월
통일신보사

"더 많은 동포들 속에 보급되고
널리 애독되기를 진심으로 바랍니다"

　력사적인 6·15공동선언의 산아로 태여난 남쪽의 통일전문지 《민족21》이 창간된지 어느덧 다섯돐을 맞이하게 되였습니다. 남북이 함께 하는 유일한 잡지가 걸어온 지난 5년의 력사는 북남 최고 수뇌분들의 상봉으로 펼쳐진 6·15시대의 언론으로서 '우리 민족끼리' 정신을 남쪽사회에서 구현해나가는 참다운 애국애족의 로정이였습니다.

　《민족21》은 7·4남북공동성명의 산아인 북쪽의 통일전문지 《통일신보》를 만나게 됨으로써 편집과 글들이 더 다채롭고 풍부해지고 6·15통일시대의 요구에 부합되게 발전해올 수 있었습니다.

　《민족21》 창간 5돐을 기념하여 그간 쌓아온 글들을 단행본으로 묶어 세상에 내놓게 된 것은 그 귀중한 성과를 더 광범한 동포들에게 알리는 지극히 정당한 일이며 시기적으로도 매우 적절하다고 할수 있습니다.

　총련(재일본조선인총련합회)의 기관지이며 재일동포들을 위한 생활정보지이기도 한 《조선신보》의 기자, 편집원, 직원들은 이번에 두권으로 묶게 된 단행본에 우리 평양지국 기자들이 제공한 글들이 함께 실리게 된것을 더 없는 기쁨으로, 명예로 여기고있습니다.

　《조선신보》는 조국이 일제의 식민지통치로부터 해방된 직후에 재일동포들의 권익을 지키며 통일독립국가건설을 위해 이바지하는 신문으로 출발했습니다. 그때로부터 오늘까지 《조선신보》는 조선반도의 평화와 안전, 외세에 의해 동강난 조국의 자주적 평화통일을 앞당기기 위해 시종일관 모든 노력을 다해왔다고 자부하고 있습니다.

1988년부터 평양에 상주기자를 두게 된 것도 북쪽사회의 참다운 모습을 재일동포들에게 재빨리 그리고 올바르게 알려주는데 그 목적이 있었습니다. 《민족21》과 《조선신보》가 평양에서 만나게 되고 그후도 변함없이 협조관계를 맺어온 것은 결코 우연한 것이 아니라 통일지향의 언론이라는 공통성, 신념과 의지의 공통성이 있어 이루어진 것이라고 믿습니다.

남쪽동포들이 북쪽동포들에 대해 절실히 알고싶어하는 내용을 《조선신보》 기자들이 독자적인 시야와 안목으로 특색있게 기사화하여 《민족21》에 기고해온 것이 다소라도 북, 남사이에 다리를 놓는 역할을 놀수 있었다면 그보다 기쁜 일은 없습니다.

단행본이 한사람이라도 더 많은 동포들속에 보급되고 널리 애독되기를 진심으로 바랍니다. 그리고 이와 같은 북·남·해외의 애국애족의 공동작업이 더 폭넓게, 더 크게 장성하여 화해와 통일 촉진의 밑거름이 되기를 믿어 마지 않습니다.

우리는 앞으로도 '우리 민족끼리' 정신에 따라 6·15시대가 필요로 하는 진정한 애국애족의 언론으로서의 사명과 역할을 다할 것이며 이 길에서 언제나 《민족21》과 함께 서있을 것입니다.

2006년 4월
조선신보사

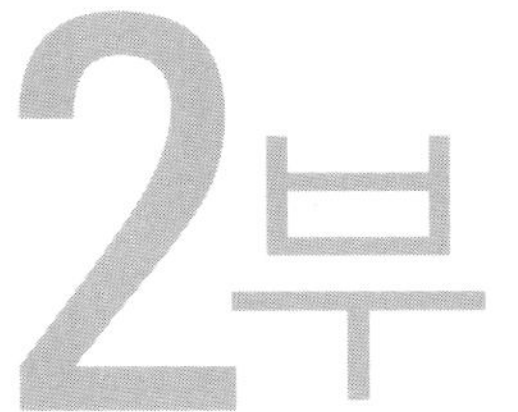

2부 | 북녘의 문화 예술 인사와 만나다

'실리'와 '우리식 사회주의'

6·15공동선언 후 평양의 변화상

6·15 선언 후 평양의 3백일, 인민들이 뛰고 있다

6·15공동선언 후 3백 일간 평양의 변화상을 현장에서 취재한 언론인들이 있다.
바로 재일본조선인총련합회(총련) 기관지 《조선신보》 평양지국 주재기자들이다. 주체사상
을 알고 서방을 아는 그들의 눈으로 본 남북정상회담 그 후 300일. 과연 평양의 각계각
층에서는 어떤 일이 진행되고 있을까.

벌써 출발한 통일 급행렬차

"김동무가 나왔구만. 수고하오."

취재현장에서 만나는 북의 '대화일군'들은 담백하고 상냥한 사람들
이다. 허물없이 악수를 교환하고 혈육의 정을 나눈다.

2000년 6월 김정일 국방위원장과 김대중 대통령의 력사적인 평양 상
봉과 6·15공동선언의 발표를 계기로 북남관계는 새로운 발전국면에
들어섰다. 정치와 경제, 인도주의 분야에서 대화와 접촉, 래왕이 진행
되는 가운데 그리운 사람들 간의 상봉이 오래간만에 이루어졌다.

그들과 처음으로 만난 것은 1990년대 초반이였다. 신출내기 기자 시
절, 북남대화의 현장에서 통일사업을 전담하는 일군들의 성공과 좌절
을 취재수첩에 기록하면서 필자는 하나가 되려는 민족의 지향과 '우리
의 소원'을 불러야 할 분단의 현실을 배웠다.

세월은 흘렀다. 세기의 교체기에 만난 북의 대화일군들은 웃는 얼굴
에 주름살이 더 많았다. 하지만 '통일의 리정표'를 찾은 그들은 활력에
넘쳐 있었다. 하자고 하는 마음으로 차 있었다. 취재현장에서 만난 그

들은 필자의 손을 꽉 잡으며 힘주어 말하였다.

"조국통일에 이바지하는 좋은 글을 써주기 바라오. 도와줄 수 있는 건 도와줄 테니…"

6·15공동선언이 발표된 지 두 달 후인 2000년 8월 15일 평양비행장.

북측의 흩어진 가족·친척 방문단 성원들이 탄 고려항공기가 남쪽 하늘을 향해 떠올랐다. 조선로동당 중앙위원회 김용순 비서를 비롯한 관계부문 일군들이 방문단 일행을 환송하기 위해 비행장에 나와 있었다.

필자는 사라지는 비행기를 향해 오래도록 손을 흔들었다. 한 일군이 감개에 잠기며 혼자 말하는 소리가 들렸다.

"20세기 마지막 광복절에 공화국기가 새겨진 우리 비행기가 서울로 날아간다니, 장군님이 아니였더라면 이런 대사변을 마련하실 수 없었을 거다…."

북측 관계자들은 6·15공동선언이 '통일의 전환적 국면'을 열어놓은 데 대하여 말할 때 꼭 그 대목을 강조하였다.

"장군님께서 대용단을 내리신 것입니다."

직장과 학교, 가정을 찾아가 평양 시민들에게 북남관계의 전망에 대하여 물어보아도 류사한 대답을 하였다. 북남관계의 진전에 김정일 국방위원장(북측 사람들은 생활 속에서 '장군님'이라 부른다)의 확고한 의지가 반영되였다는 사실이 정세판단의 중요한 기준이였다.

김정일 국방위원장과 김대중 대통령이 교환한 '세기의 악수'는 확실히 사람들의 의식을 바꾸어놓았다. 그때의 충격은 생생하였다. 평양 상봉의 나날을 이야기하는 평양 시민들은 여느 때와 달리 다변이였다.

"그날, 환영 나온 군중들은 이제 김대중 대통령 일행만이 거리를 통과할 것이라고 생각했어요. 그런데 요란한 환영소리가 터지고 기다리던 차 행렬이 나타났을 때 꿈같은 장면에 놀랐지요. 너무도 짧은 순간에 벌어진 일이여서 정확히 본 사람은 자기 눈을 의심했고 못 본 사람들은 막 안타까워했어요."

인민대학습당의 한 녀성관리원은 평양 상봉의 첫날째 연도 환영에 참가한 체험을 '환각적인 순간'이란 말로 표현하였다.

고려봉사관리국의 30대 지도원은 "김대중 대통령을 환영한다고 하니 대결국면에 있었던 지난날의 북남관계를 다시 생각하게 되였다"고 심정을 토로하기도 했다. 그러면서 김정일 국방위원장이 김대중 대통령을 초청하고 직접 마중까지 하였으니 "평양 시민들도 남측대표단을 동포애의 정으로 맞이하여 환영사업이 잘 되였다고 생각한다"고 자신의 견해를 피력하였다.

6·15공동선언에 북과 남의 수뇌가 직접 수표(서명)하였다는 의미는 자못 크다. 특히 북측 사회에서는 김정일 국방위원장의 수표가 절대적

가치를 가진다. 현장에서 만난 북측의 한 기자는 "그 분의 수표는 곧 그대로 명령이며 법이다"라고 설명하였다.

"공동선언의 마지막에 시원시원하고 거침없는 필체로 단숨에 씌여진 그 분의 수표는 북과 남이 힘을 합쳐 반드시 통일을 이루고야 말겠다는 의지를 보여주고 있습니다."

6·15공동선언의 발표는 대결시대의 관례를 깨뜨리고 북측 사회의 분위기를 일신하였다. 신문과 출판물, 방송들에서 '두 수뇌분', '김대중 대통령 내외분' 이라는 존칭어를 사용하는 것이 일반현상으로 되었다. 종전에는 그저 '남조선 당국자' 라 불렀다. 과거의 멍에에서 벗어나 모든 것을 전진적으로 사고하자는 풍조가 확산되어 갔다.

북의 인민들은 6·15공동선언 이후 통일이 곧 도래할 것임을 기정사실로 인식하고 있다. 2000년 조선로동당 창건 55돌을 기념해 열린 축하행사에서 북의 주민들이 김일성 광장을 행진하고 있다.

1994년 7월 김일성 주석 급서 후 만수대 동상 앞에서 오열하는 북의 할머니들.

"직장에서 통일노래 보급사업이 한창이지요."

로동행정부의 한 국장은 두 수뇌의 평양 상봉이 행정일군들의 일본새와 사고방식도 전환시켜 나갔다고 말하였다.

"간부들부터가 메말라 가지고 어떻게 하겠는가 하는 엄한 비판이 있었습니다."

6·15공동선언 발표 직후 분계선 도시 개성을 찾았다. 개성에는 남측에 가족과 친척들을 둔 사람들이 많다. 시검찰소에서 30여 년 동안 근무해온 신 로인을 만났다. 6·25 때 인민군에 입대하여 북측으로 넘어온 그에게는 전쟁 당시 고향으로 나가는 철도를 폭격으로 파괴한 군사작전에 종사한 '쓰라린 체험'이 있다.

"경의선이 복구된다는 건 대단히 반가운 일이지요. 끊어진 철도가 이어진다는 건 종전과 같이 제한된 교류가 아니라 북과 남의 모든 사람들이 자유래왕을 하게 된다는 것을 의미하는 것이겠지요."

2000년 6월 북측 사람들의 마음속에서 렬차는 벌써 출발하였다. 경

유역이나 도중하차 예정이 없는 급행렬차가 오로지 통일이라는 종착역
을 향해 속도를 올리고 있었다.

1990년대 ‘두 번의 눈물’

　지난날에도 북과 남은 민족문제 해결을 위한 일련의 합의를 이룩한
바 있다. 합의를 리행하기 위한 대화와 접촉도 진행되었다. 그러나 북
측 사람들은 6·15공동선언이 열어놓은 북남관계의 새로운 발전국면
을 과거의 ‘화해국면’과 완전히 다른 차원에서 보고 있다.
　1991년 12월 제5차 북남고위급회담에서 ‘북남 사이의 화해와 불가침
및 협력교류에 관한 합의서(북남합의서)’가 채택되었다. 당시 북측은
북남합의서를 민족의 소원 통일을 지향하는 ‘실천강령’이라 높이 평가
하였다. 그 인식은 지금도 변함없을 것이다. 다만 오늘의 시점에서는
그 ‘력사적 의의’부터 먼저 강조한다.
　조국평화통일위원회(이하 조평통)의 한 간부일군은 당시를 회고하면
서 “북남합의서의 가장 중요한 내용은 불가침이었다”고 말하였다. 그
에 의하면 “제5차 회담을 앞두고 김일성 주석은 ‘북과 남의 총리가 합
의서에 꼭 수표를 하도록 하여야 한다’는 방침을 북측대표단 성원들에
게 제시하였다”고 한다.
　1990년대 초반 북과 남이 동족상쟁의 비극을 되풀이하지 않겠다는
합의를 도출해낼 수 있었던 것은 화해와 통일로 나가는 민족사의 흐름
에서 대단히 의의 깊은 정세발전이었다.
　북측 사람들에게 20세기 마지막 10년은 외국세력의 강권과 전횡에
맞서 ‘나라의 자주권과 민족의 존엄’을 지켜온 나날이었다. “소련과 동
구라파 사회주의가 붕괴되자 미국은 사회주의조선에 공격의 화살을 집
중시켰다”는 것이 ‘랭전 후의 세계’에 대한 북측 사람들의 일반적인 견
해와 관점이다.

1990년대 초반 북과 남이 고위급회담을 통해 화해와 협력의 길을 모색하고 있을 때 미국이 제공한 정보를 근거로 '핵개발 의혹'이 부상하였다. 미국을 비롯한 서방 나라들은 '특별사찰' 요구를 강경하게 들이대였고 북은 핵무기전파방지조약(NPT)에서의 탈퇴를 선언했다. 북측은 "제재는 곧 선전포고"라는 원칙적인 립장을 견지하였으며 조선반도는 일촉즉발의 전쟁접경에로 치달았다.

북과 남이 대화와 협상을 통해 호상 '불가침'에 대한 합의를 도출해낸 것은 외국세력의 론리를 배제하고 생존의 차원에서 나라와 민족을 지키는 일이었다. 전쟁이 터지고 북과 남이 모두 타격을 받아 폐허가 되면 민족의 화해도 나라의 통일도 론할 수 없다.

"그런데 남측의 호응은 우리의 기대와 달랐다."

한 조평통 간부는 1990년대를 통해 동족이 손을 잡지 못하고 불신과 대결의 악순환에 빠져들어간 원인을 지적하였다. 한때 '불가침'을 서로 확약한 대화 상대방이 '핵위기' 이후 미국·일본과의 '공조체제'의 필요성을 력설하기 시작하였다. 북의 립장에서 보면 그것은 '동족 대결의 로골적 표현'이었다.

1994년 제네바에서 조미기본합의문이 채택되어 '핵위기'는 최대의 고비를 넘겼으나 대립의 구도는 여전히 남았다. 본래 미국은 "북조선이 래일이라도 붕괴된다는 관측에 기초하여 기본합의문을 책정"하였으며, 북측은 그러한 미국의 의도를 간파하고 있었다.

이른바 '연착륙'으로 표현된 미국의 평화적 붕괴작전에 대항하여 북측은 생사존망을 건 최후 결사전을 벌이지 않으면 안 되었다. 온 나라가 통채로 적대국들의 포위 속에 든 고립무원의 상황에서 전 인민이 '고난의 행군', 강행군이라 불리는 전대 미문의 시련을 겪었다. 혹심한 식량난, 연료난, 동력난이 잇따라 겹쳤다. 배를 굶고 추위에 떨어야 했다. 자기들이 내건 사상과 원칙을 양보하면 고난을 피할 수도 있었지만 그들은 끝내 그 길을 택하지 않았다.

평남 성천군 장림협동농장원들이 밝게 웃고 있다. "우린 기어이 해냈어요." 이들의 얘기다.

"어쩐지 눈물이 하염없이 흘러내렸어요."

김정일 국방위원장과 김대중 대통령이 승용차를 타고 평양의 중심거리를 달려나갈 때 시민들은 눈물을 흘리며 목청껏 "만세!"를 불렀다. '고난의 행군', 강행군 시기 군부대 시찰과 경제부문 현지지도의 길을 이어가던 나라의 최고지도자가 미소를 띠우며 등장한 것이다. 시민들은 시련의 나날을 결속지을 순간이 바야흐로 다가왔음을 예감했을 것이다.

1990년대 북측 사람들은 영원히 잊지 못할 눈물을 두 번 흘렸다. 김일성 주석이 서거한 1994년 7월 온 나라, 전체 인민이 땅을 치며 오열을 터뜨렸다. 그리고 2000년 6월, '통일의 리정표'를 일떠세운 그 사변은 그들이 흘린 두 번째의 눈물과 잇닿아 있었다. 말 그대로 그것은 북측 사람들이 흘린 피눈물이 환희의 눈물로 바뀌는 '력사적 전환'의 서막이었다.

2000년 10월 10일, 조선로동당 창건 55돐을 맞으며 북은 '고난의 행군'의 승리를 내외에 공식 선언하였다. 이틀 후에는 조미공동코뮤니케가 전격적으로 발표되었다. '쌍무관계를 근본적으로 개선하는 조치'를 취할 데 대한 두 나라의 합의는 미국의 대 조선정책이 '연착륙'에서 '공존'으로 리행하였음을 보여주는 것이었다.

"자기 마음이 가리키는 길을 가야지요"

조미공동코뮤니케의 발표는 '사회주의조선의 승리'만을 의미하지 않았다. 수 개월 전 김대중 대통령의 평양 방문을 환영한 북의 민심은 10월의 경축행사를 통해 민족문제 해결의 유리한 환경이 착실히 마련되여 가고 있음을 확인하였다. 당 창건 55돐을 기념하여 상연된 10만 명 집단체조와 예술공연 〈백전백승 조선로동당〉. 5·1경기장의 그 거대한 배경대에는 평양 시내 학생소년들이 형상한 '통일강성대국'의 글발이 처음으로 등장하였다.

김정일 국방위원장은 10월 하순 평양을 방문한 미국의 올브라이트 국무장관 일행과 함께 집단체조와 예술공연을 다시 관람하였다. 그 장면은 전국에 실황중계 되었다.

"미국이 우리의 실체를 인정하고 우리 제도를 건드리려 하지 않는다면 관계개선은 충분히 가능하다고 봅니다."

주석단을 바라보며 열광적으로 "만세!"를 불렀던 한 관람자는 미 국무장관이 평양을 방문하여 "일심단결된 조선의 모습을 똑똑히 보았을 것"이라고 흥분된 어조로 말하였다.

북측 사람들이 '10월의 대축전'이라 부르던 일련의 행사들에 대한 취재가 일단락되면서 필자는 《조선신보》 평양지국 동료들과 함께 지방으로 나갔다. 그 전에 취재차 방문한 바 있는 평안남도 성천군 장립협동농장 농장원들의 초청을 받았던 것이다.

"집을 멀리 떠나 수고 많겠는데 가을이 되면 꼭 우리 고장을 찾으십시오."

해외교포 기자들을 위해 위로의 자리를 마련해주려는 그들이 성의가 고마웠다. 성천군은 북측에서도 이름난 밤 생산지이다. 협동농장 관리위원장의 집에 가니 밥상 위에는 소박한 가정료리와 삶은 밤이 먹음직스러웠다. 고장의 특산물을 맛보면서 농장원들과 '10월의 대축전'을 화제로 이야기꽃을 피웠다.

6·15공동선언 제3항에 따라 비전향장기수들이 북으로 송환되었다. 필자와의 인터뷰에 응한 비전향장기수 김선명 씨.

"우린 기어이 해냈어요."

술기운이 돌아가니 관리위원장은 마을사람들이 걸어온 '고난의 행군'에 대하여 담담히 이야기하기 시작하였다.

"힘들었어요. 벼농사를 하지 않는 우리 고장에서 식량사정의 어려움이 어느 지경이었는지, 기자 선생들이 상상할 수 있을까…. 그 시련을 우리는 기꺼이 겪은 겁니다. 남에 빌붙는 노예가 되여 고통을 면하는 길을 가지 않았어요. 우리는 절대로 그 길을 갈 수 없었죠."

그는 자신들이 시련 속에 지켜낸 '자주'의 내용을 통속적인 말로 표현하였다.

"자기 운명의 주인은 자기 자신. 미국이 대국이라고 무슨 상관이 있습니까. 이제는 우리 민족이 남의 눈치 살피지 말고 자기 마음이 가리키는 길을 당당히 가야지요."

6·15공동선언은 제1항에 자주통일의 원칙을 실천과제로 명시하였다. "북과 남은 나라의 통일문제를 그 주인인 우리 민족이 서로 힘을 합쳐 자주적으로 해결해나가기로 하였다." 해외교포 기자들을 만나 2000년의 사변적 사건들에 대하여 열변을 토하는 협동농장 관리위원

2000년 8월 30일 제2차 남북장관급(상급)회담 때의 박재규 남측 수석대표와 전금진 북측 단장. 휴식차 대동강 유람선상에서 이야기를 나누고 있다.

장의 뇌리에 북과 남의 합의사항 한 구절이 스친 것이다.

북측 사람들은 자주의 궤도 우에 자기의 진로를 보고 있다. 외국세력의 론리를 배격하며 전진하여 온 북의 민심은 민족의 관점에서 운명개척의 '주인' 범위를 부단히 그리고 급속히 넓혀가고 있다. 북과 남에 현존하는 사상, 제도의 차이를 넘어 민족이 하나되여 외국세력에 의하여 동강난 조국을 통일하자는 것이다. 북측에서는 김정일 국방위원장의 '대용단'이 과거의 불신과 대결을 넘어 민족의 화해와 단합의 흐름을 단번에 만들어내었다.

북측 사람들의 통일관은 꾸밈이 없다. 민족이 단결하면 그것이 곧 통일이다. 그들에게 있어서 '아름답고 큰 소리'를 울리는 6·15공동선언 리행은 그 자체가 끊어진 민족의 혈맥을 다시 잇는 통일의 과정이다.

북남 수뇌들의 평양 상봉을 계기로 북측 당국은 통일문제의 주인을 적극 내세워 존재감을 더욱 부각시키는 데 정책목표를 집중시킨 것 같다. 6·15공동선언이 통일문제의 주인이라고 명시한 '우리 민족'은 추상개념이 아니다. 각이한 생활 배경을 가진 모든 민족구성원들이 여기에 해당된다.

"북은 통일문제에서도 '국가기구'나 '권력배분'을 론하기 전에 인민을 먼저 생각하는 것 같애요. 분단 때문에 인민들이 당한 고통을 가셔주고, 인민들의 각성과 분발로 통일을 앞당겨나가는 것이 북의 통일정책이라고 말하고 싶어요."

지난해 9월, 6·15공동선언 합의사항에 따라 북으로 송환된 세계 최장기수 김선명 씨는 필자와의 인터뷰에서 분계선을 넘어 목격한 북의 현실을 '인민의 정치'란 개념을 가지고 해석하였다. 김선명 씨가 말하듯 통일된 그날에야 가능하다고 생각되던 비전향장기수의 송환, 그들과 가족들의 상봉은 확실히 북측 사람들의 가슴에 북남관계의 새로운 발전 국면에 대한 생동한 표상을 안겨주었고, 그들을 통일을 위한 새로운 실천에로 불러일으키는 계기를 마련하였다.

6·15공동선언은 흩어진 가족·친척들의 교환방문과 비전향 장기수

평양시 천리마거리. 북측은 '자주'를 21세기 국제정치의 막을 수 없는 추세로 보고 있다.

송환을 비롯한 인도주의 문제에 북과 남이 조국통일 실현의 견지에서 접근할 수 있는 새로운 조건을 마련하였다. 북과 남은 1970년대부터 적십자회담을 진행하여 왔지만 그 노력은 뚜렷한 결실을 맺지 못하였다. 북남 사이의 정치 군사적 대결구도를 해소하고 인도주의 문제를 해결하는 데서 그 선후차를 가리고 두 가지 문제를 대치시키는 론리가 대화를 지배하였기 때문이다. 6·15공동선언은 북과 남의 주장을 모두 수렴하여 리산의 아픔을 가시는 북남 적십자 단체들의 사업을 민족 공통의 통일선언을 리행하는 노력의 일환으로 규정하였다.

6·15공동선언에서 2000년 8·15에 즈음하여 교환하기로 합의한 흩어진 가족·친척방문단을 김정일 국방위원장은 두 차례 더 조직할 것을 제안하였다. 작년 8월 평양을 방문한 남측 언론사 대표단 일행을 접견한 자리에서 확언한 내용이다.

북측의 적십자 관계자들은 김정일 국방위원장의 의도를 자기 사업에 구현해나가는 노력을 기울이고 있었다. 작년 9월 금강산에서 진행된 제2차 적십자회담에서 만난 조선적십자 일군들은 김정일 국방위원장의 통일로선을 그의 '인덕정치'와 결부하여 설명하곤 하였다.

"추가교환과 관련한 결단에는 헤여진 혈육들과 만나고 싶어하는 가족, 친척들의 소망을 들어주시려는 동포애, 그리고 그를 통하여 북남관계 발전을 더 힘있게 추동해나가시려는 그 분의 구상이 담겨 있습니다."

반세기만에 혈육들과 상봉한 흩어진 가족, 친척들은 서로 부둥켜 안고 "통일이여 어서 오라"를 한 목소리로 불렀다. 인도주의 사업이 북남 수뇌들의 합의정신을 지지하고 고무추동하는 민족력량의 형성과정으로 되였다.

제1차 북남상급회담에서 북측은 총련동포들의 고향방문 문제를 상정하였다. 재일동포들의 대다수는 남측에 고향을 두고 있는데 조선민주주의인민공화국의 해외공민단체인 총련을 지지하는 동포들의 남행길에는 정치적 장애가 가로놓여 있었다. '또 하나의 리산가족'인 총련의 1세 동포들도 북남 당국의 합의에 따라 방문단을 조직해 수십 년만에 고향을 찾아 부모 형제 자매들과 감격적 회포를 나눌 수 있게 되였다.

부쉬 행정부 등장에 대한 북의 입장

나라의 통일문제를 민족의 차원에서 인식하고 대단결의 방법론으로 풀자는 관점에서 접근한다면 6 · 15공동선언 이후 북측 당국이 추진하는 정책의 의도를 리해하는 것은 어렵지 않다. 그렇지만 종전의 대결관념에서 벗어나지 못한 채 화해와 단합을 주장하는 북측의 목적과 의도를 그들의 사회주의제도를 유지하기 위한 이른바 '생존전략'에 귀착시켜 해석한다면 상황을 정확히 보지 못할 것이다. 례컨대 조미공동코뮤니케가 발표되자 일부 언론은 북측이 북남 수뇌들의 상봉을 실현시킨 것은 조미관계 진전을 위한 요건을 갖추기 위한 것이었다는 '견해'를 내놓기도 하였다.

6 · 15공동선언의 발표로 나타난 정책적 의도는 '현상유지'가 아니라 '전변'과 '창조'다. 북측 당국의 21세기 전략은 이미 시작된 세계의 재편을 전제로 하고 있다. 조미공동코뮤니케의 발표, 북측과 서방 나라들의 잇따른 관계정상화의 움직임이 보여주듯이 특정한 나라의 강권과 전횡이 세계를 좌지우지하는 시대는 갔다. 동북아시아를 보아도 중국과 러시아는 미국의 일극 지배체제를 반대하는 협조관계를 구축하고 있으며, 유럽에서도 EU가맹국들이 독자적인 세력권을 형성해나가고 있다.

다극세계를 지향하는 중국과 러시아는

평양 시내를 달리는 궤도열차. 2000년 6월의 '악수'는 '북측의 인민'과 '남측의 국민'이 체험하던 서로 다른 역사에 교차점을 이루어 냈다.

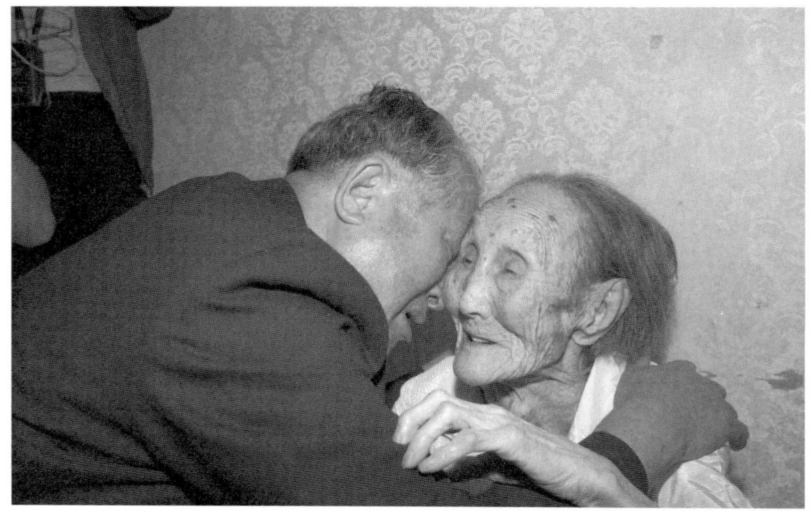

'또 하나의 이산가족'인 총련의 1세 동포들도 6·15공동선언 합의에 따라 수십 년만에 남녘고향을 방문해 부모 형제와 감격적 상봉을 했다.

북과의 '전통적인 친선관계'를 확인하고 그것을 새로운 단계로 발전시켜 나가는데 견해의 일치를 보았다. 그리고 조선의 북과 남의 지도자는 사상과 제도의 차이를 넘어 '자주통일'의 뜻을 공동으로 내외에 천명하였다.

'자주'는 21세기 국제정치의 막을 수 없는 추세다. 북측 사람들은 그렇게 본다. 그리고 한때 '랭전의 승자'를 자부한 미국도 이제는 변화의 흐름에 어떻게든 대응하지 않으면 안 될 지경에 놓였다고 판단하고 있다.

"앞으로 일본의 대두가 우려됩니다."

작년 12월 미국에서 죠지 W 부쉬의 대통령 당선이 확정된 직후 만난 북측의 한 대화일군은 미일군사동맹의 금후 동향에 대한 관심을 표시하였다. 그는 새로 출범하는 미국의 공화당 정권이 동북아시아에서 안보전략을 재검토하면서 '일본중시'의 립장을 더욱 전면에 내세울 것이라는 견해를 밝히면서, 6·15공동선언의 리행은 "우리에게 있어서 그야말로 지체될 수 없는 민족적 대사로 된다"고 지적하였다.

"북과 남이 하루빨리 하나가 되여 새 세기에는 우리 민족의 슬기와 기상을 떨쳐야 하지요"

북측 사람들은 미국의 정권교체로 인하여 초래되는 변화를 조미협상에 미치는 영향이라는 측면에서만 보지 않는다. 그들은 보다 중장기적 안목을 가지고 있다. 필자가 만난 평양 시민들은 지난해 조미공동코뮤니케 발표로 미국 대통령의 평양방문이 상정된 시점에서 그 력사적 의미를 정확히 파악하고 있었다. 미국 대통령의 평양방문은 다른 나라들에서 흔히 볼 수 있는 일반적인 친선방문일 수 없다. '총포성 없는 전쟁'을 치룬 교전 쌍방이 수뇌회담을 가지는 것인 만큼 그것은 중대한 국면전환을 공식화하는 마당으로 준비되여야 마땅하다는 것이 그들의 의견이였다.

북의 인민과 남의 국민을 악수시킨 평양 상봉

객관적으로 볼 때 북측 사람들이 많은 과제를 안고 새 세기에 들어선 것만은 사실이다. 그러나 그들이 택한 길은 단독으로 벌리는 고립무원의 진군길이 아니다. 북남합의서에서 6·15공동선언에 이르는 과정을 남측에서는 북측과 다른 관점에서 볼 것이다. '고난의 행군'도 북측 주민이 만난을 무릅쓰고 아로새긴 20세기의 마지막 년대기였음에 틀림없다.

그러나 세계를 경탄시키고 온 민족을 쩡하게 흔들어 깨운 그 '세기의 악수'는 '북측의 인민'과 '남측의 국민'이 체험하던 각이한 력사의 교차점을 이루어내였다. 분단으로 인해 흩어져 서로 다른 길을 걸어온 7천만 겨레가 마음과 지혜를 합쳐 하나의 민족사를 창조해나갈 길이 활짝 열리였다.

《시일야방성대곡》의 비탄으로 시작된 20세기. 대국들의 리익 때문에 항상 희생을 강요당한 수난의 력사에 종지부를 찍고 민족의 부흥과 번영을 이룩해나가는 것은 두 세기를 사는 북과 남, 해외의 모든 민족구

성원들의 공통된 과제일 것이다.

"수고합니다."

이제는 당국자들 뿐 아니라 누구나가 통일일군으로 나서야 할 때이다. 북과 남, 해외의 모든 민족구성원들이 만나 교환하는 뜨거운 악수가 통일세기의 희망과 꿈을 실현하는 현실적인 힘을 낳는다. 로동자, 농민, 청년학생, 기업인, 종교인 그리고 기자, 언론인을 비롯한 각 계층이 거기서 민족의 참된 삶을 다시 시작해야 할 것이다.

6·15공동선언에 명시된 련방, 련합제에 의한 통일은 어느 나라, 어느 민족도 걸어보지 못한 초행길이다. 생존과 번영을 위한 새 세기의 치렬한 공방전에서 강의하고 대담한 민족만이 주도권을 쥘 수 있다.

"우리는 기어이 해낼 수 있다."

북의 민심은 소리높이 호소하고 있다.

조선신보사 소재 도쿄 출판문화회관

《조선신보》 평양지국의 어제와 오늘

《조선신보》는 조국광복의 환희로 재일동포 사회가 들끓고 있었던 1945년 10월 10일 《민중신문》의 제호로 창간되였다. 그후 《해방신문》, 《조선민보》 그리고 《조선신보》로 이름을 바꾸면서 반세기가 넘도록 나라의 통일과 조국의 륭성번영, 재일동포들의 민주주의적 민족권리 옹호를 위한 언론활동을 벌려왔다.

도쿄에 본사를 둔 《조선신보》가 처음으로 평양에 기자를 파견한 것은 7·4공동성명 발표 직후인 1972년 8월의 일이다. 4명의 기자들이 북남적십자단체들 사이의 본회담 제1차 회의를 취재하였다. 그들은 다음 달 서울에서 진행된 제2차 회의를 취재하기 위해 북측대표단과 함께 분계선을 넘었다.

평양에 지국을 낸 것은 1986년이다. 이후 기자들이 륜번제로 상주활동을 해왔다. 당시나 지금이나 일본 언론에는 조선문제와 관련한 편향보도가 판을 치고 있다. 자칫하면 민족허무와 동화의 흐름에 말려들 수 있는 이역의 환경에서 조국의 진실한 모습을 동포들에게 전하는 일은 평양 주재 기자들의 선차적인 과제다. 평양에 거처를 두면서 각지에서 취재활동을 벌이는 주재 기자들이 써보낸 기사는 조국과 재일동포들을 이어주고 그 뉴대를 깊이하는 데 한 몫 기여해왔다.

현재 《조선신보》 기자들의 주력은 일본에서 나서 자란 2, 3세들이다. 재일본조선인총련합회(이하 총련)가 자주적으로 실시하는 민족교육을 체계적으로 받아 우리말과 글, 민족의 력사와 문화를 배운 새 세대들이 편집국의 다수를 이루고 있다.

일본에서 온 젊은 기자들이 우리말로 취재하는 모습을 보며 평양사람들은 "기쁘고 자랑스럽다"고 말하군 한다. 그들은 기자들을 격려하며 취재활동에 대한 지원과 방조를 아끼지 않는다.

재일교포 3세인 필자가 1990년 이래 평양지국에서 활동해온 경험에 비추어 말한다면 북측 사람들은 민족을 무척 사랑하는 사람들이다. 사회주의를 하지만 이데올로기를 절대적 기준으로 삼지 않는다. 자본주의 나라에서 온 해외교포들도 한 핏줄의 관점에서 대한다.

북남회담의 현장에서는 그것이 정책으로 구현되여 추진되고 있음을 확인할 수 있었다. 통일을 위한 사업은 각이한 사람들을 하나의 민족적인 공통성으로 묶어 세운다.

조국통일이란 주제는 재일동포들이 대를 이어 민족성을 지켜나가는 데서 중요한 요소다. 세대가 교체되면서 3, 4세 동포들 속에 일본의 생활양식이 침습해오고 있다. 그러나 새 세대 동포들도 분단을 넘어 통일로 가는 조국과 숨결을 같이하여 민족의 한 성원으로서 제자리를 찾자고 노력한다. 그러니 북남대화의 현장은 해외기자들에게 있어서 특히나 뜻깊은 마당이다.

회담장에서 만나는 북측 기자들은 어떤 취재활동에서도 그저 방관자의 립장을 취하지 않는다. 북남대화는 전민족적인 사업이며 취재보도 활동도 그 일환이라는 관점이 투철하다. 《조선신보》 평양특파원들도 그들과 함께 일한다. 우리들은 회담장에서 대화일군이나 동업자들을 만나면 통일을 위한 서로의 로고를 위로한다.

"수고합니다." 평양에서의 취재활동은 악수의 교환으로부터 시작된다.

(김지영 기자)

김지영 《조선신보》 평양특파원 2001년 4월호, 1호

평양방직기계공장 · 구성공작기계공장 기술개선 열풍
"된바람이 불었어요, 목표는 세계첨단"

북의 산업현장에 기술혁신 열풍이 불고 있다. 목표는 세계첨단으로의 단번 도약. 그런데 어떻게? 《조선신보》 평양특파원이 현장통신을 보내왔다.

이곳 평양방직기계공장의 종업원들은 지난 수십년간 공장 앞에 맡겨진 생산계획을 단 한번도 어긴 적이 없이 매해 수행하였다. 20세기 말엽 '고난의 행군'이라 불리운 경제적 시련에도 기술을 혁신하여 숱한 예비를 얻어냄으로써 끝끝내 생산 정상화를 실현하였다.

방직기계생산에 필요한 공구, 재구, 형타구를 보장하는 공구직장은 이곳 공장에서도 주요직장의 하나이다. 직장장 정환철(38) 씨가 지닌 책임은 무겁다. 그는 최근에 읽은 신문기사의 한 구절을 속으로 되뇌이며 기술혁신의 새로운 방법론을 모색하고 있다.

종자론 생각하며 기술개건 연구하는 직장장

"창조와 변혁에서 종자가 기본이다."

여기서 말하는 종자란 식물이나 동물의 씨가 아니다. 북측사회에서 종자란 말은 흔히 핵, 기본알맹이란 뜻으로 쓰인다.

직장장이 되풀이 읽은 그 기사는 《로동신문》(3월 6일자)에 실렸다. 제목은 〈종자론을 튼튼히 틀어쥐고 나가자〉이다. 1면 옹근 한 면에 걸쳐

평양방직기계공장에서 작업중인 노동자들.

서 편집되었다.

기사는 사회의 각 분야에 파문을 일으켰다. 창조의 과정은 다양하고 복잡하지만 모든 분야에는 그 창조과정을 특정짓고 성과를 담보하는 핵, 종자가 있다. 따라서 종자를 발견하고 잘 가꾸어나가야 특출한 성공작을 낼 수 있다. 사색과 방법론이 없이 주먹구구식으로 일하는 사업태도를 배제하고, 일군들이 혁신적인 안목과 진취적인 사업기풍을 가질 것을 요구하는 신문의 글은 공구직장장의 활동의욕을 부추겼다.

"문제는 우리의 실력이 부족하다는 데 있어요. '창조에는 종자가 있지만 모방에는 종자가 없다' 말하기야 쉽지요. 그러나 실제로 현실조건을 민감하게 포착하고 거기서 기술혁신종자를 찾자면 상응한 실력이 동반되어야 한단 말입니다."

'강성대국 건설'의 구상을 내놓고 이를 위한 사업에 본격적으로 착수한 북측에서 인민경제의 기술적 개건은 현시기 더는 미룰 수는 없는 과제로 나서고 있다. 모든 공장, 기업소들이 대담하게 최신설비와 기술로 갱신해나갈 데 대한 문제가 강조되고 있다. 평양방직기계공장에서도 기술혁신을 위한 일련의 대책들이 세워져 추진되고 있다. 모든 기술자,

로동자들이 자신의 기술혁신종자를 발견하고 3개월에 한 번씩 연구성과를 검증받는 체계를 다졌다.

"종전에는 기술혁신을 좁은 울타리 내에서 생각했거든요. 자재나 약간 절약하고 생산효율을 상대적으로 높이면 된다는 식으로 말이지요. 그런데 이제는 목표가 달리 설정되었지요. 새세기에 들어선 오늘의 기술혁신은 현대과학의 발전추세에 맞게 추진되어야 합니다."

공구직장은 고등중학교 졸업 후 전문학교에서 배워 일을 하게 된 로동자들이 다수를 이루고 있다. 대학졸업생은 많지 않다.

물론 일을 하면서 공장 내의 야간대학에서 배워 기사로서의 급수를 올리는 길도 있지만 오늘의 기술 혁신과제는 보다 절박하고 아름차다. 직장장은 선반을 다루는 젊은 기대공(機臺工)들에게 "세계를 시야에 두고 보다 높은 실력을 배양하라"고 호소하였다.

"사람은 아는 것만큼 보고 듣고 느끼며 아는 것만큼 창조하는 법이지요."

공장에서는 매주 목요일 저녁에 '기술학습'이 진행된다. 하루 일이 끝나면 로동자들이 학습장을 들고 직장별로 정해진 교실에 모여든다. 강사는 공장에서 함께 일하는 기술자들이 맡아 한다.

올해 들어 '기술학습'의 분위기가 다르다. 로동자들이 남다른 열성을 보이게 된 것이다.

"그 문제에 대하여 더 자세히 알고 싶습니다."

활발한 질의응답이 오간다. 새 지식에 대한 요구가 앞서는 나머지 엉뚱한 질문이 제기될 때도 있다. 강사는 아등바등 설명을 한다. 질문이 잇달아 너도 나도 견해를 내놓으니 교실은 어느덧 열기 띤 토론의 마당으로 변한다. 공구직장 로동자들이 '금속재료'에 대한 강의를 받은 날, 정호용(28) 씨는 귀로에 오르지 않고 자기 직장을 향했다. 배운 지식을 더듬어보며 기대 앞에 섰다.

"우리는 책상과 현장에서 부단히 배워야 합니다. 비록 대학을 다니지

일과를 끝내고 교실에 모여 '기술학습'에 몰두하고 있는 평양방직기계공장 노동자들.

는 않았지만 자기가 다루는 기계의 성능을 발전시켜 제품의 질을 올리는 데서 기대공들이 주인입니다. 우리가 여러 가지 발명, 창의고안, 합리화방안들을 받아들이는 준비를 갖추어나가야지요."

기계의 동음(動音)이 다시 들린다. 그는 "공구직장 로동자들은 누구보다도 일찍 출근하고 퇴근도 늦게 하면서 언제나 노래소리 넘치는 랑만적인 분위기 속에 일을 해왔다"고 말한다.

"우린 항상 앞장에 서 있어야 할 사람들입니다. 평양방직기계공장 공구직장이라면 온 나라가 아는 직장입니다."

그 직장에는 한 장의 명제가 게시되어 있다. 새겨진 글발이 낮과 밤이 따로 없이 젊은 로동자들을 새 시대의 기술혁신운동에 떨쳐나서게 하고 있다.

〈나도 작업반의 한 성원입니다. 김정일〉

그들은 설비관리에도 특별히 관심을 돌린다. 동음을 울리는 선반들의 하나하나가 력사를 전하는 사적물이기 때문이다. 그러나 한편에서 그것은 생산의 도구이며 기술혁신의 과제를 안고 있는 것이다.

평양방직기계공장을 참관하는 시민들.

"우리는 사적단위로서의 면모를 계속 잘 보존하면서 현대과학기술에 기초한 직장으로 꾸려나가야 할 것입니다."

자기 머리로 사고하라

공구직장 작업반장 리영길(35) 씨는 령도자의 업적을 옹호고수하는 길은 낡고 뒤떨어진 것을 붙들고 앉아 있는 것이 아니라 오늘의 기술혁신과제를 솔선 수행해나가는 데 있다고 강조한다.

"장군님께서는 경제강국 건설의 원대한 구상을 실현하기 위하여 전국의 공장, 기업소를 찾아 현지지도의 길을 이어가고 계십니다. 우리가 그이의 발걸음을 맞추어나가는 것은 응당한 일입니다."

직장에서는 질 좋은 공구를 수많이 생산하여 방직기계생산에 적극 기여해나가도록 로동자들의 각성을 불러일으키는 것과 동시에 기술혁신에서 그들이 '주체적 립장'을 견지하도록 정치사업을 짜고 들고 있다고 한다.

"우리 직장의 실정에 맞게 기술혁신을 하자는 것입니다. 발전되었다는 나라의 기계를 하나 사들여도 그 기술을 어떻게 우리 모양대로, 우리 마음대로 받아들이고 쓸 것인가를 생각해야 합니다. 우리 로동자들이 남의 기대 앞에서 제정신없이 일할 수가 없지 않습니까. 모든 사업에서 종자를 찾고 자기식대로 창조해야 하는 것입니다."

종자를 중시하라는 '종자론'은 모방과 반복을 반대하는 리론이다. 특색있는 종자는 쉽게 발견되거나 창조되지 않는다. 기성관념과 기존공식에 구애됨이 없이 자기 머리로 독창적으로 고찰하는 사람들만이 종자를 옳게 고를 수 있다.

"누가 먼저 발견하겠는가. 말 그대로 된바람이 불었어요. 나도 대학을 졸업하여 오래된 기술자입니다. 지금 가지고 있는 지식들 중에 뒤떨어진 것이 많아요. 내가 가치있는 종자를 찾자면 현대과학기술을 새로 배우고 그리고 사색하고 또 사색해야 합니다."

공구직장의 '기술학습'에서 '금속재료'의 강의를 맡은 기술발전 책임기사 송승진(53) 씨는 올해 들어 자택에서 자학습시간을 대폭 늘리게 되었다. 배운 지식을 익히기 위해서다. 공장에서는 기술자들의 학습날을 따로 정하고 이름있는 과학자를 외부 강사로 출연시켜 방직기계공업의 발전추세와 그와 관련한 기술지식을 강의해주도록 하였다. 또한 인민대학습당 과학연구기관들과 련계 밑에 새로운 과학기술도서, 과학기술통보자료를 빠짐없이 보도록 조치를 취했다.

"로동자도 기술자도 종업원들 모두가 배우는 학생, 공장 전체가 하나의 큰 교실이지요. 최신 설비와 기술로 정비된 직장을 본때있게 꾸려보겠다는 포부를 안고 정열적인 사색가들이 탐구의 나날을 보내고 있어요."

공장에서는 기술설계와 경영활동의 컴퓨터화를 비롯한 자동차, 기계화를 보다 높은 수준에서 실현하는데 기술혁신의 초점을 맞추고 있다. 공구직장에도 나름대로 계획이 있다.

직장장은 당면하여 수자조종장치가 장비된 최신형 만능선반의 도입을 구상하고 있다.

"물론 우리 직장 로동자들의 힘을 가지고 모두 해결할 수 있는 문제는 아니겠지요."

김 위원장도 '명예작업반 성원'

김정일 국방위원장은 김일성종합대학 경제학부에서 배우던 시절인 1961년 4월 20일부터 5월 8일까지 평양방직기계공장 공구직장에서 '현장실습'을 하였다. 그때 김 위원장이 돌린 기대가 26호 선반이다. 그후 북측에서는 김 위원장이 실습기간에 보여준 설비관리, 기술관리의 모범이 일반화되어 전국의 공장, 기업소들에서 '26호 선반을 따라 배우는 충성의 모범기대 창조운동'이 벌어지게 되었다.
'모범기대 창조운동'의 첫 봉화가 오른 평양방직기계공장은 '사적공장'의 위치에 있다. 공장의 부지 내에 사적관도 꾸려져 있다. 학생, 시민들의 집단참관도 빈번이 진행된다.
공구직장은 참관자들이 반드시 들러 보는 '사적직장'이다. 26호 선반은 지금도 직장의 한복판에 놓여 있다.
김 위원장은 공구직장의 '명예작업반 성원'으로 등록되어 있다. 로동자들은 명예작업반 성원의 몫을 솔선 맡아 직장 앞에 맡겨진 생산계획을 넘쳐 수행하는 것을 자기들의 신조로 삼는다.

직장장이 세운 기술개건계획은 나라의 공업정책과 거기서 이룩된 성과들을 념두에 둔 것이었다. 정환철 씨는 최근 신문에 소개된 어느 한 공작기계공장에 대하여 말하면서 그 공장이 높은 성과를 올리면 자기 직장의 기술개건계획은 가까운 앞날에 실현될 것이라고 자신감을 보인다.

"전망은 있어요. 우리는 남에 의존하지 않아도 자신이 세운 목표를 꼭 달성할 것입니다."

기술혁신 초점은 컴퓨터화

구성공작기계공장. 자동화, 과학화에서 제일 앞장서나가고 있으며 우리 나라의 기계제작공업이 선진국 대렬에 들어서게한 공로자. 평양방직기계공장 직장장이 거론한 바로 그 공장이다. 그를 대신하여 그 공장을 찾았다.

김 위원장은 지난 2월 평안북도 구성시에 있는 이 공장을 현지지도하여 '자동화의 본보기 공장' 이라며 높이 평가하였다.

"우리의 새형 만능선반으로 깎아낸 기계부속품들은 일본, 도이췰란드(독일), 스위스를 비롯한 이 분야에서 앞섰다는 나라들의 부속품들보다 정밀도가 높아요."

기사장 김재건(65) 씨는 김 위원장이 현지지도를 한 그날의 로정을 따라 공장을 안내하였다. 한 직장에 3종류의 공작기계가 전시되어 있다. 수자조종장치가 장비된 선반들이다.

"우리 공장에서는 1년이란 짧은 시간에 공작기계생산에서의 획기적인 전환이 이루어졌습니다."

김 위원장은 지난해 1월에도 이 공장을 찾았다. 그때 이곳 직장에 최신형 공작기계의 도면이 걸려 있었다. 마음만 먹으면 현대적인 공작기계들을 얼마든지 만들 수 있다고 한 김 위원장의 말이 모든 것의 출발점으로 되었다고 한다.

"사실 '고난의 행군' 시기 온 나라가 혹심한 경제적 시련을 겪었을 때 우리 공장도 전기난, 자재난에 직면하여 생산이 훨씬 줄어들었어요. 그런데 제시된 목표는 생산정상화의 수준에 머물지 않았던 거예요. 공장 일군들이 모두 놀랐지요. 대담하게 세계첨단을 디디고 올라서는 최신식 공작기계를 생산할 데 대한 과업이 떨어진 것입니다."

목표는 세계적 수준이었다. 도면에 그려진 기계를 생산하기 위하여 지배인들로부터 기대공에 이르기까지 종업원 모두가 와닥닥 달라붙었다. 설계일군들은 종전 같으면 1년은 걸렸을 기술연구, 설계작성을 70일 동안에 해제낄 계획을 세웠다. 직선안내베아링, 불나사 등 종전에는 다른 나라에서 수입하여 쓰던 부분품들도 새로 만들어냈다.

자체의 설계, 자체의 힘, 자체의 자재로 도면에 그려진 수자조종 만능선반 'CNC구성-10호'의 현물을 개발 제작하였다. 기술자, 설계가들은 이어서 다기능공작기계 '구성185-160형 종합선삭반'과 그 개량형 '구성125-160-3형'의 제작에 착수, 그것을 짧은 기간에 완성하였다.

1년 후 이 공장을 다시 찾은 김 위원장은 새로 개발한 선반으로 깎아

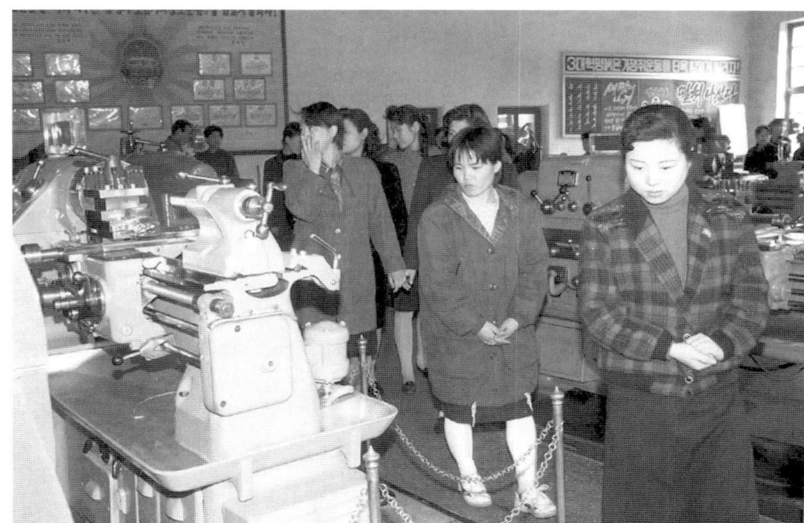

평양방직기계공장은 '사적공장'이라 학생, 시민의 집단참관이 번번히 진행된다.

낸 초정밀부분품, 1000분의 1미리 수준에서 정밀도를 따지는 그 제품을 세심히 보면서 새세기 첫해 좋은 징조라고 평가하였다고 한다.

"점차적으로가 아니라 단번에 세계적인 수준으로 뛰어오른다. 그것이 장군님의 경제건설구상입니다. 작년의 현지지도는 우리 기술자들에게 담력과 배짱을 심어주었다고 말할 수 있어요. 공장의 분위기가 완전히 일변했으니까요. 돌이켜보면 최신식 공작기계를 자체로 만든 경험은, 수십 년간 발전을 통해서만 톺아오를 수 있다는 과학기술의 높은 요새도 단숨에 점령할 수 있는 창조의 영감, 예지의 눈을 틔워주었습니다."

"우리의 경제건설 노선은 단번 도약"

남에게 의존했으면 그 짧은 기간에 3종류의 새형 공작기계를 개발제작하지 못했다는 것이 기술자, 설계가들이 얻은 결론이라고 한다. 외국에서 부분품들을 사들이고 기존의 설계를 모방하면서 이렇게 하다가 안 되면, 저렇게도 해보는 식으로 일을 벌이면 한정없이 시간만 끌고 귀중한 자재와 자금을 소비했을 것이라고 김재건씨는 말한다.

"우리나라가 다른 나라를 뒤따르기만 하겠습니까. 그럴 수는 없지요.

평안북도 구성시에 위치한 구성공장기계공장 전경.

남을 쳐다보는 것이 아니라 남을 따라 앞서야 합니다. 그러자면 모든 일을 우리 식대로 해야 합니다."

공장에서는 공작기계생산에서 필요한 부분품의 수입 의존도를 낮추기 위하여 일관하게 기술혁신에 힘을 기울여왔다. 현시기 과제는 수자조종장치의 국산화이다.

기사장의 안내를 받으며 조립직장을 돌아보았다. 동음을 울리는 '구성104-60' 이란 선반에는 화면에 조선글이 표시되는 수자조종장치가 장비되어 있다. 장치에는 '국가과학원 전자자동화과학분원 조종기계연구소' 라고 새겨져 있다. 1993년, 96년에 각각 새형이 개발되어 도입되었다고 한다.

"수자조종장치의 핵심은 컴퓨터기술입니다. 지금은 세계시장을 독점하는 도이췰란드의 어느 한 회사의 제품이 많이 쓰이지요. 그런데 두고 보십시오. 머지 않아 그 수준의 우리식 조종기가 쾅쾅 나오게 될 것입니다."

공장에서 가장 넓은 조립직장에는 여러 장의 구호판이 걸려 있다.

〈자력갱생만이 살길이다.〉

직장의 한 구석에 1980년대 구소련에서 수입한 대형공작기계들이 놓여 있다. 김재건 씨는 수입품의 경우 고장이 나면 그 부속품을 다시 구입하여 기계를 복구하려 해도 품이 든다고 말한다.

평양방직기계공장 공구직장장에게 들은 기술개건계획을 김재건 씨에게 이야기하였다.

"나라의 모든 공장들에 하루빨리 수자조종선반이 가닿도록 우리 공장이 만가동, 만부하를 걸어야지요."

김 직장장에게 전하는 기사장의 인사말이었다.

"우리 사람들이 이미 꾸려놓은 경제적 토대를 정말 재간있게 리용한단 말이예요. '고난의 행군' 시기에는 적대국들의 경제봉쇄와 사회주의 시장의 소멸 그리고 자연재해까지 겹치다보니 식량사정도 어려웠고 제

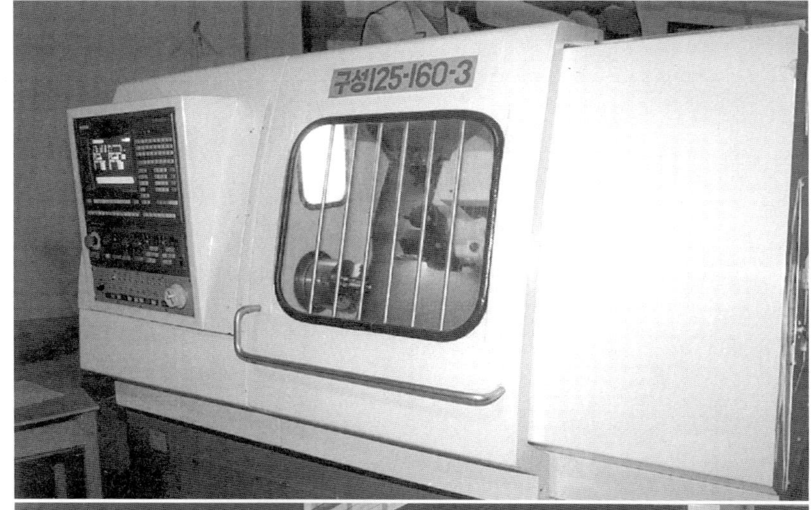

구성공작기계공장에서 자체적으로 개발한 수자조종식 공작기계 '구성 125-160-3형'(위)과 공장 내부(아래).

대로 생산도 못했지만, 그 엄혹한 시련을 이겨냈으니 이제는 힘차게 나갈 수 있는 도약대가 마련됐다고 봐요."

공장 사무실에서 지배인 임봉룡(55) 씨와 김재건 씨의 이야기를 들었다.

임봉룡 씨는 "아직은 나라의 형편이 넉넉지 못하고, 있는 것보다 없는 것이 더 많은 조건에서 우리가 경제강국을 건설하자면 우에 손을 내밀고 자금이나 자재를 달라고 요구할 것이 아니라 현존 경제토대를 더욱 효과적으로 리용하면서 자체의 힘으로 기술개건을 해야 한다”고 말한다.

‘세계화’ ‘개혁’ ‘개방’ 에 대하여

조국의 부강번영을 위하여 임봉룡씨는 젊은 기술자, 설계가들이 발휘한 그 애국심에 대하여 설명을 덧붙인다.

“ ‘고난의 행군’ 시기 우리는 어느 시기에도 있어보지 못한 혹심한 생활난을 겪었고 때로는 가슴 아픈 희생도 내야 했습니다. 우리는 피눈물을 흘리며 마음 다졌던 거예요. 왜 우리가 이렇게 살아야 하는가. 야, 다시는 이런 참혹한 시련을 겪지 말아야 한다. 그렇다, 이제는 남부럽지 않게 살 수 있는 그 길로 치달아올라야 한다… 그런 분발심이 지금 우리 공장의 젊은 세대들 속에서 발현되고 있는 것입니다.”

기사장은 지난 2월 공장을 찾은 김정일 국방위원장에게 이곳 기술자, 설계가들이 수자조종장치를 자체의 힘으로 제작할 의향을 전달하였을 때의 일화를 소개하였다.

“응석 같기도 한 일군들의 이야기를 다 들어주셨어요.”

김위원장은 즉석에서 해당 부문 일군들에게 능력있는 과학자, 기술자, 연구사들로 개발팀을 조직할 데 대한 조치를 취하였다고 한다.

“생각밖의 어마어마한 력량이였습니다. 우리식 사회주의제도에서만 가능한 일이지요. 이처럼 일대 비약의 조건들이 갖추어져 있는데 우리가 무엇 때문에 자본주의 방법을 따르겠습니까. ‘세계화’ ‘개혁’ ‘개방’ 이 불가피하다는 주장이 있습니다. 그러나 그것이 제 머리로 사고할 줄 모르고 발전된 것에 자신을 맞추어보려 하는 식이기 때문에 문제가 있습니다. 우리도 다른 나라의 발전된 기술을 인정합니다. 그러나

평양에는 '자력갱생'을 강조하는 구호판이 설치돼 있다. 사진은 평양제1백화점 뒤에 있는 구호판이다.

그것이 우리나라 실정, 우리 인민들의 요구에 맞는가, 문제를 이렇게 세워 일을 벌여나가는 것이 우리의 원칙입니다."

지금 수자조종장치의 개발을 위해 기관과 단위의 차이를 초월하여 인재들이 모여들고 있다. 과학원을 비롯한 연구기관들과 여러 대학들에서 과학자, 기술자, 연구사들이 공장으로 달려왔다. 그들 중에는 김책공업종합대학 연구사인 김재건 씨 아들의 모습도 있었다.

"아버지가 하는 일에 나도 한몫 이바지하겠다고 그래요. 부자간의 관계를 벗어나 기쁨을 느껴요. 아들이 대학에서 콤퓨터를 전공하는데 우리나라 콤퓨터기술이 현재 어느 수준에 있는지 인공지구위성 '광명성 1호'의 성공적 발사를 보면 대체로 짐작이 가겠지요.

콤퓨터 기술의 여러 전문가들이 우리 공장에 와서 그 수자조종장치를 얼마나 돈을 주고 사들였는지 두루두루 료해하더니 남의 나라 회사에 준 돈의 20분의 1의 가격으로 풀어주겠다고 합니다. 지금 쓰는 장치가 20배나 비싼 것은 노하우값, 기술값이란 말이예요. '우리도 이제는 그런 기술은 다 되여 있다.' 전문가들이 그걸 장담하고 가더라구요. 난 그들의 말을 믿습니다."

공장의 주인으로서

구성공작기계공장을 취재한 후 평양방직기계공장을 다시 찾았다.

"기사의 종자를 찾을 수 있었습니까."

공구직장장이 반갑게 마중해주었다. 취재현장에서 보고 들은 새로운 공작기계의 성능에 대하여 이야기하였다.

"앞으로 최신형 수자조종선반이 우리 직장에 도입되면 공작기계새끼 치기운동이 다시 일어날 수 있거든요. 우리 공장에서도 자체의 힘으로 공작기계를 만든 경험이 있어요. 최신설비가 1대 들어오면 그것을 가장 합리적인 생산공정에 놓은 다음 그 기술을 참조하여 현존설비도 자체로 개건, 현대화해나갈 것입니다. 우리 공장 로동계급에게는 그럴 만한 힘이 있어요."

정환철 씨의 아버지도 공구직장의 로동자였다. 그는 공장 내의 보육원에 다니던 시절부터 아버지와 그 동료들이 일하는 모습을 보면서 자랐다. 공장에는 직장장처럼 대를 이어 기대 앞에 선 로동자들이 많다.

"이 공장의 운명이 곧 나의 운명이라 말할 수 있지요. 설비관리도 기술개건도 모두 자기 자신을 위한 일입니다."

직장에서는 젊은 로동자들이 자기 기대와 예비부속품을 점검하기에 여념이 없다. 남의 지시를 받아 움직이는 고용자가 아니라 공장의 주인으로서 더 많이, 더 좋게, 더 빨리 생산하기 위해 아글타글 노력하는 기술혁신의 기수들.

자기 힘을 믿는 2세대 노동자들이 경제강국의 주추돌을 놓고 있다.

김지영 《조선신보》 평양특파원 2001년 5월호, 2호

구성공작기계공장
김재건 기사장

구성공작기계공장 기사장 김재건씨는 기자의 취재수첩에 '技術改建(기술개건)'이라는 단어를 한자로 적어주면서 설명했다.

"생산기술이란 한번 꾸려놓은 다음에 몽땅 뒤집고 새롭게 하자면 돈이 많이 먹습니다. 그런데 우리나라에서는 그렇게 할 필요가 없어요. 벌써 자립경제의 튼튼한 토대가 있어요."

1950년대에 대학에서 배워 60년대에 기술사업의 현장에서 일하게 된 김재건씨는 사회주의 공업화의 기초를 쌓고 자립적 민족경제의 토대를 축성한 '천리마운동'을 청년시절에 체험한 세대이다.

"그때 우리가 물려받은 재부란 별로 없었지요. 일제가 뭐 조선사람들에게 기계공장을 꾸려준 게 있습니까. 내가 신의주에서 나서 자랐는데 어렸을 때 기계란 걸 본 기억이 없어요.

왜 우리가 천리마시대에 '철과 기계는 공업의 왕'이란 구호를 내걸고 한 사람같이 떨쳐 일어났던가. '기계에서 밥이 나오는가'고 하면서 중공업 선행의 로선을 반대한 종파주의자, 사대주의자들의 기도를 분쇄하고 전진한 것은 무엇 때문이었던가. 그것이 바로 자체로 나라를 발전시킬 수 있는 토대를 꾸리는 길이었던 거예요."

지난날 남의 나라에서 기차가 달릴 때 조선에서는 봉건통치배들이 하늘소를 타고 풍월가를 부르며 다녔다. 나라가 세기적인 락후성에서 벗어나자면 남이 한 걸음 달리면 열 걸음을, 남이 열 걸음 달리면 백 걸음 달려야 한다.

인민들은 예로부터 빠른 것을 상징하여 오던 천리마에서 영원한 전진과 비약의 기상을 받아 안았다.

천리마 대고조시기 아직은 너무도 청소했던 나라의 공업이 자동차와 뜨락또르, 굴착기와 대형 양수기를 제 힘으로 만들어내고 기계가 기계를 새끼치고 공장이 공장을 새끼쳤다. 김재건씨는 룡성, 대안, 덕천을 비롯한 여러 지역의 공장들에서 기술사업을 맡아 하면서 그 대고조를 생활 속에 체험하였다.

"그때는 아무것도 없는 환경에서 자력갱생하자니 부득불 망치질하면서 생산을 했거든요. 그러나 오늘 우리가 벌이는 제2의 천리마대진군은 그런 방법을 취하지 않아요. 현시대의 자력갱생은 최첨단기술에 기초한 자력갱생이며 그를 위한 밑천은 갖추어져 있어요."

김재건씨는 3종류의 새형 공작기계를 개발 제작하는 나날에 공장의 젊은 기술자, 설계가들 속에 수십년 전 천리마기수들이 지녔던 그 사상정신이 계승되여 있음을 확인하였다고 한다.

그가 밤중에 공장을 돌아보니 누가 시키지 않았는데도 기술사업에 계속 열중하는 청년들의 모습을 본 것이다.

"밤을 꼬박 새우는 동무들도 많았죠. 그런 동무들에게 넌 무엇을 바래서 일하느냐. 이렇게 물어보면 더 많은 로임을 달라, 그런 소리 하지 않을 것입니다. 내 나라, 내 조국을 위하는 마음, 정열이지요. 그것이 없으면 우리의 강성대국도 건설하지 못해요.

돈을 주면 사람들을 그렇게 불러일으킬 수 있습니까. 절대로 불가능해요. 돈보다 사람들의 사상을 발동하여 얻어 낸 힘이 훨씬 더 큽니다.

천리마시대를 살아보지 못한 사람들은 그 진리를 잘 리해 못할 것입니다."

닭발쪽튀기 선술집에서 본 2001년 5월 평양 민심
"올 봄 가장 심한 욕은 '책상주의자'"

평양역에서 북쪽으로 뻗어나가는 창광거리. 고려호텔을 비롯해 '새날메기탕' '평양단고기집' 등 많은 편의봉사시설들이 늘어서 있는 곳이다. 2000년 4월 15일 이 거리에 문을 연 '네거리 꼬치구이 선술집'은 북녘 최초의 '서서 먹는 술집'. 창광거리 인근 노동자들로 발디딜 틈 없는 그곳에 '매일 출근'하는 김지영 특파원이 2001년 5월 평양 민심을 전해왔다.

오후 4시, 평양시 중구역 창광거리에 위치한 '네거리 꼬치구이 선술집'이 문을 여는 시간이다.

"오늘은 이른 시간에 오셨구만요."

봉사원이 소주를 따른 잔과 안주를 고인 접시를 상 위에 놓는다. 술을 한 모금 마시고 유리창 너머 거리를 오가는 사람들에게 눈길을 돌렸다. 평양역에서 북쪽으로 뻗어나가는 창광거리의 일각에 자리잡은 이 선술집이 영업을 시작하여 1년이 지났다. 지금도 많은 사람들이 련일 이곳을 찾고 있다.

네거리 꼬치구이 선술집의 '닭발쪽 세트 메뉴'

이 술집을 찾는 대다수 손님들은 '닭발쪽튀기'(튀긴 닭발)를 좋아한다. 최근 몇 년간 평양에 현대적인 닭공장(닭을 잡아서 고기로 가공해 각종 식당과 가정에 공급하는 공장)들이 일떠서고(건설되고) 종자개량과 생산공정 자동화로 많은 닭고기를 공급할 수 있게 되었다. 옥류관을 비롯한 여러 식당들에서는 작년부터 닭고기쟁반국수를 비롯한 새로운 료리를 봉사하게 되었다. 대량으로 고기를 공급하니 발쪽과 내장 등 닭 가공 후 나오는 부산물을 리용하는 문제가 나섰다.

"밀가루를 묻힌 닭발쪽을 기름에 튀기면 맛이 좋다. 내장은 꼬치구이로 하고 거기에 술 한잔을 함께 내놓는 선술집을 내오면(차리면) 로동자들이 퇴근길에 들려서 좋아할 것 같다."

이는 전문료리사의 착상이 아니다. 꼬치구이 선술집을 내오도록 한 것은 김정일 국방위원장이라고 한다. 평양에는 작년부터 영업을 시작한 선술집이 창광거리와 광복거리, 문수거리 등 3곳에 있다.

"아이구, 늦어서 미안합니다. 오래 기다리셨나요?"

필자가 기다리던 인물이 드디어 도착했다. 허성수(32) 씨는 평양시 인민봉사총국에서 일한다. 그가 일하는 총국은 옥류관, 청류관, 평양면옥

평양역에서 북쪽으로 뻗어나가는 창광거리 모습. 각종 식당과 편의봉사시설이 늘어선 거리다.

을 비롯한 시내의 크고 작은 식당들과 목장, 수산사업소 등의 생산기지를 산하에 두고 있는 봉사전문기관이다. 허성수 씨는 평양에 새로운 료리 업종이 나오거나 '닭고기쟁반국수' 같은 인기 료리가 있으면 제때에 알려주어 《조선신보》 기자들의 취재활동을 도와주는 고마운 친구다. 작년 4월 15일 개업한 이 네거리 꼬치안주 선술집도 그가 알려주었다.

"닭발쪽튀기가 맛있다고 소문은 많이 들어보았어요. 그런데 먹어보는 것은 사실 오늘이 처음이죠. 이 선술집도 우리 총국 산하에 있는데 내가 사무실에서 사업방향 대주는 일만 하다 나니까 정작 선술집이 어떻게 운영되는지, 료리맛이 어떤지 구체적으로 모른단 말이예요. 그래, 비판대상이지요. 말하자면 '책상주의자'의 나쁜 습성이라 할까요?"

일단은 그의 언행을 변호해야 할 것 같다. 인민생활 향상을 위한 사업을 직접 맡아 하는 평양시 인민봉사총국은 재작년에 새로 꾸려져 최근 가장 분주하게 돌아가는 기관의 하나이다. 각 분야에서 유능한 일군들이 모여 인민들의 먹는 문제를 해결하기 위한 대책들을 세워 집행해 나가고 있다. 허성수 씨도 이전에는 무역성 일군이었다. 세계적인 추세에 맞게 식당봉사의 내용을 개선해 나갈 방도를 찾아 현장에 도입하기 위한 대책을 세우는 것이 그의 일감이다. 해외출장도 많다. 평양의 사무실 책상머리에 앉아 매일 밤늦도록 사업해도 일감은 연거퍼 나온다.

"업무상 외국손님들을 영접하기도 하는데 그들이 옥류관에서 랭면이나 먹어보자고 하지 누가 선술집에 가보자고 하겠어요?"

이래저래 닭발쪽튀기를 처음으로 맛본 친구에게 필자는 선술집의 '규범'을 대주었다(알려주었다). 술 2잔(200g)과 닭발쪽튀기 2개, 닭내장 꼬치구이 1개로 7원 60전. 이것을 다 먹으면 다음 사람에게 자리를 내여주는 게 바로 선술집을 찾는 손님들 사이에 알게 모르게 형성된 '규범'이다. 고소하면서 바짝바짝 씹어지는 닭발쪽튀기는 별맛이다. 한번 먹으면 버릇이 되어 창광네거리를 지나가기만 하여도 군침이 돈다는 사람들도 많다. 물론 그들 가운데 '술고래'도 있을 것이지만 선술집에서는 누구도 주정을 부리지 않는다. 자리가 차례지면(자리가 있으면) 누구든 '규범'에 따라 멋있게 술잔을 비운다.

"흥겨운 기분, 맑은 정신으로 귀로에 오른다."

그것이 선술집을 찾는 사람들의 목표다.

비로소 선술집의 '규범'을 알게 된 허성수 씨가 말했다.

"알았어요. 그런데 단숨에 술을 들이킬 필요는 없는 거죠?"

허성수 씨와 선술집에서 만나기로 한 것은 닭고기 생산과 공급에서 새로운 혁신이 일어나게 된다는 소식을 들었기 때문이다. 현재 평양에서는 건설하여 오래된 5개의 닭공장의 개건 현대화 공사가 한창이다. 현장 취재에 앞서 허성수 씨에게 그 사업 내용을 사전 취재할 필요가 있었다.

"그 공장들이 완공되면 이제는 가정들에도 맛 좋은 닭고기와 알을 제때에 공급하게 될 거예요. 사실은 다음 공장이 또 있어요. 오리공장입니다. 지금 우리 부서가 맡아서 개건 현대화 계획을 추진하고 있어요."

"뭐니뭐니해도 총각 때가 제일 좋아."

해가 저물자 선술집은 사람들로 붐비기 시작하였다. 이곳 창광거리 선술집을 찾는 손님들은 하루에 약 700여명. 평양화력발전소, 10월5일자동화기구공장, 평양창광옷공장을 비롯한 주변의 공장·기업소에서 일하는 로동자들 그리고 평양역에 근무하는 종업원들이 주요 손님들이다.

기자 일행의 옆자리에서 술잔을 드는 두 사람은 꽤 나이 차이가 있어 보이는 평양창광옷공장 로동자들이었다.

"우리 두 사람이 선술집에서 함께 술을 마시는 것은 아주 드문 일입니다."

김창남(45) 씨와 리승진(31) 씨는 '공구 동력 작업반'에서 일한다고 했다. 김창남씨는 작업반장을 맡고 있다. 기자가 끼어들었을 때 김창남씨는 한창 딸 자랑을 늘어놓고 있는 중이었다.

"내 딸이 중학교 5학년인데 해마다 설맞이 공연에 출연하여 노래를 불러요."

설맞이 공연이란 북에서 해마다 새해를 맞을 때 진행되는 가장 큰 행사의 하나로, 전국에서 선발된 학생소년들이 출연하는 종합예술공연이다. 이 공연은 텔레비죤을 통해 이북 전역에 중계되곤 한다. 이 때문에 음악을 하는 학생들에게는 설맞이 공연이야말로 자신의 재능을 꽃피우는 최상의 무대가 된다.

"성장한 딸의 공연모습을 텔레비죤을 통해 대견하게 바라보았어요. 우리가 '고난의 행군'을 할 때 살림살이에서 걸리는(어려운) 문제가 한두 가지가 아니었지 않습니까? 그런데 어린 딸이야 그걸 잘 모르지요. 밥에 강냉이가 많이 섞이니 잘 안 먹고 밀어놓는 일이 있단 말입니다.

창광거리에 위치한 '네거리 꼬치안주 선술집'. '닭발쪽튀'로 인기를 얻은 북 최초의 서서 먹는 선술집이다.

'너 왜 안 먹느냐' 물어보면 아무 말 없는데 그 자체가 의견이 있다(불만이 있다)는 소리이지요. 그럴 때면 아버지로서 교양을 해야(교육을 해야) 하지 않습니까?

내가 어려서 자랄 때에는 잘 살았단 말입니다. 그런데 우리 부모세대는 일제의 식민지통치와 전쟁을 체험하고 어렵게 살았잖아요. 나도 '고난의 행군'을 겪고 나니까 생활고에 대한 실감이 나는데 어린 시절에는 부모들이 그런 이야기해도 잘 리해 못했지요. 그래서 딸에게는 할아버지, 할머니의 생활 체험을 결부해서 말했어요. '지난날 사람들은 그 어떤 어려움에도 끄떡하지 않고 후대들을 위한 일을 많이 하였다. 그러니 너도 신심을 가지고 래일을 위한 오늘에 살아야 한다. 네가 커서 경제강국을 건설하면 더 잘살 수 있다'고 말이지요."

김창남 씨는 "이제는 고비를 넘었다"고 하면서 최근에는 공장이 정상적으로 돌아가고 생활에서 걸린 문제들도 하나 둘 풀려 나간다고 말한다.

"나는 딸이 학교에서 최우등을 했거나 무슨 큰일을 한 경우에는 소박한 기념품이라도 마련해주고 싶은 심정이예요. '너는 요구되는 것이 무엇이냐' 물어보군 하는데 딸도 우리 집안 실정을 뻔히 아니까 요구되는 건 없다고 해요. 그런데 올해 설맞이 공연에 출연하느라 수고했다며 다시 물어보았더니 그래도 무대에서 노래하는 딸이니까요, 자그마한 거울을 하나 사달라고 부탁하더라구요."

아이들이 있으니 가정에 웃음이 넘친다는 김창남 씨는 결혼한 지 14년 된 세대주로, 안해와 주로 나누는 이야기는 '자녀교양문제'라고 했다.

리승진 씨는 작년 10월에 결혼하였다. 리 씨 같은 직장의 20~30대는 술자리에서 련애 이야기를 많이 하는데 결혼 후 리승진 씨는 자신의 경험담을 대주면서 후배들에게 조언과 방조(도움)를 주는 역할을 지니게 되었다고 한다.

"사실은 오랜 기간 교제했는데 결혼식을 미루어왔어요. 우리 30대는 우리 사회의 혜택만 받아서 자란 세대가 아닙니까? 나라가 시련을 겪고 있는데 받아 안은 배려에 조금이라도 보답을 해야 한다고 생각한 것입니다. 떳떳하게 결혼식을 올리자면 직장에서 뭔가 해놓은 일이 있어야 하지 않겠습니까?"

리승진 씨는 하루 일이 끝나면 곧장 안해가 기다리는 집으로 가고 싶은데 직장 동료들이 술자리로 억지로 이끌어간다고 한다.

"그것도 로동자의 단결력이라 할까요?"

모두들 웃음을 터뜨렸는데 안해 자랑은 계속이다.

"집에 들어가면 처가 말해요. 술 많이 마시지 말고 담배도 적게 피우라구요. 내 건강을 생각해서 하는 말인데 직장 사람들과의 교제도 중요하니 어쩔 수 없지요."

술잔을 단숨에 비운 김창남 씨가 후배의 안해 자랑에 말참견을 하였다.

"그건 벌써 통제가 시작되였다는 소리야. 뭐니뭐니해도 총각 때가 제일 좋아."

김창남 씨는 서른여덟살 나이에 비로소 술을 배웠다. 결혼식에서도 맥주 한 잔밖에 못했다던 그가 결혼 7년째에 이르러 '술군'으로 변신한 리유를 직장 동료들도 모른다고 한다.

"사람이 일생 동안 마실 수 있는 주량은 결정되어 있다고 해요. 그러니 술을 늦게 배운 나는 지금 많이 마시는 거예요."

그들은 기자 일행과의 축배를 끝으로 흥거운 기분으로 귀로에 올랐다.

술자리 최대의 화제, 가수 '김련자'

선술집에서 내는(파는) 소주는 평양알콜공장에서 생산되여 병에 넣지 않고 직접 공급된다. 이는 평양에서도 손꼽히는 이름있는 술의 하나이

다. 조선의 전통술들인 탁주와 청주는 인민들이 좋아하는 술들이지만 알곡을 주원료로 하기 때문에 공업적인 생산은 장려하지 않고 있다. 평양 시민들이 마시는 술은 주로 소주이다. 북에서 생산되는 술들 중 대중적인 술로는 '평양술' '창광술' '혜산술' '양덕술' 등이 있다. 특히 '평양술'은 잡맛이 없고 술을 마신 뒤 후과(뒤)가 깨끗한 것으로 하여 사람들이 특별히 선호하는 제품이다.

북에서는 사람들이 술을 마시는 계기를 중요시한다. 여느때는 세대별로 술자리를 마련한다는 평양창광옷공장 로동자들도 명절날이나 사업에서 특별한 성과가 있을 때는 직장 동료들이 다 같이 모여서 함께 술을 마신다고 한다. 별다른 일 없이 술판을 벌려놓고 진탕치듯 술을 마시는 일이 거의 없다. 지난 시기에는 '주량이 도량이다' 라는 옛말에 빙자하면서 주량이 센 것을 자랑으로 생각하는 현상들이 있었지만 지금은 지나치게 술을 많이 마시는 사람들은 호감을 얻지 못하는 것 같다.

선술집 탁상 위에 놓인 일문일답식의 '토막지식판'은 이같은 '술의 변천사'를 잘 말해준다.

"하루 일을 끝내고 밥먹기 전에 술을 1백g 정도 마시면 입맛이 나고 피로가 풀리며… 물질대사도 좋아집니다. 그러나 지나치게 많이 마시면 오히려 몸에 해롭습니다."

"술의 주정(도수)은 얼마가 좋을까요? 빈속에 술을 마시거나 알콜 농도가 높은 술을 마시면 입안과 위를 세게 자극하므로 안주 없이 마시면 몸에 해롭습니다."

평양술에는 40%짜리와 25%짜리가 있는데 사람들이 흔히 찾는 것은 25%짜리 술이다. 소주를 덥혀 마시는 습관이 있는 사람들은 특히 도수 높은 술을 피한다.

외국인들이 이용하는 고려호텔 가라오케 등을 예외로 한다면 북에는 술 마시면서 '가라오케'를 하는 현상은 아직 없다. 하지만 모처럼 마련된 술자리에는 노래와 춤이 따르기 마련이다. 어느 직장이나 가정에도 꼭 '손풍금 명수' '기타 명수'가 있으며 누구나가 반주에 맞추어 부르는 자기의 애창곡을 가지고 있다. 최근에 노래를 사랑하는 평양시민들의 술자리에서 화제를 독점한 인물이 있다. 바로 '일본에 있

'10월5일자동화기구공장' 자력갱생 직장장 김정근(왼쪽)씨와 풍력발전기직장 직장장 최영호씨.

는 남조선 가수 김련자' 이다.

'4월의 봄 친선예술축전'에 참가한 김련자 씨는 평양에서 두 번 단독 공연을 하였다. 북과 남의 노래와 계몽기가요들을 열창한 김련자씨의 공연은 텔레비죤을 통해 방영되어 큰 반향을 일으켰다. 북의 가요에 대한 편곡도 독창적이었고 객석에 내려가 관람자들과 어울리는 무대 연출도 새맛이 났다. 그러나 시민들이 그 공연을 환영한 것은 다른 리유가 있었다. 그들은 남조선 가수가 민족의 화해와 통일에 이바지하려는 뜻을 안고 평양을 방문한 것으로 간주하였다. 김련자 씨가 〈타향살이〉를 부르며 감정이 북받쳐 올라 눈물을 흘릴 때 객석에 앉은 평양 시민들도 눈물을 흘렸다. 6·15공동선언 발표 후 북남관계의 새로운 발전국면을 보여주는 화폭이었다. 혈육의 정 넘치는 공연장의 분위기는 북과 남이 서로를 있는 그대로의 모습으로 보고 대하며 민족단합의 길을 함께 가는 오늘의 시대 흐름을 실감케 하였다. 술자리에서 만난 평양 시민들은 김련자 씨가 부르는 계몽기가요를 들으며 민족적 정서에 휩싸이었다고 자기 소감을 피력하군 하였다. 북에서는 지난 시기 일부 허무주의적이고 편협한 태도로 하여 계몽기가요가 응당한 평가를 받지 못하였다. 그러나 지금은 계몽기가요들을 적극적으로 발굴, 고증하여 평론도 하고 책자도 만들고 있다. 인민들 속에서 널리 불리워지고 있는 계몽기가요도 많다. 홍란파의 〈봉선화〉, 박태준의 〈동무생각〉, 안기영의 〈작별〉 그리고 류행가로서는 〈눈물 젖은 두만강〉〈홍도야 울지 마라〉〈락화류수〉〈나그네설움〉 등이 잘 불리우는 대표적인 노래들이다.

설자리 없어져가는 평양의 흡연자들

선술집에서 노래를 부르는 사람은 없다. '퇴근길의 한잔'은 사람들이 말하는 '특별한 자리'는 아니다. 그런데 평양시내의 식당이나 술집에서는 남자들이 술을 주문한 다음 례외없이 재털이를 찾는다. 평소는 호주머니에서 담배갑을 꺼내여 한 대 피우라고 권하지만 술자리에서는 담배갑을 아예 상 위에 내놓고 피운다. 담배갑은 그때마다 상표가 다르니 재미나다. '건설' '락원' '공작새' '갈매기' '꿀벌' '평양' '룡성' '현무' …. 북의 담배종류는 매우 많다. 평양 시민들 속에서 제일 인기 있는 담배로는 '건설'과 '평양'을 들 수 있다. 그런데 최근년간 상황이 조금씩 변하는 것 같다. 북에서도 '담배의 해독성'을 해설 선전하는 사업들이 벌어지고 있다. 신문, 방송들이 금연운동을 호소하면서부터 공공장소와 거리, 사무실들에서 무질서하게 담배를 피우는 것은 도덕적 경멸의 대상으로 되고 있다. 이 곳 네거리 선술집도 금연구역이다. 아무리 간절히 부탁해도 재털이는 나오지 않는다. 술자리 분위기를 맑게 하기 위한 창안이라고 한다.

"일없어요. 난 호주머니를 뒤져도 담배는 한 대도 없어요. 벌써 직장에서 다 피웠어요."

하루는 취재사업을 마치고 선술집에 들렀는데 옆자리에 있던 손님이 이야기를 걸어왔다. 10월5일자동화기구공장 자력갱생직장('직장'은 남쪽의 '본부' 또는 '부'에 해당하는 생산조직단위) 직장장인 김정근(61) 씨와 풍력발전기직장 직장장 최영호(38) 씨는 기자와 술잔을 함께 들면서 '현시기 요구되는 일군들의 일본새(일에 임하는 자세)'에 대한 견해를 피력하였다. 김정근 씨가 말했다.

"경제강국 건설, 우리의 목표는 대단히 높아요. 그러니만큼 일군들이 새 세기의 요구에 맞게 사업에서 혁신적 안목을 가지고 헌신적으로 일해야 합니다. 나도 직장장인데 나이를 먹었다 해서 로쇠현상에 빠질 것이 아니라 패기와 정열에 넘쳐서 앞장에 서서 로동자들을 이끌어 나가야 한단 말이예요. 책상머리에 앉아서 이래라 저래라 명령, 지시를 해서는 제기되는 문제들을 하나도 풀 수 없어요."

시인민봉사총국에서 일하는 친구도 지적하던 '책상주의자'라는 말이 일군들 속에서 류행어처럼 번지고 있는 듯했다. 특히 정신로동에 종사하는 사무원들 속에서는 그것이 자신의 잘못에 스스로 경고를 주는 용어로 쓰이고 있다.

"있는 것보다 없는 것이 더 많은 어려운 조건에서는 직장장도 틀을 차리는(형식을 차리는) 것이 아니라 작업복을 입고 로동자들과 담배도 나누어 피우면서 공구소재를 날라야 하는 거예요."

김정근 씨는 올해 들어 책상 위에 놓인 '지령전화'를 떠나서 하루 종일 로동자들 속에 있으니 "담배가 더 빨리 나간다"고 말한다. 이런 변화는 김정근 씨에게만 일어난 것이 아니다. 공장에서는 일군들이 '책상주의'를 극복하기 위하여 사업을 정기적으로 총화하고 때로는 구태의연하게 일하는 일군들에게 비판이 가해질 때도 있다고 한다. 그러나 진심으로 비판해주고 도와주면 더 가까와지고 뉴대가 깊어진다.

김정근 씨가 직장이 서로 다르고 나이도 20년 이상 차이가 나는 최영호 씨와 함께 이날 선술집에 들린 것은 그가 손아래의 직장장을 비판했기 때문이 아니었다. 30대 나이에 직장장을 맡아 하는 최영호 씨는 공장에서도 기대를 모으는 신진일군이다. 30대 직장장은 공장의 자동화, 콤퓨터화를 좀더 적극적으로 추진해 나갈 것을 호소하면서 기회가 있으면 다른 직장의 책임일군들과 의견교환의 마당을 차린다고 한다. 최영호 씨가 말했다.

"20세기가 기계제산업의 시대라면 21세기는 정보산업의 시대, 그런 글이 신문에 많이 실리지 않습니까. 우리 공장의 젊은 일군들 속에서도 앞으로 콤퓨터를 어떻게 리용할 것인가, 최첨단기술에 기초하여 우리나라의 산업구조를 어떻게 발전시켜 나갈 것인가, 그런 이야기가 판을 치고 있어요. 현시대의 요구에 맞게 경제를 추켜세우자면 우리 자신의 면모를 끊임없이 일신시켜 나가야 하는데 일군들이 지난 시기의 경험에 사로잡히면 비약의 기회를 놓치고 말아요."

선술집은 '컴맹 직장 상사' 교육의 장

최영호 씨의 직장에서는 풍력발전기를 생산하고 있다. 제품의 질 향상을 위해서도 생산공정의 콤퓨터화를 다그쳐야 한다고 한다. 물론 아직은 공장의 자금, 자재가 넉넉지 못하지만 그렇다 하여 속수무책으로 앉아 있을 수 없다. 그래서 최영호 씨를 비롯한 젊은 일군들이 분발하였다. 최근 10월5일자동화기구공장에서는 부분품의 정밀도를 측정하는 '수자표식기'를 자체로 개발, 제작하였다. 그 장치는 우선 풍력발전기직장의 생산 공정에 도입되었다고 한다. 김정근 씨는 공장에서 같이 일하는 젊은 직장장들의 일본새에서 배울 것이 많다고 말한다.

"최영호 동무의 직장은 우리 공장에서도 가장 앞서 나가는 직장입니다. 나이 많은 일군들도 모두 인정해요. 솔직히 말해서 정보산업의 시대라 해도 늙은이들은 표상이 잘 떠오르지 않아요. 뭐니뭐니해도 다음 시대를 그려보는 것은 젊은 사람들이지 않습니까?"

최영호 씨가 질세라 선배를 추켜세웠다.

"김 직장장 같은 선배들이 나라를 위해 많은 일을 했잖아요. 앞으로는 우리 세대가 계주봉(릴레이 경주 때 사용하는 바톤)을 이어받고 통 크게 일을 벌려 나가야 합니다. 지난 수년간 우리나라가 시련을 겪었지만 이제는 용기백배하여 힘있게 전진해 나갈 때가 됐어요. 5년 후, 10년 후도 우리가 지금의 모양대로 살겠습니까? 아닙니다. 지금도 어려움이 없는 것은 아니지만 우리는 새 시대의 숨결을 느끼면서 락관에 넘쳐 일하며 생활하고 있어요. 언젠가는 선술집에서 이런 이야기를 나누었다며 그 일을 좋은 추억으로 상기하는 날이 꼭 올 거예요."

평양, 생맥주집 300개 문연다

손님들이 선술집에서 보내는 시간은 기껏해야 수십분밖에 안 된다.

하지만 그곳에서는 그들의 생활표정을 엿볼 수 있다. 술자리에 불평, 불만은 없다. 밝고 명랑한 기운이 넘쳐 나고 있다. 우리나라에 '반잔 술에 눈물이 나고 한잔 술에 웃음이 난다'는 속담이 있다. 20세기 말엽의 고난의 행군에 대하여 말할 때 사람들은 "우리는 하나의 완전한 전쟁을 했다"며 그 재난이 얼마나 참혹했던가를 회고하군 한다. 하지만 이제 그것은 과거의 일이다. 선술집에 들리는 사람들은 누구나가 웃음으로 축배잔을 들고 있다.

창광거리 '꼬치안주 선술집'
봉사조장 김련화 씨.

"오늘은 취재 갔다가 오는 길입니까?"

선술집 봉사조장인 김련화(30) 씨는 올해 1월에 시집을 갔다. 기자와 처음으로 만났을 때 그가 "술고래와는 절대로 결혼하지 않겠다"고 공공연히 말하던 일이 생각난다. 그의 남편은 만수대창작사에서 일하는 미술청년이다. 총각 시절 직장 동료들에 이끌리여 이곳 선술집에 들리군 하였다. 그러나 봉사원이 내놓은 술을 한 모금만 마시면 얼굴이 불그레지는 그런 청년이였다. 김련화 씨가 봉사를 하는 경우는 더욱 그러하였다.

선술집 책임자인 윤옥화(52) 씨의 말에 의하면 개업하여 1년 동안에 닭발쪽튀기를 찾는 손님들의 폭이 대단히 넓어졌다고 한다. 술집임에도 불구하고 젊은 녀성들의 모습도 눈에 띄게 되었다. 명절날이면 가족 단위로도 찾아와 아버지, 어머니들은 술을 하고 어린이들이 닭료리를 먹는 광경을 볼 수 있다고 한다.

"아니, 다시 이곳에서 만났구만요."

평양시인민봉사총국에서 바쁘게 일하는 허성수 씨도 드디어 닭발쪽튀기 맛에 버릇을 붙인 것 같다. 그가 퇴근길에 자기 기관 산하의 식당에 들리는 것은 거의 없는 일이다.

"시급히 대책을 세워야 할 과제가 있더라구요. 기자들에게 좋은 착상이 없을까요?"

"뭐 어려운 사업이 떨어졌습니까?"

"아니, 별로 복잡한 문제가 아니에요. 생맥주를 마실 때 어울리는 안주가 무엇일까요?"

지금 평양의 술 마시는 사람들의 관심사는 단연 건설사업이 한창인 '대동강맥주공장'이다. 올해 여름에 년간 7천만리터의 생산능력을 가진 이 공장이 완공되면 평양 시내에 300개소의 생맥주판매소가 새로 나오게(문을 열게) 된다고 한다. 그래서 "지금부터 생맥주 먹는 훈련을 해야겠다"는 우스개소리를 자주 듣는다. 허성수 씨는 시인민봉사총국

대동강맥주공장 전경 또는 내부 일하는 모습.

에서 시민들의 기호에 맞게 생맥주판매소를 특색 있게 꾸릴 데 대한 분공(업무)을 맡은 것이다.

"선술집 다음에는 맥주집이니 내가 얼마나 바쁜지 아시겠지요?"

고난의 폭풍이 지나간 지금 수도가 활기를 도로 찾기 시작하였다. 나라가 경제적 시련을 겪을 때 자재난으로 어렵게 영업을 하던 시내의 식당들이 흥성거리고 있다. 술을 마시며 친지들과 정답게 이야기를 나눌 수 있는 마당이 생겨났고 아버지는 딸에게 거울을 선물하고 총각, 처녀는 미루어왔던 결혼식을 올렸다. 허리를 펴고 래일을 위한 발걸음을 내디디는 시민들의 모습이 두드러지게 보인다.

기자는 답했다.

"글쎄, 맥주 안주는 감자료리가 좋아. 소금을 친 감자튀기가 어울릴 것 같애요. 고난의 행군 시기 감자농사를 대대적으로 시작했잖아요, 이제는 술 마시는 사람들도 그 덕을 보아야 할 거예요."

선술집이 문을 닫는 오후 8시가 다가왔다. 문득 떠오른 착상으로 이날의 일과를 끝낸 친구와 마지막 축배잔을 들었다.

김지영 《조선신보》 평양특파원 2001년 6월호, 3호

북의 실리콘밸리, 평양시 은정구역
"우린 밤낮없이 콤퓨터와 싸우지요 뭐"

과학원, 리과대학, 과학자도서관 등 기초과학 관련 기관들이 집중돼 있는 평양시 은정구역. 1970년대 본격 조성된 이 곳은 20~30대 연구자들이 주축을 이룬 북의 대표적 기초과학도시다.

경제강국건설의 구호를 들고 지난해부터 본격적인 경제재건에 나서고 있는 북에서 지금 온 나라 사람들의 이목을 끄는 곳이 있다. 평양시 은정구역. 북에서 '기초과학도시'로 불리우는 이곳은 과학기술의 메카이다.

평성시 과학단지가 평양시 은정구역으로

은정구역은 과학원, 리과대학, 과학자도서관을 비롯한 과학연구기관, 교육기관들이 집중되여 있는 곳이여서 기초과학과 함께 최근에는 거기서 파생되는 전자공학과 콤퓨터 분야의 연구도 활발히 벌어져 있다. 은정구역이 기초과학기지로 꾸려지게 된 것은 1970년대. 김일성 주석은 1960년대에 과학기술기지 건설구상을 내 놓아 함흥을 화학공업도시로, 은정구역을 기초과학도시로 건설할 데 대하여 지시하였다고 한다.
은정구역 기초과학기지의 근간을 이루는 과학원의 한 관계자에 의하면 원래 이곳은 평양시와 린접해 있는 평성시에 속했다. 평성시 안의 행정구역을 평양시에 편입시킨 것은 1993년 11월의 일인데 이는 과학기술의 발전을 념려하던 김일성 주석의 지시에 의한 것으로서 북이 오래 전부터 과학기술 발전에 공을 들여왔다는 것을 보여 준다. 이에 따라 1960년대 후반부터 1970년대에 걸쳐 과학기지가 건설되기 시작하였는데 과학원, 리과대학 등이 들어서면서 수많은 과학자들이 이곳에 집중되었다. 그래서 평양시에 직결하는 철도와 버스, 인민대학습당행 버스 등 교통망도 꾸려졌다.

"과학원은 우리나라 기초과학연구의 중요기지이며 수학연구소를 비롯한 기초과학 연구소와 함께 로보트 연구소, 자동화 연구소, 전자공학 연구소 등 현시대의 추세에 맞는 최첨단 분야의 연구에도 힘을 넣고 있지요."

평양시 은정구역에 자리잡고 있는 리과대학 전경. 8개 학부, 4개 연구소에서 2000명 학생들이 배운다.

한 관계자에 의하면 과학원에는 수많은 연구소가 꾸려져 있을 뿐만 아니라 전자공학, 열공학 등등의 연구도 활발해 북의 긴장되는 전력문제나 공장, 기업소의 현대화, 그리고 인민생활 향상에 필요한 기술문제를 해결하는데 직접적으로 기여하고 있다. 1988년 10월 24일 과학원 내에 창설된 프로그람연구쎈터를 보아도 정보산업시대의 요구에 맞게 100여 명의 연구사들이 과학기술 계산 프로그람과 프로그람 도구의 개발에 달라붙고 있다.

43세 리과대학 김승두 학장

"우린 낮과 밤도 없이 계속 콤퓨터와 싸우지요 뭐."

연구사들의 평균 나이는 대체로 20대 전반. 이 신진 과학자들이 이북의 과학기술 연구, 개발의 주력부대이다. 과학원은 물론 북의 최첨단 과학연구 분야에서 활약하고 있는 주류는 역시 이들과 같은 젊은 세대 과학자들인데 그들은 거의가 평양의 김책공대나 이곳 은정구역에 자리잡은 리과대학 졸업생들이다.

리과대학의 김승두 학장은 43살. 전국의 각층 대학들 중에서도 가장 젊은 학장의 한 사람이다. 리과대 졸업생인 김승두 학장은 체스코슬로벤스꼬(체코슬로바키아)에 류학했고 세계 여러 곳을 다녀 본 경험이 있는 이북의 젊은 세대 과학자들의 선두에 서는 한 사람이다.

"현재 2000여 명의 학생들이 수학부, 물리학부, 화학부를 비롯한 8개의 학부와 과학정보쎈터 등 4개의 연구소에서 배웁니다."

다른 대학에 비해 학생수가 적은 것 같은데….

"우리 대학이 추구하는 것은 량보다 질이지요. 우리 대학 학생수는 비록 적기는 하지만 두뇌 수준은 만만치 않지요. 세계 여러 나라를 돌아보았지만 우리 대학 수준은 미국의 MIT에도 뒤지지 않아요."

1967년 1월 17일 창립 이래 리과대학에서는 전국의 수재들이 다니는

각 도, 시, 군의 제1고등중학교 졸업생들에 대한 입학시험을 다른 대학들에 앞서 실시하여 우수한 인재들을 받아들여 왔다는데, 이는 과학기술 부문에서 리과대학이 차지하는 위치를 보여 준다. 현재 리과대학에서 주력하고 있는 것은 수학, 물리, 콤퓨터, 외국어 등 네 가지 과목이다.

"이 네 가지 과목을 강화하면 기본적으로 어디에 가서든 인차 쓸모 있는 인재로 될 수가 있지요. 우리 대학에서도 현대화 작업을 추진하는 중인데 콤퓨터를 비롯한 설비면에서는 아직 충분하다고 말 못합니다. 그러나 우리 대학 졸업생들은 기초가 든든하니까 콤퓨터도 능히 다룰 수가 있는 겁니다."

김승두 학장은 위와 같이 기초과목 강화의 리유에 대하여 설명해 주었다. 또한 리과대학에서는 올해 4월부터 모든 학부를 4년제로 하는 것과 동시에 박사원 과정을 3년으로 하여 7년간의 련속교육 체계를 세운다고 한다.

리과대학 내에 있는 과학정보쎈터에서는 주로 음성인식 프로그람이나 번역 프로그람 등 콤퓨터 프로그람 개발에 주력하고 있다.

"쎈터에는 지금 수십 명의 학생들이 망라되어 연구사업을 진행하고 있습니다. 그리고 다른 대학, 기관들과 협력하여 우리 식 OS 개발사업도 함께 추진하고 있습니다."

"설비도 중요하지만 더 중요한 것은 인재"라 말하는 김승두 학장.

20~30대 연구자 맹위

윤창혁(37) 씨와 리선화(35) 씨는 리과대 졸업생인데 윤창혁 씨는 이 대학 전자자동화학부 연구사로, 리선화 씨는 화학학부 교원으로 일하는 '엘리트 부부'이다. 박사원 기간, 서로 다른 학부에 적을 둔 두 사람은 '학술적인 토론을 거듭하는 과정에 정이 오가게 되어' 1991년에 결혼하였다 한다. 부부한테는 맏딸인 현심(10)이와 막내딸 현주(6)가 있다. 그런데 과학기술 중시의 열풍이 부는 속에서 윤창혁 씨한테 휴일이 따로 없어 가족과 함께 지낼 시간이 별로 없다고 한다.

"그래서 내가 처나 애들과 한 약속을 벌써 수십 번이나 어기고 있는 셈이지요."

윤창혁 씨는 현재 대학의 연구사업과 함께 국가적인 중요 과학연구팀의 책임자도 맡고 있다. 간고했던 '고난의 행군' 시기 그 역시 '갖은 시련'을 겪었다. 그러나 2000년 말에 '고난의 행군'을 끝내고 온 나라가 강성대국, 경제강국 건설을 구호로 앞으로 나가는데 절실한 과학기술 문제를 푸는 것은 '자기들의 몫'이다.

"우리 단위도 그렇지만 우리나라 과학분야에서는 20대, 30대의 젊은 과학자들이 일을 많이 하고 있지요. 비상한 두뇌와 의지, 기발한 착상으로 우리나라 과학수준을 끌어올리자는 것이 목표입니다."

밤낮없는 연구사업은 윤창혁 씨로 하여금 종종 가족들과의 약속을 어기게 하는데 부인의 안받침도 있어 아이들도 아버지를 원망하지는 않는다 한다. 이야기가 부인의 료리 솜씨에 이르자 리선화 씨는 "화학부 출신이라서 맛보다 자연히 카로리나 성분에 신경을 쓰지요"하며 받아 넘겼다.

　설비와 기술의 개건, 갱신은 경제건설에서 비약을 일으키는 관건이다. 이를 누구보다도 잘 아는 사람은 윤창혁 씨 자신이며 이곳에서 일하는 젊은 과학자들 자신이다.

　'고난의 행군'으로 불리운 류례없는 시련을 겪은 그들의 각오와 의지는 투철해 보였다.

리송학 《조선신보》 기자 2002년 3월호, 12호

《조선신보》가 만난 '빛고장', 강계 사람들
'니탄' 먹던 고난의 행군, 중소형 발전소로 돌파
"뿔뿔이 흩어졌다면 우린 벌써 죽었어요"

《조선신보》 평양 특파원들이 북녘 일주에 나섰다. 제1보는 자강도 강계시. 고난의 행군을 자체의 힘으로 극복, '강계정신' 이란 말을 유행케 했던 바로 그곳이다.

특파원들이 발로 찾은 강계 사람들의 지난 5년, 그 현장의 목소리….

평양-향산 고속도로를 따라 북쪽을 향해 약 90분, 종착점에서 서쪽으로 길을 꺾어 들어 간다. 평안북도와 자강도의 경계선이다.

전국 각도를 돌아다니며 1990년대 후반기 '고난의 행군' 이라 불리운 시련의 시기를 더듬어 본다. 새 련재의 취재를 위하여 평양지국을 출발한 《조선신보》 기자들은 자강도 강계시를 첫 방문지로 정했다.

높고 험한 령을 넘고 넘어 밤길을 4시간. 포장도로에 다시 들어서니 눈부신 광경이 안겨 온다. 조명으로 환히 비쳐진 장자산 기슭의 인풍루. 살림집들의 창문가에는 등불이 넘친다. 어둠 속에 돌연히 나타난 빛고장. 강계시에 대한 첫 인상이었다.

어둠 속에 돌연히 나타난 빛고장 강계

이튿날 아침, 그 사연을 직접 확인하였다. 강계란 지명은 장자강, 북천강, 남천강이라는 3개의 강이 경계를 이르는 곳이라는 유래가 있다. 시내를 돌아보니 강줄기를 따라 수많은 중소형발전소들이 전력생산의 동음을 울리고 있다. '고난의 행군' 시기 새로 건설되거나 보수, 정비된 발전소들이다. 홍주발전소는 시내 중심부에서 북쪽으로 8㎞ 떨어진 장자강 기슭에 자리 잡고 있다. 80년대 후반에 시작된 공사는 자재부족 등의 원인으로 일시 침체되었으나 98년부터 강계시의 주력사업으로서 건설이 재개되었다. 완공은 지난해 8월, 발전능력은 1만 5000키로와트이다.

발전소 지배인 정영철(43) 씨는 밤이면 어두컴컴했던 강계시의 옛 모습을 떠올리며 "공사가 힘들어도 전기불을 한번 보게 되니 사람들은 사기가 나서 더 많은 일을 하려 했다"고 회고한다. 공사에 동원된 인력은 2000명. 건설자들은 겨울철이면 얼어붙은 강물 속에도 뛰여 들어가 작업을 하였다. 주변에 사는 주민들도 지원하였다. 식량이 마련되면 강기슭 가설주택에서 생활하는 건설자들부터 먼저 찾았다.

'고난의 행군' 시기 강줄기를 따라 류사한 장면들이 벌어졌다. 장자강의 물을 계단식으로 막고 시와 군, 공장과 기업소, 협동농장마다 크고 작은 발전소를 건설하였다. 발전능력이 수백 키로와트에 불과한 소형발전소도 있었지만 규모는 작아도 자체의 힘으로 전기불을 일으킨

겨울 강계시

1980년대 후반에 짓기 시작해 2001년 8월에 완공된 흥주발전소.

기쁨은 컸다고 한다. 시내 중심부 북천강 기슭에도 독특한 형태의 발전소가 있다. 강물 우에 띄운 수차를 돌려 전기를 일으킨다. 1997년 강계 뜨락또르종합공장 로동자들이 약 7개월을 걸쳐서 건설해 놓은 발전소이다. 능력은 120키로와트. 공장로동자 아빠트의 조명과 난방에서 쓰이는 전기를 모두 해결하고 있다. 발전소 운전공은 6명, 하루 3교대로 일한다. 모두 뜨락또르종합공장의 로동자들이다. 운전실에 모여 앉아 로동자들과 담배를 나누어 피우며 이야기를 나누었다.

"우리가 온갖 고생을 겪고 눈물도 많이 흘렸지만 이제는 옛말이지요."

그 시절, 허탈감에 사로 잡혀 앞길이 막막했다. 엎친 데 덮치기로 식량난까지 닥쳐왔다. 전력 부족으로 인하여 공장설비도 돌아가지 않았다. 뜨락또르종합공장에서는 출근한 로동자들에게 겨우 하루 한끼의 국수를 공급하였지만 그것도 오래 가지 않았다. 어느 동료는 먹지 못해 운신을 못했다. 혹심한 식량난은 특히 몸이 허약한 환자들의 생명을 무섭게 위협하였다. 생활고에 시달린 끝에 흩어진 가족들도 있었다. 부모

강물 위에 띄운 수차를 돌려 전기를 일으키는 '띄우기식 발전소'. 강계 사람들이 자체로 개발한 것이다.

잃은 고아들은 그 희생자들이었다. 1996년경에는 거리에서도 그들의 모습이 눈에 띠게 되었다.

처자를 내버려둘 만큼의 막다른 골목

발전소 운전공 리광필(49) 씨는 담배 연기를 뿜어내며 당시의 자기 심정을 조용히 토로하였다.

"솔직히 불안이 가슴에 가득찼어요."

그는 1996년 10월 배를 곯는 부인과 두 명의 자식들을 집에 둔 채 평안북도 박천군을 향하였다. 그곳 농촌마을에 사는 친척을 의지할 수 있는 유일한 사람으로 생각하였다고 한다.

자강도는 면적의 80%가 산지이다. 농업생산량은 높지 않다. '고난의 행군' 시기 국가에서 식량을 제대로 공급할 수 없게 되자 자강도가 받은 타격은 다른 지방보다 심대하였다. 사랑하는 처자를 내버려둘 만큼 막다른 골목에 몰리고 있었다. 로동자들의 이야기에는 꾸밈이 없다. 굶주림의 고통에 대한 증언도 직설법이다. 자강도에서는 도안의 인민들에게 나누어 줄 식량이 떨어지자 '대용식품'을 마련하지 않으면 안되였다. 과거 식량난의 시대를 살았던 로인들을 찾아 체험담을 들었다.

"해방 전 식량사정이 어려울 때 니탄을 먹고 살았다."

어느 할머니의 이같은 증언에서 실마리를 찾았다고 한다. 지난날 식품으로 리용된 '니탄'이란 오랜 세월 땅속에 묻혀 탄화된 갈뿌리를 이르는 말이였다. 석탄으로 되기 이전의 이 물질을 말려서 가루로 낸다. 그리고 약간의 밀가루나 강냉이가루를 섞으면 국수나 떡을 해서 먹을 수 있다는 것이였다.

자강도에서는 갈뿌리를 대량적으로 캐내여 그것으로 만든 '대용식품'을 인민들에게 공급하였다. 한편 공장, 기업소에서도 나름대로 '대용식품'을 만들어 냈다. 자강도에서는 여러가지 풀뿌리와 나무껍질의 영양성분을 분석하는 연구기관까지 내오고 인민들에게 무엇을 먹고 무엇을 먹지 말아야 하는가를 알려 나갔다. '니탄'을 처음 먹어본 사람들은 그것을 쉽게 삼키지 못하였다고 한다. 그러나 어쩔 수 없었다. 모두가 풀뿌리로 끼니를 에웠다. 당시 대중들 속에 들어가 중소형발전소의 건설을 호소해 나갔던 간부들도 례외가 아니였다. 자강도당위원회 일군들의 급식도 유일한 메뉴가 '니탄'이였다고 한다.

리광필 씨는 평안북도의 농촌마을에서 10일간 입쌀죽을 먹고 살았지

강계 뜨락또르종합공장의 운전공들(왼쪽). 1997년 4개월만에 건설한 '장강군 55동주택'의 김윤봉 씨 집(오른쪽).

고난의 행군 시기 전면 보수한 강계포도술공장. 종업원들은 술찌기로 끼니를 때우며 밤낮 없이 일했다.

만 더 이상 신세를 질 수 없었다. 친척들도 먹여 살려야 할 식구들이 있었기 때문이였다. 자기 고장에 돌아온 리광필 씨는 중소형발전소의 건설에 자진해 참가하였다. 눈앞의 현실을 외면하지 말아야 한다는 것을 깨달았다고 한다. 그는 필요한 자재가 없으면 자기 집을 허물어서라도 대용품을 찾아 내여 공장 로동자들과 함께 발전소를 건설해 나갔다.

리광필 씨는 강기슭에서 건설작업을 하던 당시 자기가 목격한 인상 깊은 장면에 대하여 말하였다. 달리던 승용차가 멈추어 서더니 도당 책임비서가 내렸다. 길가는 어린이를 불러세워 몇 마디 이야기를 나누었다. 헐벗은 어린이는 고아인 듯 싶었다. 책임비서는 어린이를 승용차에 태우고 도당 청사로 향하였다.

"어디 가서 손 내밀고 제 혼자 살아보자 했으니 내가 얼마나 어리석었나. 고난의 행군시기 정말 많은 걸 배웠소."

계속되는 로동자들의 회상담이 결말에 이르렀다. 전기 난방으로 덥혀진 운전실 마루 우에는 헝클어진 담배곽이 몇 개씩이나 놓여 있었다.

자체로 일으킨 전기불은 사람들의 마음까지도 밝게 비쳤다. 중소형발전소가 일떠서니 살림집의 등불이 켜지고 지방산업공장이 돌아갔다. 간장, 된장 등 필수품들이 생산되기 시작하였다. 생활에서 변화를 실감하니 사기가 더욱 올랐다. 자강도 사람들은 어려울 때일수록 더 많은 일을 하였다.

마음을 밝혀준 전기불

강계시에 린접하는 장강군. 이곳에 꾸려진 새 살림집들도 그러한 간고분투의 산물이다. '장강군 55동주택'. 1997년 군안의 인민들이 달라붙어 4개월 동안에 일떠 세웠다. 55호의 새 살림집들에는 전기난방이 완비되고 있다. 주민들은 전기로 밥도 지어 먹는다. 장강군에서도 '고난의 행군' 시기 2개의 중소형발전소를 새로 건설하고 1개를 보수하였다.

장강군 중소형발전소 지배인 김윤봉(65) 씨도 새 살림집에 사는 주민의 한 사람이다. 한평생 산골 마을에서 살아 온 그는 예순을 넘어 처음으로 발전소의 일을 맡아 하였다. 김윤봉 씨에 의하면 '55동주택'의 소

2000년 6월에 완공된 강계 닭공장. 강계시민들에게 한 달에 닭 한마리와 달걀 10알씩을 공급한다.

고난의 행군시기 부모를 잃은 박인순 씨 자매는 '9월방직공장 합숙소'에서 생활했다. 자매는 현재 이 공장 방직공으로 일하고 있다.

문을 듣고 실태를 한번 보겠다며 다른 지방에서 많은 사람들이 몰려 왔다. 간부를 위한 주택이 틀림없다는 선입견을 가지고 찾아 온 방문객도 있었다 한다.

"시련의 시기, 인민들이 허리띠를 졸라매고 세운 집들인데 우리 간부들이 자기가 들어 살겠다 하겠습니까. 주민들은 모두 평범한 로동자, 사무원들입니다."

평양에서 당과 국가의 간부들도 왔다. 나라에서 돌려 주는 자재도 별로 없는데 군 자체의 힘으로 살림집을 건설하여 주민들에게 공급한 현실을 보고 감탄을 표시했다 한다. 김윤봉 씨는 자기 집을 찾은 기자들에게 부인과 함께 백가지 꽃을 담구어 만들었다는 '백화술'을 대접하면서 한 가지 당부를 하였다. 방문록에 글을 남겨 달라는 것이었다. 여태까지 그의 집을 찾은 방문객은 2만 7700명에 달한다고 한다. 놀라운 사실이다. 김윤봉 씨가 손수 만든 방문록을 펼쳐 보니 저명 인사들의 수표가 적혀 있다. 시인 오영재, 영화문학작가 리춘구. 보란 듯이 일떠 세운 살림집에 손님을 맞이한 것이 하도 기뻐서 그런지 김윤봉 씨는 해외에서 온 기자들을 구면 친지처럼 환대하였다. 그와 함께 백화술의 잔을 몇 번씩이나 비웠다. 취재과정에 만난 자강도 사람들은 누구나 다 기자들을 친절하게 대하였다. 까다로운 질문을 던져도 꼭 진실한 대답을 주었다. 많은 일을 해 놓았다는 자부심에서 비롯된 모습일까.

풀죽 먹으며 일으켜세운 강계 닭공장, 내포탕국집

‘고난의 행군’ 시기 자강도에서는 300개가 넘는 중소형발전소들을 새로 건설하거나 복구, 정비하였다. 놓여진 지리적 조건으로부터 가장 가혹한 시련을 겪지 않으면 안 되였던 사람들이 지금은 전기 덕을 보며 남부럽지 않게 산다.

‘강계정신’이 전국에 일반화되고 경제상황에 조금씩 개선의 징조가 나타나게 되자 나라에서는 다른 지방에 선행하여 자강도에 적극적인 투자를 하였다. 과거의 실적을 놓고 보면 제한된 자금을 아낌없이 투자해도 충분하게 은을 낼 수 있는 토대가 이곳에 꾸려져 있다고 판단된 것 같다.

강계시에는 현대적인 설비를 갖춘 공장, 기업소들이 많다. 자체로 만든 전기를 리용하여 만가동하고 있다. 시내 중심부에 위치하는 강계포도술공장은 ‘고난의 행군’ 시기 1950년대에 세워진 건물을 전면적으로 뜯어 고쳤다. 종업원들은 술찌끼로 끼니를 에우면서 낮과 밤이 따로 없이 작업을 계속하였다고 한다. 개건된 공장을 돌아보면 최신식 포도착즙기나 려과기가 갖추어져 있다. 발효실이나 저장실은 마루에 흰색 타일을 깔고 벽에는 멋진 조명기구까지 설치하였다. 이처럼 아담하게 꾸려진 식료품공장은 평양에서도 보기 힘들다.

자강도산 포도를 가지고 생산하는 강계포도술은 예로부터 이름난 술이다. 제조설비가 일신되니 맛이 더 좋아졌다. 매상고도 저절로 오른다고 지배인 정창애(60) 씨는 말한다. 공장에서는 포도술 생산으로 벌었던 돈으로 콩우유생산직장을 새로 꾸렸다. 제품은 자강도 내의 탁아소,

유치원, 학교들에 공급된다.

"어린이들은 우리가 맡아 키우겠다는 심정입니다."

로후화된 공장을 훌륭하게 되살린 녀성 지배인이 여간한 수완가가 아닌 듯 하다.

강계시 중심부에서 장자강기슭을 따라 북쪽으로 약 20㎞, 깊은 산골짜기에 위치하는 강계닭공장은 2000년 6월에 완공된 새 공장이다. 부지 면적 78.3정보, 각 직장이 한 직선으로 나란히 한 구내의 길이는 2.7㎞이다. 원래 이곳은 자동차도 다니지 못한 미개척지였다. 도당 책임비서를 비롯한 간부들이 터전을 찾았다고 한다. 도내 인민들이 한 덩

어리가 되여 공사를 와다닥 해치웠다. 간부들도 매일처럼 현장에 나와 건설자들과 숨결을 같이 했다고 한다. 지금은 인민들 자신이 그 덕을 보고 있다. 한 달에 한 사람 당 닭고기 한 마리와 닭알 10알이 공급되고 있다. 공장을 돌리는 전기는 흥주발전소가 보장하고 있다.

지난해 8월에는 시내에 강계내포탕국집이 덩실하게 세워져 영업을 시작하였다. 강계닭공장에서 나는 부산물을 리용하여 각종 료리를 만든다. 닭발쪽찜, 닭대가리튀김, 닭간구이. 술안주로 하면 좋을 것 같아 식당에서는 강계포도술도 함께 낸다. 마지막에 뜨끈한 닭내포탕과 밥을 먹으면 누구나 다 만족스러운 표정을 짓는다.

지배인 림명희(49) 씨에 의하면 첫 영업의 날 식탁 우에 차려진 푸짐한 음식을 보고 눈물이 글썽한 시민들이 많았다고 한다. 풀죽을 먹으며 살았던 지난날이 자꾸만 떠올랐다. 시련을 이겨 낸 기쁨을 노래에 담아 부르던 시민들도 있었다고 한다.

생활문제가 완전히 풀린 것은 아니지만 모든 일이 착실히 정상 궤도에 들어서기 시작했다. 이제는 고아들이 떠돌아다니던 거리의 풍경도 찾아 볼 수 없다. 취재과정에 이런 장면을 보았다. 길을 가던 어린 학생들이 강물 우에서 힘차게 돌아가는 수차를 보며 신이 나서 환성을 올렸다. 발전소 운전공들이 손을 흔들며 화답하였다.

'고난의 행군' 시기 부모를 잃은 고아들도 만나 이야기도 들었다. 모자 가정에서 자란 박인순(22) 씨는 17살 때 어머니를 여의였다. 두 살 아래인 녀동생과 함께 여러 곳으로 헤매였다. 집에는 풀죽도 없었다고 한다. 당시 고아문제는 시급히 대책을 세워야 할 과제의 하나였다. 자강도에서는 고아문제를 전담하는 상무조직을 내왔다고 한다. 어린 고아들을 주탁아소에 입소시키고 학교를 다니는 나이의 고아들을 위하여 '인풍학원'이라는 시설도 꾸렸다. 공장, 기업소들에서도 고아들을 맡아 키웠다. 어머니가 세상을 떠났을 때 박인순 씨는 9월방직공장에서 2년째 일하는 방직공이였다. 언니는 집에서 직장을 다니고 동생은 공

2001년 8월 준공돼 영업을 시작한 강계내포탕국집. 강계 닭공장에서 나는 부산물을 이용해 각종 요리를 만든다(왼쪽). 강계시 장자산 기슭에 위치한 조선시대 정자 인풍루(仁風樓).

장 합숙에서 생활하도록 조치가 취해졌다.

자기가 풀죽을 먹어도 남의 자식들을 안아 키워 주려 하는 사람들이 있었다. 동생은 합숙에서 학교를 다니고 졸업 후 언니와 같은 직장에서 방직공으로 일하게 되였다.

"고마운 그 사람들이 없었더라면 나도 동생도 끝까지 살아나가지 못했을 것이다."

박인순 씨의 말투에는 가식이 없었다. 그의 동료들과 공장 책임일군들도 '고난의 행군'에서의 체험을 이렇게 총화하였다.

"뿔뿔이 흩어지면 우린 벌써 죽었다."

"똘똘 뭉치니 고난을 뚫고 가는 힘이 부쩍 올랐다."

자강도 사람들의 한결같은 목소리였다.

김지영 《조선신보》 평양특파원 2002년 4월호, 13호

'라남의 봉화' 진원지 함북 청진 라남탄광기계련합기업소를 가다
"문건, 전화기로 일했다면
한 걸음도 전진 못했지요"

지금 북녘에서 '라남의 봉화'를 모르면 간첩(?)이다. 북녘을 뜨겁게 달구고 있는 라남의 봉화 진원지는 함북 청진시 라남구역에 위치한 라남탄광기계련합기업소.
《조선신보》 평양특파원들이 그 현장을 찾았다. 라남의 봉화는 어떻게 가능했는가.

아침 7시 30분, 붉은 기발을 선두로 사람 물결이 기업소 정문으로 들어선다. 직장(기업소 내의 생산 조직 단위) 별로 대렬을 편성한 로동자들이다.

정문 앞에 나란히 선 학생취주악단이 경쾌한 행진곡을 연주한다. 선전차에서는 힘찬 목소리가 울린다.

"어제 우리 기업소의 생산실적 보고를 하겠습니다! 1등 주물 직장, 2등 소재 직장…."

'집단출근'으로 시작되는 하루

함경북도 청진시 라남구역에 자리 잡고 있는 라남탄광기계련합기업소. 로동자들의 하루는 '집단출근'에서 시작된다. 종전에는 제 각기 출근을 하였다. 1990년대 후반, 나라의 경제가 악화되어 기계설비 생산이 커다란 난관에 부딪쳤을 때 기업소의 출근 풍경에 변화가 일었다고 한다.

라남탄광기계련합기업소에서 일하고 있는 근로자들. '라남의 봉화'는 2000년대 북의 대표적 정치구호이다.

지금 북에서 전국적으로 이목을 끄는 기업소를 하나 꼽으라면 만사람이 '라남'을 꼽을 것이다. '집단출근'의 활달한 걸음새에도 온 나라의 기대와 관심 속에 일하는 로동자들의 기개가 느껴진다.

라남탄광기계련합기업소의 전신은 식민지시기 일본인이 경영하던 청진철공소이다. 해방 후에도 렬차 부속과 농기계나 겨우 만들던 이름 없던 기계제작소였지만 1960년대 이후 설비를 갱신, 확장하였다. 1970, 80년대를 거쳐 대규모의 모체공장과 여러 개의 산하공장들을 거느린 위력한 채취설비 생산기지로 전변되였다.

'고난의 행군'이라 불리운 1990년대 시련의 시기 많은 공장, 기업소들이 숨을 죽이고 있었지만 라남탄광련합기업소에서는 현대적인 유압기계설비를 창안 제작하였다. 두 개의 공장도 새끼쳤다. 당시의 상황에서는 기적적인 공로라 할 수 있었다.

"라남의 봉화 따라."

지금 이 말이 사람들 속에 하나의 류행어처럼 번지고 있다. 누구든 자기가 맡은 일을 열심히 하겠다고 결의를 할 때면 이 구절을 머리말로 쓴다.

단지 경제분야에 한한 이야기가 아니다. 《로동신문》은 최근에도 라남의 책임일군들과 로동자들의 사업방법, 여러 가지 일화를 소개하는 기사를 련속 게재하면서 독자들에 의한 '지상연단'을 진행하였다. 독자들이 기사를 읽은 소감을 발표하거나 자기 단위의 사업경험을 소개한다는 기획이다. 투고자는 당과 행정경제기관의 일군들과 로동자, 농민, 그리고 대학, 연구기관의 과학자, 교원, 학생들까지 있다.

"집단출근을 하면 아침부터 정신을 버쩍 차리고 일하게 되니 좋습니다."

기업소 앞마당에 로동자들이 모여든다. 정문에 서있던 책임일군들이 다가 왔다. 기자에게 '집단출근'의 의의에 대하여 저마다 설명해준다. 초면인데 이미 알만한 얼굴이다. 신문에는 기사와 함께 그들의 얼굴 사진이 크게 실렸었다.

"새 세기의 전형."

지면에서는 그렇게 소개되였다. 북측 사람들이 누구나 다 따라배워야할 사업과 생활의 거울이라는 말이다.

37차례 실패 딛고 새로운 유압기계설비 제작

새 형의 유압설비를 어떻게 하여 완성하였는가. 기업소를 돌아보며온 나라의 이목을 끄는 본보기 일군들의 이야기를 들었다.

"기업소 앞에 그 과업이 제기된 것이 1990년입니다. '고난의 행군' 을하기 전의 일이지요."

국가적인 견지에서 절실히 요구된 기계설비였다.

기업소에서는 즉시 사업에 착수하여 시험생산도 하였지만 완전한 성공을 보지 못한 채 '고난의 행군' 에 들어서게 되였다. 자재와 연료, 동력사정이 어려워지고 기업소는 거의 멎을 형편이였다.

식량난도 겹쳤다. 로동자들은 다시마로 만든 국수를 나누어 먹으며그것도 없으면 풀뿌리를 가공하여 식품으로 대용하지 않으면 안되였다.

라남탄광기계련합기업소가 있는 청진시는 중공업이 발전된 도시이다. 시 중심부에는 대야금기지 김책제철련합기업소(김철)가 자리 잡고있고 거기서 100㎞ 떨어진 곳에는 아시아 최대의 로천채굴장을 가진무산광산련합기업소가 있다. 무산의 쇠돌을 먹고 김철이 철을 생산하면 그것을 가지고 라남에서는 각종 채취설비를 만들어 내였다.

이러한 생산의 순환체계가 '고난의 행군' 시기에 허물어진 것이다. 라남의 경우 그 전에는 차판으로 련속 실려 들어오던 강재 공급량이 거의령에 가까운 수자를 기록하였다. 철이 없으면 채취설비의 생산을 보장할 수 없다. 그 영향으로 광물 채굴이 지장을 받게 되면 제철소의 용광

북의 대표적 공업도시 중 하나인 함경북도 청진시(위). 라남탄광기계련합기업소 근로자들이 열을 지어 출근하는 모습(아래).

로가 먹는 쇠돌이 떨어지고 결국 기계공업부문에 들어가는 강재도 줄어들게 된다. 국가경제 전반이 곤경에 빠진 상황에서 한 개 기업소가 이와 같은 악순환의 고리를 단절하는 것은 쉽지 않았다.

라남탄광기계련합기업소 지배인 최관준(64) 씨의 고민은 깊었다. 나라 형편이 풀릴 때까지 새로운 유압설비제작을 일시 중지하겠는가. 그럴 수는 없었다.

"그저 굼때는 식으로 살아가는 것은 사실상 동면하는 것이나 다름이 없지 않습니까. '고난의 행군' 시기라고 하여 한 걸음 물러서면 래일에는 열 걸음, 백 걸음을 물러서게 된다고 생각하였습니다.”

생산현장에서는 상반되는 의견도 있었다고 한다. 김철에서 필요한 설비생산 과제를 이 곳 기업소에서 맡아 할 때 있었던 일이다. 한 일군이 지배인을 찾아와 유압설비의 부분품 소재와 관련한 생산 지령을 다음 달로 미루어 줄 것을 요구하였다.

당시로 말한다면 다른 기업소에서 제기된 대상설비 과제를 수행하느라 자기 공장 지붕의 철판까지 벗겨내어 자재를 해결해야 할 형편이였다. 유압설비와 관련한 과제는 나라의 사정도 기업소의 조건도 좋을 때 받은 것인데 어려울 때 몇 달 미룬다 해도 누가 우리보고 욕을 하겠는가, 일군은 이렇게 문제를 세웠다.

“우리가 받은 과제가 일반적인 설비제작이라면 일군의 주장도 타당하다고 볼 수 있겠지만 그렇지 않단 말입니다. 과제를 미루는가, 내미는가 하는 것은 단순한 실무문제가 아니라 나라 앞에 지닌 자기 임무를 수행하느냐 마느냐 하는 문제였습니다.”

지배인은 유압설비의 제작을 내밀었다. 한번 일판을 벌여 놓으면 무섭게 냅다 미는 강한 집행력이 최관준 씨의 사업작풍이였다.

기업소에서는 37차례의 실패를 이겨내고 새 형의 유압설비를 만들어 내였다.

이것 또한 어려운 과제였다. 기업소의 주선인 대상설비 생산을 죽이고 그에 달라붙어야 한다는 의견까지 나왔다.

최관준 씨는 종전처럼 중형가공단위에만 제작을 맡기지 말고 소형가공단위의 생산능력도 동원 리용할 것을 생각하였다. 특수한 가공을 요구하는 부분품들은 중형가공에서 맡고 비교적 간단한 수천 종의 작은 부속품은 소형가공에서 맡아 한다. 모든 생산단위에서 동시에 벌이는 립체전의 방법이다.

“이런 착상을 내놓는 일이야말로 기업소의 행정실무를 책임진 지배인의 역할이 아닙니까.”

라남탄광기계련합기업소 당위원회 책임비서 전우영 씨.

립체전의 방법이 도입되니 대번에 생산능률이 올랐다. 몇 달 안으로 과제를 수행할 수 있었다.

지배인, 당비서, 기사장의 3위 1체

당시로 말하면 모든 공장, 기업소가 자기 단위를 유지하는데 급급하였다. 자재도 연료도 부족하였다. 현실을 객관적으로 분석한다면 지배인이 주장한 유압설비제작은 무모한 계획일 수 있었다. 아무리 우에서 구령을 친다 해도 아래 단위가 저절로 따라나섰다고는 보기 어렵다.

"사무실에서 문건이나 전화기로 일하는 행정식 사업방법에 포로되었다면 한 걸음도 전진하지 못했지요."

라남의 책임일군들의 일치한 견해이다. 그들의 표현을 빌린다면 '사람과의 사업' '정치적 방법'으로 문제를 풀었다는 것이다.

라남에서 지배인이 제 구실을 할 수 있었던 것은 그의 결심을 기업소의 책임비서와 기사장이 적극 지지하고 안받침 해주었기 때문이라 한다. 그들은 '고난의 행군' 시기에 새 형의 유압설비제작을 완성한다는 것을 당위원회 결정서 조항에 박아 놓았다.

이 3자의 관계를 리해하는데 기자의 의문을 푸는 열쇄가 있을 것 같았다.

북의 공업관리체계는 공장, 기업소들이 당위원회의 집체적 지도 밑에 모든 경영활동을 하도록 되여 있다.

기업소의 중심간부라 할 수 있는 지배인, 당비서, 기사장은 모두 당위원회 성원이지만 각기 맡은 역할에서 차이가 난다. 일을 하면서 의견의 불일치가 있을 수 있다.

라남도 례외가 아니였다. 3자의 관계는 1990년대에 씌여진 장편소설 《열망》에 줄거리의 원형을 제공하기도 하였다. 《열망》은 텔레비죤 련속극으로도 옮겨져 '고난의 행군' 시기 북측 사람들의 호평을 받은 작품들 중의 하나이다.

《열망》에 이런 장면이 있다. 지배인과 책임비서는 기업소에서 마련한 '1동 2세대 주택' 에 사는데 어느날 두 사람은 세대와 세대를 갈라놓은 앞마당의 울타리를 헐어버린다. 작품은 기업소의 경영문제를 두고 대립과 갈등을 거듭하는 지배인, 책임비서, 기사장이 서로를 리해하고 함께 일을 해나가게 되는 과정을 그렸는데 '울타리의 제거' 는 책임일군들의 합심을 상징적으로 보여주는 장면이였다.

"지배인, 당비서, 기사장의 3위 1체가 잘 되여야 기업소의 일도 잘 돌아간단 말이지. 그런데 여기서 기본은 당비서라고. 틀리게 리해하면 안 돼. 이건 내가 당권으로 내리먹인다는 뜻은 아니라구."

당위원회 책임비서 전우영(64) 씨는 자기가 지배인의 사업을 대행한 것이 아니라 그것을 "정책적으로 지도하고 도와주었을 뿐"이라고 설명한다.

"유압설비를 하나 만든다 해도 지배인의 생각이 있고 기사장의 생각이 있을 수 있지. 나는 사람을 책임진 일군으로서 지배인, 기사장들의 사업을 밀어주어야 하지 않나."

전우영 씨는 통속적인 실례를 든다.

"례컨대 그 부분품을 가공할 수 있는 기대공이 한 명밖에 없다. 그런데 과제는 아름차다. 그러면 기대공에게 일의 중요성을 잘 설명하고 그를 각성시켜 식량사정이 어렵지만 특별히 마련한 닭콤도 맥이고 힘을 준단 말이지. 이런 일까지 지배인이 맡아 할수 없잖나. 리해되겠나?"

책임비서의 사무실에서 이야기를 듣는 사이에도 그를 찾는 전화가 끊임없이 걸려 온다. 제기된 문제를 자세히 료해하느라 책임비서가 계속하여 해당 일군을 사무실에 부르니 취재는 수시로 중단될 수밖에 없다.

"도대체 동무는 일할 생각이 있는 거요! 정신을 차려. 즉시 대책을 세워 결과를 보고하시오!"

비판의 강도는 높다. 일군들이 사무소를 떠나간 다음 전우영 씨는 "내가 성격이 급해 고함을 지르는 것이 결함이다, 그러나 일을 잘하는 사람에 대해서는 부드럽다"며 쓴웃음을 짓는다.

전우영 씨에 대한 기술자, 로동자들의 인물평은 '손탁이 센 일군'이다. 아래 사람들을 틀어쥐고 이끌어 가는 능력이 뛰여나다는 것이다.

폐타르 연료 삼아 가열로 지펴 올려

'고난의 행군'의 첫 시기 이런 일이 있었다. 기업소가 제대로 돌아가자면 우선 소재 공정이 정상가동해야 하는데 그러자면 가열로의 연료 문제를 풀어야 했다. 나라에서의 석탄 공급은 기대할 수 없었다. 전우영 씨는 일군들의 회의마당에서 석탄이 아니라 액체연료를 대용해 보자는 의견을 내놓았다.

김철의 해탄로에서 나오는 폐타르가 폐기물로서 쓸모 없이 바다기슭에 쌓여 있었다. 정우영 씨가 그것의 발열량을 분석해보니 결과가 좋았던 것이다. 그런데 일군들은 그 액체연료를 쓰는 공정을 새로 꾸리는데 대하여 부정적인 립장을 취했다.

정우영 씨는 안타깝기 그지없었지만 그 때는 언성을 높이지 않았다고 한다. '고난의 행군'은 어려움을 참고 견디라는 것이 아니다, 난관을 맞받아 나가야 길이 열린다고 끈질기게 설복하였다.

일군회의에서 겨우 합의가 이루어지자 정우영 씨는 작업복을 입고 현장에서 살다시피 일하였다. 폐타르를 쓸 수 있게 로를 개조하기 위하여 기술문헌도 뒤져보았다. 실패를 되풀이하면서 여덟 번째로 쌓은 로가 드디어 성공하였다. 가열로에서 불길이 오르게 되니 그에 따라 가공조립공정들에서도 동음이 울려 퍼지기 시작하였다.

새 형의 유압설비제작의 전제조건을 이렇게 마련되었다고 한다.

라남탄광기계련합기업소의 기관지 《련합기계》의 주필 정종호(51) 씨에 의하면 텔레비죤 련속극 《열망》에서도 다루어진 3위 1체의 실상은 좀더 복잡성을 띠고 다정다감한 인간미가 있다고 한다.

"우리 지배인이 머리가 좋은데 모든 일을 자기가 맡아 하겠다는 성미가 있어요. 그런데 우리 책임비서도 완력가란 말이지. 한편 기사장은 좀 얌전하다고 할가. 그래서 합심을 해서 일하는데 어쩌면 책임비서가 솔선한다는 인상이 있을란지 몰라요."

북에서는 모든 공장, 기업소에서 라남처럼 3위 1체를 보장하는 문제가 특별히 강조되고 있다. 그런데 당비서가 너무 손탁이 세면 기업소의 경영활동에 지장이 생기지 않을가? 이에 대한 정종호 씨의 견해는 이렇다.

"당비서 개인이 일을 좌지우지한다는 게 아니라 정치사업을 앞세워 정책적으로 문제를 풀었다고 리해하면 되지 않을가. 당위원회의 집체적인 지도라 하는데 지배인, 기사장도 당위원이란 말이지요. 거기서 결정된 사항을 3자가 자기 분공에 따라 집행하는 거죠."

대안의 사업체계가 창시된 당시부터 3위 1체란 말은 있어왔지만 그것은 말로만 해서 실현되는 것이 아니라고 정종호 씨는 지적한다.

"사람이 하는 일이니 각자가 자기 주의주장, 자기식 사업방법을 고집하는 경우가 있을 수 있으니까. 그런데 독단을 부리는 건 꼭 당비서라 단정할 수는 없죠. 사실 다른 공장, 기업소를 보아도 지배인이 센 단위가 있고 기사장이 센 단위가 있어요."

"죽지 말고 꼭 성공하길 바라네…"

정종호 씨는 기업소에서 정치사업을 앞세운 실례로 '집단출근'을 든다. 직장별로 뭉쳐 발걸음을 맞추는 로동자들의 일과도 당위원회에서 결정되고 집행된 사항이라고 한다.

'집단출근'을 시작한 경위에 대하여 라남의 책임비서는 이렇게 설명한다.

무산광산련합기업소 내부 설비. 무산에서 탄을 생산해 김철이 강재를 만들고, 이를 기업소가 가공한다.

"전기도 석탄도 모자라 공장 구내가 싸늘해지지, 먹지도 못하지, 그러면 사람이 맥이 없어질 수 있는데 집단의 힘으로 뚫고 나가야지, 다른 수가 있나."

전우영 씨는 모든 일을 정치적으로 보고 판단하는데 익숙된 사람이지만 원래는 청진광산금속대학에서 배워 기술자로 일한 경험도 있다. 그는 기업소의 소재문제를 해결한 페타르 가열로의 창안경험을 체계화하여 학위론문도 썼다. 그래서 준박사가 되었다.

이런 실력이 없었다면 지배인도 기사장도 '성격이 급한 완력가'를 인정하지 않았을 것이다.

지금 북에서는 3위 1체의 보장이 강조되는 한편 나라 안밖의 변화된 환경에 맞게 경제관리운영방법을 독특하게 개척해 나가는 사업들이 추진되고 있다.

그 요구를 충족시키기 위해서도 당 일군이 기술을 알고 사람과의 사업도 더 잘 해야 한다는 것이 전우영 씨의 생각이다.

"자기가 모르면서 지배인이나 기사장의 생각을 이래라 저래라 돌린다? 그래 하면 되겠나, 절대로 안 되는 일이지."

새 형의 유압설비를 제작하는 과정에는 가슴 아픈 희생도 있었다.

제작과정의 기술혁신에서 핵심적인 역할을 한 설계가 한석주(59) 씨는 동료들과의 리별을 경험하였다. 새 기계를 만드는데 많은 품을 들였으나 일은 빨리 진척되지 않았다. 설계집단 안에 기업소를 떠나 다른 곳으로 빠져 나가는 사람들이 생겼다. 가혹한 식량난을 겪다보니 과학연구를 포기하고 딴 직업을 선택하지 않을 수 없었던 것이다.

한석주 씨의 오랜 동료인 황영재 씨는 직장을 떠나가려는 기술자에게 "죽으나 사나 나는 이 길에서 물러설 수 없다"며 단호한 립장을 표시하던 사람이였다. 그는 안해를 잃고 어린 아들마저 친척집에 간다고 집을 떠나 홀몸으로 살았지만 만난을 무릅쓰고 설계에 몰두하였다고 한다.

당시 기업소에서는 식량사정이 어려운 속에서도 기술자들의 건강에 관심을 돌려 정양소도 운영하고 그들이 휴가를 제대로 받도록 조치를 취했다. 계속되는 설계사업으로 피로하고 몸이 약해진 황영재 씨도 휴가를 받고 고향에 가게 되였다. 한석주 씨는 역전까지 나가서 바래다 주었는데 그 때 동료와 주고받은 말이 마지막이 되였다.

얼마 후 라남에 돌아온 것은 인편으로 보내온 동료의 편지였다. 편지에는 이렇게 씌여져 있었다.

"내 명이 짧아서 끝까지 성공하지 못하고 가는 것이 한스럽네, 앓지 말구, 죽지 말구 꼭 성공되기를 바라네…."

새 형의 유압설비를 제작하는 데서 중요한 몫을 담당한 조립작업반의 반장 박용범(48) 씨는 손재간이 있어 부업만 좀 해도 집 살림에 보탬을 줄 수 있었다. 그는 집에 늙은 어머니를 모시고 살았다. 하루는 어머니가 차려 준 밥상에 마주 앉아 어느 친구가 그에게 살림 보탬의 방도를 대주었다는데 대한 말을 하였다.

밥상 우에는 갈짱구 잎사귀에 강냉이가루를 섞은 것밖에 없었다. 하지만 어머니는 아들이 딴 생각을 하지 말고 기업소가 받은 과업을 수행하는데 한몫 단단히 할 것을 당부하였다고 한다.

무산광산기계련합기업소 채굴장. 아시아 최대의 로천채굴장이다.

유압설비 제작을 위해 긴장한 나날을 보내던 박용범 씨가 라남에서 멀리 떨어진 곳에서 설비의 총조립과 시운전을 하고 있을 때 기업소에서 통보가 왔다. 어머니가 위급하다는 것이었다.

"어찌된 일이냐? 일을 끝냈냐?"

집에 들어 선 아들을 보고 어머니가 한 첫 마디였다. 박용범 씨는 안심시키려고 일을 끝내고 돌아왔다고 했지만 어머니는 에미 걱정보다 네 맡은 일 생각을 먼저 해야 한다고 말했다.

"그 기계를 다 만들어 놓은 널 보고 싶었다."

아들의 손을 잡으며 어머니는 숨을 거두었다….

"정신을 버쩍 차려라."

'고난의 행군'이 라남 사람들의 가슴에 남긴 상처는 세월이 흘러도 가셔질 수 없는 것들이다.

경제난에 식량난까지 겹친 시련의 시기 라남이 다른 공장, 기업소보다 유리한 점이란 별로 없었다. 오로지 눈앞의 현실에 대한 관점과 립장이 달랐다. 기업소도 거기서 일하는 사람들도 조건이 어렵다며 그시그시를 살아가지 않았다.

"지금 라남사람들은 기업소를 소개하는 신문을 보면서 내가 이렇게 평가받을 만한 일을 해놓았을가 하면서 당황하고 부끄러워 할 정도예요. 여기 사람들이 그만큼 순박해요."

기업소의 기관지 편집을 6년째 맡아 하는 정종호 씨는 1965년 15살 나이에 일본에서 귀국한 사람이다. 그는 조선에서 흔히 집단주의에 대하여 말하지만 라남과 같은 큰 기업소에서 일하는 사람들에 그런 기질이 보다 특징적으로 나타난다는 사실을 '고난의 행군' 시기에 목격하였다고 한다.

"례컨대 장사라는 게 남을 딛고 일어서는 그런 기질이 있어야 하는데 우리 사람들은 아니란 말입니다. 다른 선택은 없다, 자기 앞에 제기된 일을 무조건 한다. 기업소라는 집단과 더불어 산다는 습성이 체질화된 것이겠지요."

'새 시대의 전형'은 정종호 씨가 말하듯이 그 무슨 뛰여난 존재가 아닌 보통사람일 수 있다. 다만 라남의 경험을 일반화하기 위한 북의 일대 깜빠니아(캠페인-편집자)는 그들에게 온 나라를 향한 호소의 기회를 제공하고 있다.

직장에서는 로동자들이 묵묵히 기대를 돌리고 있다. 한쪽 구석에 그들의 노력과 희생의 결정체인 유압설비가 놓여 있다.

시련의 고비는 넘었다. 이제는 그가 누구든 제 몫을 찾지 못하고 어물어물 살아갈 것이 허용되지 않는다.

"정신을 버쩍 차려라."

라남 땅을 찾으니 확실히 그런 구령을 들은 것만 같았다.

김지영 《조선신보》 평양특파원 2002년 6월호, 15호

2002년 '실리 사회주의' 현장 리포트
"자본주의와 공존 가능한 사회주의 경제 모색 중"

북녘 사회를 뒤흔들고 있는 '실리 사회주의'의 실체는 과연 무엇인가. 《조선신보》 평양지국 김지영 특파원이 이를 주제로 경제 관리, 기업소 일꾼, 경제학자 등 북 '실리 사회주의'의 현장 주역들을 연속 인터뷰했다. 북 경제개선조치의 실체를 파고든 완결판 종합 보고서.

"더 높이 더 빨리".

나라에서 강조해온 경제부흥의 구호가 이제는 인민들의 생활신조로 되고 있다.

2002년은 북측 인민들에게 말 그대로 변혁의 한 해였다. 외교 및 남북관계에서 일찍이 없었던 진전이 이루어지고 국내에서는 '고난의 행군의 총화작'으로 일러진 대집단체조와 예술공연 〈아리랑〉이 상연 되였다. 경제분야에서 취해진 일련의 혁신적인 조치가 그들의 생활환경을 크게 바꾸어 놓았다.

인민들은 그 하나하나를 력사에 획을 긋는 사변으로 받아들였다. 변화를 실감할 수 있었기 때문이다. 인민들의 표정은 확실히 전과 다르다. 지난날과 똑 같은 모양으로 살아갈 수는 없다는 기운이 력력하다. 남이 한 걸음 걸을 때 열 걸음, 백 걸음 내달리려는 비상한 각오도 엿볼 수 있다.

7월 1일, 《조선신보》 평양지국의 현지직원이 출근하자마자 흥분된 어조로 소리쳤다.

"우리 나라에 대지진이 일어났소."

그의 진지한 표정을 보고 저도 모르게 웃음을 터뜨리고 말았다. 하필이면 '지진'에 비유하다니. 그만큼 '충격'이 컸다는 얘기다. 이 날은 7·1경제관리개선조치의 첫날이었다.

가격 조정, "대지진이 일어났다"

"사회주의 원칙을 지키면서 가장 큰 실리를 얻을 수 있는 경제관리방

승리자동차련합기업소의 생산 공정. 1958년 첫 자동차를 생산한 이래 북의 건설분야에서 중요한 역할을 담당하고 있다.

법을 해결한다."

이런 원칙에 따라 2002년 들어 해당 부문들이 본격적인 작업에 착수하였다. 인민들도 그 내용을 대체로 알고 있었다. 나라의 경제계획 수행에서 아래 단위의 창발성을 더 높이 발양시킨다, 공장·기업소는 '번 수입에 의한 평가'를 받게 된다, 일한 만큼, 번만큼 분배받는 '사회주의 분배 원칙'이 철저히 관철되게 된다 등등.

그러나 인민들은 경제관리개선작업이 자기 생활에 어떤 영향을 미치게 되는지에 대해서는 구체적인 표상을 가지고 있지 못한 듯 했다. 이런 중인 7월 1일, 생활비 및 전반 가격을 조정하는 조치가 일제히 취해졌다.

"버스 값이 단번에 20배로 뛰여 올랐는데, 앞으로는 걸어서 출근해야겠구나."

이 같은 변화에 맞대면했을 때 사람마다 반응은 각이하다. 현지 직원의 당황망조는 하나의 실례에 지나지 않는다. 그는 기자와 취재현장을 돌아다니는 일과를 계속하다보니 눈앞의 일에만 정신이 팔리는 습성이 체질화된 것 같다.

보다 큰 안목을 가지고 대하는 랭정한 반응도 있었다. 한 경제 실무 일군은 7·1에 따른 변화를 '절호의 기회'로 간주하고 있었다. 평양기초식품공장 홍영길(63) 지배인이 바로 그랬다.

평양기초식품공장은 수도 중심구역 주민들이 소비하는 간장, 된장, 기름을 생산한다. '고난의 행군' 시기에도 생산설비를 세우지 않았던 공장이다. 나라의 경제가 최악의 상황에 놓여 있을 때도 수도 시민들의 기초식품 수요를 충족시킨 홍영길 지배인은 그 날랜 수완으로 널리 알려진 인물이다. 국가계획위원회를 비롯한 중앙기관의 일군들 속에서도 평가가 높다.

새로운 경제관리체계가 시동하기 시작한 7월 1일 이에 대한 견해를 취재할 첫 대상으로 평양지국이 지목한 인물이다.

공장에서는 이 날도 오전부터 책임 일군들의 회의가 진행되고 있었다. 어떻게 하면 공장 안의 인적, 물적 자원을 효과적으로 리용 하여 더 많은 리득을 낼 수 있는가. 올해 들어 거듭 론의하여 온 의제다.

지배인 실에서 기다리는데 회의가 끝났으나 홍 지배인은 나타나지 않았다. 취재 거절이었다. 아직 시작에 불과한데 내놓을 만한 뚜렷한 성과가 없다는 것이다.

취재가 아니라 나라의 경제정책에 대한 의견교환을 하고자 한다며 간곡히 청했다. 마지못해 승낙한 지배인은 기자들에게 메모도 촬영도 삼가해 줄 것을 당부했다.

"앞으로 나라에 손을 내밀지 못하게 되었다고 한탄만 해서 되겠나요? 여하튼 자기 단위의 결심과 책임으로 실적을 거둘 수 있는 길이 열렸으니까. 나라의 경제를 추켜세우는 출발점이 바로 여기에 있어요."

홍영길 지배인은 경제관리 개선의 열렬한 지지자였다. 오래 전부터 그 필요성을 주장해왔다고 한다.

공장의 경영 실적이 그의 자신감을 안받침하고 있었다. '고난의 행군' 시기 원자재로 쓰이는 소금을 서해안의 염전에서 수송해야 하는데 전력사정이 긴장되니 철도가 움직이지 않았다. 홍 지배인은 휘발유를 적게 먹는 특수 소형차를 조달하였다. 원자재 수송을 보장하는 한편 귀중한 자금도 절약하는 일거량득의 효과를 거두었다.

"지금까지는 공장에서 평균주의를 하다나니까 지배인과 일부 일군들이 분발하여 얻은 리득이 행처없이 사라지고 말았지요. 일하지 않고 분배만 받는 건달군들이 부려먹었던 것인데 앞으로는 허용될 수 없습니다."

공장의 종업원은 1800명. 책임 일군들의 회의에서는 직장, 직위의 통폐합을 실시하고 종업원들이 그 전보다 2배, 3배의 일감을 맡도록 하는 한편 보일러 조종사처럼 공장에서 가장 힘든 일을 하는 종업원들에게는 상대적으로 더 많은 로임을 주는 등 경영의 합리화를 위한 대책들이 토의 되였다고 한다.

7월 1일에 만난 공장 지배인의 모습은 인상적이였다.

"건달군은 허용될 수 없다."

날카로운 지적은 종업원만을 념두에 둔 것은 아닐 것이다.

지금까지 북에서 여러 공장을 방문했었지만 취재를 거부하는 지배인은 드물었다. 이제는 공명을 위해 사실과 맞지 않게 과장을 하거나 허풍을 치는 일이 있어서는 안 된다. 결과만을 중시하는 일본새의 표현일 것이다. 경제관리 개선은 무엇보다 경제 실무일군들의 변신을 촉구하고 있었다.

"나는 승산이 있어요. 래년이면 경제관리 개선의 실효성에 대하여 하고 싶은 말을 다 털어놓겠으니 그 때 가서 기자 선생 신세를 집시다."

농업부문 경제관리개선 특별반 가동중

북에서 추진되고 있는 경제관리 개선은 전체 인민을 일군으로 만드는 데 그 목적이 있다고 말해진다. 기초식품공장 지배인의 말을 인용한다면 "건달군을 쓸어버리기 위한 조치"다.

평안남도 덕천시에 있는 승리산 전경. 승리자동차련합기업소는 승리산 기슭에 자리잡고 있다.

평균주의의 해독성을 퇴치한다. 일한 만큼 번만큼 분배를 받게 되니 저절로 자각이 높아질 수밖에 없다. 종전에는 실적을 내지 않아도 나라가 베풀어주는 사회적 시책으로 생활은 보장될 수 있었다. 쌀은 원가보다 대폭 낮은 가격인 kg당 8전으로 분배되었다. 나머지는 나라가 부담한 것이다. 7월 1일 이후는 44원으로 올랐다.

이같은 가격 변동은 정확히 말하면 '인상' 이 아니다. 모든 재화의 가격을 국가 재정의 지출에 의거하지 않는 본래의 가격으로 환원한 것이다. 그래서 북에서는 '가격 조정' 이라 부른다.

그동안 인민들은 자기들이 먹고 입고 쓰는 모든 것들에 실제로 얼마나 돈이 들었는지 몰랐다. 나라의 혜택으로 산다, 사회주의란 그런 것으로만 알고 있었다.

"국가에 손을 내밀지 못하게 됐다"

버스 운임이 10전이던 것이 2원으로 되었다. 통근 길에 버스를 리용하는 평양지국의 현지직원은 무려 20배의 운임을 지불하게 된 것이다. 2원이란 금액은 어떻게 산출되었는가. 가격 조정은 '시초 원료' 의 가격부터 계산하지 않으면 안 된다.

례컨대 소금과 같은 시초 원료는 그 동안 가격이 생산원가보다 낮게 설정 되었기 때문에 염전에서 번 수입만으로는 재생산을 못하고 종업원들의 분배 요구도 충족시킬 수 없었다. 결국 국가 재정으로 이를 보장하지 않으면 안 되는데 그럴 경우 혜택을 누리는 것은 염전 뿐이 아니다. 소금을 낮은 가격으로 사들이는 기초식품공장도 마찬가지이다. 그리고 이 공장에서 생산된 된장, 간장을 원자재로 쓰는 식당들도 큰 차이는 없다. 따라서 인민들이 식당에서 먹는 된장국은 본래 가격이 아닌 것이다.

"국가에 손을 내밀지 못하게 되었다."

홍영길 지배인의 말은 경제분야에서 일어난 변화를 단적으로 표현하고 있다. 지나친 국가 의존의 체질, 북에서 실시한 경제관리의 개선작업은 이 부분을 수술 칼로 쨘 것이다.

가격 조정은 그를 위해 필요한 조치였다. 경제의 모든 단위들에서 독립채산제를 강화하고 수입과 지출을 엄밀히 따지려면 그 전제로 되는 가격의 설정이 적절해야 한다. 자재와 설비의 가격이 옳게 설정되지 못하면 공장, 기업소에서도 과학적인 생산계획을 세울 수 없고 실질적인 리익을 내기 위한 구체적인 타산을 할 수 없다.

번 수입으로 재생산을 못한다는 모순이 두드러지게 나타나고 있었던 부문이 바로 농업이었다. 이번 가격 조정의 기준치로 된 것은 시초 원료들 가운데 하나인 쌀의 가격이다. 토지, 물, 비료 그리고 농민들의 로동력 등 생산원가를 계산한 결과 나라가 농민들로부터 사들이는 수매 가격은 kg당 40원, 종전의 가격 80전의 50배로 조정되었다. 모든 다른 상품 가격은 새로운 쌀 가격에 기초하여 산출되었다.

"농업이 공업의 기초라는 경제적 원리에 따른 매우 정당한 조치입니다."

농업과학원 콤퓨터중심 소장 리용구(36) 씨. 자연조건이 각이한 전국의 농경지들에 작물을 합리적으로 배치하기 위한 연구 프로젝트의 책임자이다. 지난 시기에는 이 분야 연구성과에 대하여 정열적으로 해설하군 했는데 최근에는 오로지 경제관리 개선이 화제다. 알아보니 그는 본신 사업 이외에 2년 전부터 농업부문의 경제관리문제를 연구하기 위하여 국가차원에서 무어진(조직된) 특별반의 성원으로 일해 왔다고 한다.

"농민들의 생활과 농업의 재생산을 위한 조건을 대담하게 개선한 것입니다. 물론 앞으로는 나라에서 대주는 영농자재의 가격도 종전처럼 '공짜나 같은 낮은 가격'이 아니라 원가대로 계산하게 됩니다. 그래도 수매 가격이 인상되었으니 농산물을 생산한 것만큼 자금을 얻으면 협동농장의 결심으로 얼마든지 생산계획을 세울 수 있고 농장원들에게 더 많은 분배도 줄 수 있게 되었습니다.”

오래간만에 그를 만난 목적은 ‘두벌농사에 유리한 종자개발’ 에 대해 취재하는 것이었다. 그런데 본인은 상관없다. 신바람이 나서 하고 싶은 말을 일방적으로 늘어놓는다.

최근에 여러 협동농장을 찾아 새로운 경제조치에 대한 반향을 수집했다는 것이었다.

“환영과 함께 감사의 뜻을 표시하고 있습니다. 나라가 농민들을 생산의 주인으로 내세워 주었다고 말입니다.”

농장원들의 생산의욕이 부쩍 올랐다고 한다. 분조장에게 더 많은 분공을 달라고 요구한다. 분배 몫이 상대적으로 많은 어렵고 힘든 일을 스스로 찾는다.

“나라가 농산물 수매 가격을 올린 건 천만타당한 조치입니다. 우선 농산물의 증산으로 전반 경제를 이끌어 나가야 하지 않습니까.”

농장경영일군들의 일본새도 변했다. 경제적 타산을 앞세우고 농사계획을 면밀히 짜고 들어 생산을 늘이기 위한 실질적인 대책을 강구해 나간다. 종자 개량과 감자 재배, 두벌농사와 사이구루 재배 등 나라가 이미 제시하였던 일련의 농업정책을 진지하게 검토하기 시작했다.

“이전에는 농작물의 증산을 위해 마련된 정책의 도입이 ‘구호’ 에 지나지 않았다면 지금은 매개 협동농장들에서 자기들의 생활과 직결된 ‘사활적인 문제’ 로 부상하고 있습니다.”

그는 전혀 딴 사람이 된 것 같았다. 과학자, 연구자들이 책상머리에 앉아 종자나 비료에 대해 연구를 하면 인민들의 먹는 문제를 다 해결할 수 있다고 생각한 것은 어리석은 일이었다고 말하였다. 자기 고장의 기후조건과 토양조건에 맞게 무슨 작물을 심으면 더 많은 실리를 얻을 수 있는가. 농장원들이 자기가 연구하던 것과 똑 같은 문제를 스스로 해결하려고 지혜를 모으는 모습을 목격했으니 그럴 수도 있다.

“농산물 증산도 경제관리의 개선으로 돌파구를 열어야 합니다.”

리용구 씨의 얼굴은 이전보다 해볕에 탄 것 같았다. 콤퓨터가 계산한 수치에 몰두하던 연구자도 약동하는 사회의 분위기를 체현하고 있었다.

수출로 현대화 꾀하는 구성공작기계공장

가격 조정은 인민들로 하여금 국가경제의 실체를 확인케 하는 계기로 되였다. 나라가 베풀어 줄 것을 기다리는 것이 아니라 각자가 나라를 위해 무엇을 할 수 있는가를 먼저 생각하게 되였다.

어디를 가나 필두의 화제는 경제문제였다.

"버스의 한 로선을 250명이 리용하면 500원, 왕복으로 1000원. 이만 하면 나라의 공급을 기다리지 않아도 기업소가 자기들의 수입으로 휘발유를 충분히 사들일 수 있잖아요."

평양지국의 현지직원도 가격 조정 첫 날의 '충격'에서 벗어난 다음부터는 건설적인 의견을 내놓게 되였다. 낮은 국정가격과 비등하는 농민시장 가격의 격차, 이른바 2중 가격을 배경으로 리익을 챙긴 장사군 등 일부를 제외하면 인민들의 대다수는 경제관리 개선조치를 긍정적으로 받아들였다. '나라가 허리를 펴기 위한 조치'라는 것이 일반적인 반향이였다. 사회적 혜택에 의거한 안일한 생활과 결별하고 더욱 분발하지 않으면 안되게 되였는데 인민들은 그것을 경제부흥의 신호탄으로 받아들이고 있었다.

생산현장에서는 경제의 현대화, 기술개건을 위한 '돌격전'이 시작되였다.

"아직은 있는 것보다 없는 것이 더 많지요. 그러니 두뇌전으로 돌파구를 열어야 합니다."

'승리'란 이름의 공장에서 그런 말을 들었다.

평안남도 덕천시, 승리산 기슭에 위치한 승리자동차련합기업소. 1958년 첫 국산 자동차의 개발, 생산에 성공한 이래 이 기업소는 북의 건설분야에서 주요한 몫을 담당해 왔다. 이 곳에서 생산된 화물자동차가 전국의 건설현장으로 달려나가 자연을 개조하고 건축물을 일떠세우는데 역할을 놀았다.

건설 대상의 규모가 커지는데 따라 실어 나를 수 있는 화물량도 계속 늘었다. 처음으로 만든 '승리58'이 2.5톤 급, 1960년대에는 10톤 급, 1970년대 들어 27톤 급, 1970년대 중반에는 42톤 급이 화물차 생산의 주류로 되였다. 승리자동차련합기업소의 걸어온 로정이 곧 국가경제의 확대장성 과정이였다.

승리자동차련합기업소 최영 지배인. "두뇌전으로 돌파구를 열어야 한다"고 강조했다.

1990년대 후반 '고난의 행군', 강행군이라 불린 경제적 시련의 시기, 다른 공장, 기업소와 마찬가지로 승리산의 자동차생산기지에서도 생산의 동음이 잦아들었다. 의기소침한 승리산의 모습은 나라가 처한 어려움을 그대로 말해주는 것이였다.

"경제난에 식량난이 겹친 최악의 조건에서도 우리는 풀뿌리로 끼니를 에우면서 기술과 설비를 보존하고 생산을 다시 시작할 준비를 갖추어 나갔습니다."

기업소 지배인 최영(46) 씨의 말이다. 국가적인 조치도 취해졌다. 1999년 2월, 과학자·기술자들이 '돌격대'를 뭇고(조직해) 승리산을 향했다.

과학자 집단은 40여 년 전 소련제를 본 따서 자력갱생한 로후화된 생산설비에서 구조상의 결함을 발견하였다. 그들은 콤퓨터를 리용해 그 부분을 새로 설계하였다. 외국에서 새로운 설비를 통째로 사들이지 않아도 자신들의 과학기술 력량으로 얼마든지 출로를 개척할 수 있음을 증명한 것이다.

승리기업소에서는 기술 개건으로 생산정상화의 전망을 열어놓은 다음 '새형'의 자동차 설계에 착수하였다. 2002년, 그 시제품이 완성되였다.

"새형의 화물차가 평양을 향하여 떠날 때, 수많은 시민들이 공장에 모여들었습니다. 만세 소리가 터져 나왔지요. 승리산에서 자동차가 나간다, 힘들었던 '고난의 행군' 에 종지부를 찍게 되였음을 확인하는 순간이였을 것입니다."

2002년 들어 나라에서는 자동차공업의 발전을 위한 상무조직을 새로 내오는 조치를 취했다. 승리산 '돌격대' 의 성원이였던 과학원 기계공학연구소 연구사 리기황(62) 씨에 의하면 금성기계공업성과 과학원, 대학들과 생산현장의 전문가들이 공동팀을 구성, 승리산에서 새형의 자동차를 계렬 생산하는데 나서는 기술적 문제를 풀어나가고 있다고 한다.

"자동차공업 뿐이 아닙니다. 전력, 기계, 화학공업 등 부문별로 성, 중앙기관과 과학원의 보다 긴밀한 련계가 이루어지고 있습니다. 그 결과 과학자·기술자들은 현장에서 제기되는 문제를 연구과제로 삼게 되였고 그들이 이룩한 연구성과에 기초하여 나라의 정책이 채택되는 사례가 늘어나고 있습니다."

평안북도 구성시 구성공작기계공장에서도 류사한 이야기를 들었다.

"우리가 생산한 공작기계가 신의주를 거쳐서 중국 단동으로 나갈 때 국경도시의 시민들이 그 광경을 보고 박수를 쳤다고 합니다."

구성공작기계공장은 자동화, 과학화에서 제일 앞장 서 나가고 있다고 일러지는 기계생산기지다. 공장에서는 최근 년간에 수자조정장치(콤퓨터)를 도입한 만능선반 'CNC-구성10호' 등 새형의 공작기계들을 련달아 개발, 제작하였다.

현재 공장에서는 생산공정의 전면적인 현대화계획이 추진 중이다.

기사장 김영권(45) 씨는 "산모가 좋아야 좋은 아기를 낳듯이 공장의 설비들이 좋아야 좋은 공작기계를 생산할 수 있다"고 설명한다.

북에서는 1970년대에 '공작기계새끼치기운동' 이 대대적으로 벌어졌다. 지방 산업공장들이 수많이 일떠서고 나라의 전반적 공업이 활성기에 들어선 시기였다. 어느 공장에서나 공작기계들이 절실히 요구

구성공작기계공장의 수자 조정 선반. 구성공작기계공장은 자동화, 과학에 앞장서는 공장이다.

되었다.

　당시 구성공작기계공장과 자강도 희천시에 있는 희천공작기계공장이 년간에 각각 1만대의 공작기계를 생산하여 전국의 크고 작은 공장들에 보냈다. 공작기계를 받은 공장들에서는 그것을 가지고 자체로 공작기계를 만들어냈다. 기계가 기계를 새끼친 것이다. 전문공장이 아닌데도 1년간에 1만대의 공작기계를 생산하였다고 한다.

　"그 당시 생산된 공작기계들은 이제 낡았습니다. 지금 어느 공장에서나 기계설비의 갱신이 절실한 과제로 나서고 있는데 그걸 풀자면 우선 우리와 같은 모체공장이 현대적으로 꾸려져야 합니다."

　공장의 현대화 계획 추진에도 경제관리 개선의 효과가 나타나고 있다.

'어머니 공장'의 현대화에 집중

　이 곳 공장에서 생산된 공작기계에는 'KORYO KIGYE'(고려기계)란 상표가 붙어 있다. 이들은 중국·인도네시아·타이·말레이시아·싱

구성공작기계공장에서 생산한 수출용 제품. 중국·인도네시아·타이·말레이시아·싱가포르 등지로 수출된다.

가포르 등의 나라들에 수출되고 있다.

나라에서는 '어머니공장'의 현대화에 특별한 관심을 돌려 공장의 면모를 일신할 때까지 당분간 생산된 제품을 국내 수요에 돌리지 않는 조치를 취했다. 수출을 통해 얻은 리익은 원자재의 수입을 비롯하여 100% 공장의 확대재생산을 위해 쓰도록 하였다.

"수출을 늘이자면 제품의 고속화, 정밀화, 과학화를 힘있게 추진해야 합니다. 그런데 공작기계에 붙이는 수자 조정 장치 부분은 당분간 수입으로 해결해야 할 것 같습니다. 아직도 콤퓨터 분야는 우리가 선진국 수준에 이르렀다고 하지 못하므로 우리 것을 붙이면 외국시장에서 인정을 받지 못합니다."

몇 해 전까지만 하여도 구성 사람들은 '공장 기술진의 두뇌수준'부터 자랑삼아 말하였다. 례컨대 주축의 정밀도의 국제기준이 0.01mm인데 'CNC구성10호'로 만든 주축은 0.001mm의 수준이다. 이 부문에서 앞선 나라로 일러 왔던 일본·도이췰란드·스위스와 대비하여도 거의 비슷하거나 보다 정밀도가 높다.

그런데 지금은 자기 나라에 달리는 것, 없는 것들은 다른 나라와의 경제협조를 통해 풀어나가야 한다는 현실적인 판단에 기초하여 공장관리 운영계획이 세워져 있다. 국내수요만 충족시킬 수 있다면 제품에서 약간 뒤떨어진 부분이 있어도 허용된다는 시대는 지났다.

"시대가 바뀌었습니다. 우리는 앞으로 자본주의 시장경제와의 련관 속에 사회주의를 건설해나가야 하는 것입니다."

사회주의 시장의 붕괴, 랭전시대와 구별되는 주변국들과의 관계구축 등 북을 둘러싼 국제환경의 변화가 국내경제에도 영향을 미치고 있다.

황철, 국내산 무연탄 쓰는 제철법 성공

경제 실무일군들도 그것을 념두에 두고 경영방법을 짜고 들고 있다. 평양시 평천구역에 위치한 평양화력발전소도 례외가 아니다.

1960년대에 세워진 발전소는 북에 무진장한 무연탄을 연료로 한다. 경제 실무일군들의 최대의 현안은 40여 년 전 소련에서 사들인 설비의 로후화 문제이다. 무연탄의 질 보장 문제와 더불어 1990년대 이후 전력 생산량이 하강선을 긋게 된 원인의 하나였다.

최근 년간 로씨야와의 경제협조관계가 발전되면서 낡아진 생산공정을 재정비, 갱신하기 위한 대책을 세울 수 있게 되였다. 2002년 로씨야에서 기술대표단이 파견되여 왔다. 앞으로 차관 형식에 의한 새형의 전력생산설비의 도입이 현실적인 과제로 부상하고 있다.

발전소에서는 현재의 전력생산을 보장하기 위한 대책도 강구하고 있다. 기술부기사장 백완기(62) 씨에 의하면 1990년대 말부터 과학원, 전력석탄성 산하 동력설계사업소와 공동으로 '순환비등증보이라'의 연구를 추진, 로후화된 설비를 개조하는 단계에 이르렀다고 한다.

"보이라 안에 원심분리기를 설치하여 석탄이 타오를 때까지 계속 돌리기 때문에 열량이 낮은 저열탄으로도 가동할 수 있습니다. 지금까지

국산 무연탄의 질이 떨어져 애를 먹었는데 그 문제를 해결할 수 있게 됐습니다. 석탄을 작게 분쇄하지 않아도 되니 기업소에서 설비고장의 70%를 차지했던 미분화설비도 필요 없게 됩니다."

'순환비등증보이라'로 생산효률을 높여 앞으로 로씨야에서 들어 올 수 있는 새형 설비의 발전 능력과 맞먹는 전기를 생산해낸다. '생산의 기본동력을 책임진 기업소'로서 장기적인 전망계획과 함께 당면한 계획도 면밀히 세우고 있다고 백완기 씨는 강조하였다.

그는 KEDO(조선반도에네르기개발기구)가 추진하고 있는 경수로 공사에 대해서는 "완공 시일도 확실치 않는 계획에 특별한 기대를 걸지 않는다"고 말하였다.

"오히려 원자력발전 분야에서는 로씨야와의 협조가 진척되고 있습니다. 여하튼 원자력은 앞으로의 과제이고 현재 나라의 경제 전망 계획에서 전력부문은 수력, 화력을 기둥으로 삼고 있습니다. 석유, 천연가스 등 다른 나라에 의거하지 않으면 안될 자원은 될수록 쓰지 않는 것이 전력정책의 기본입니다."

자본주의 시장과의 련관 속에 경제를 발전시킨다는 것이 문을 활짝 열어놓으면 된다는 단순한 문제는 아닌 듯 싶다. 나라에서는 대외경제의 확대와 더불어 국내경제의 자립성 강화를 중요한 정책기둥으로 삼고 있다.

대표적인 실례가 금속부문이다. 황해제철련합기업소(황철)에서는 국산 무연탄을 연료로 쓸 수 있는 '산소열법 용광로'를 2003년부터 생산에 도입할 예정이다.

현재 북의 제철소는 콕스탄을 연료로 쓰면서 철을 생산하고 있다. 광복 전부터 하던 제철 방법이다.

황철 기술부기사장 유태성(47) 씨는 "콕스탄에 의한 철 생산은 남에 의존하는 방법"이라며 "그런 식으로 해서는 전망이 없다"고 말한다. 조선에는 콕스탄이 없다. 중국, 로씨야, 뽈스까(폴란드) 등에서 사들여야 한다.

"그 나라들이 철 생산에 필요한 탄을 영원히 보장해 준다고 확언할 수 없지 않습니까. 우리 나라 실정에 맞게 우리 자체의 힘으로 문제를 풀어야 옳지요."

1991년 황철은 무연탄을 가지고 철을 생산하기 위한 연구사업에 착수하였다. 과학원의 연구자들과 각 대학의 교수들, 기업소의 기술자들이 공동으로 달라붙었다.

그들이 택한 방법은 산소열법 용광로에 의한 철 생산이다. 온도가 1600도인 슬르크 욕조에 쇠돌과 무연탄, 석회석을 직접 장입, 용융 환원하여 쇠물을 뽑는다. 종전에는 용광로 안에서 분쇄되지 않도록 립도가 높은 콕스탄을 쓰지 않으면 안 되었지만 산소열로 끓인 액체 안에 쇠돌을 집어넣는다면 립도가 낮은 무연탄도 쓸 수 있다.

'고난의 행군'의 어려운 조건 속에서 연구집단은 과제를 끝내 수행하였다. 1999년 2월 14일 황철에서 '산소열법 용광로' 조업식이 진행되였다. 금속공업의 자립성을 강화하는 데서 중요한 의의를 가지는 독자적인 제철 방법의 성공은 당시 국내언론에서 '제2의 인공지구위성 발사에 버금가는 사변'으로 선전되였다.

2003년 산소열법 용광로가 생산에 본격적으로 도입되게 되면 독자적인 제철 방법의 개발 착수로부터 그 실현까지 10년 남짓한 세월이 흐른 셈이다. 결코 짧은 기간이 아니다.

"콕스탄에 의한 생산공정을 통째로 일신했다면 걸리는 비용이 6억 딸라를 밑돌지 않았을 것입니다. 남의 나라에 계속 의존하게 되는 생산체계인데도 말입니다."

유태성 씨는 남의 나라 기술을 수입하는 것이 아니라 어려워도 독자적인 기술 개건의 길을 지향한 리유를 이렇게 설명하였다. 그의 '기술개건론'은 국내경제의 사정, 북을 둘러싼 국제적 환경에 대한 경제 실무일군들의 관점을 대변하고 있다고 말할 수 있을 것이다.

"우리의 실정으로 말하면 가능한 부분으로부터 하나하나 기술 개건해 나갈 수밖에 없습니다. 그래도 국제환경의 변화에 끄덕하지 않는 공업, 계속적인 발전이 담보되는 공업을 위해서는 그 길을 택해야 합니다."

요즘 평양지국 기자들은 경제관리 개선과 관련한 취재로 국가계획위원회나 국가가격재정국의 관계자들을 자주 만난다. 그들은 경제분야에서 일어나고 있는 획기적인 변화를 제대로 리해하려면 실무일군들뿐 아니라 경제학자들을 꼭 만나야 한다고 방조를 준다. "경제관리의 개선은 단순히 실무사업이 아니라 사상과 리론의 구현"이라는 것이 그 리유이다.

집단주의에 기초한 점이 자본주의와의 차이

이 방조에 따라 평양지국은 경제학자들에게 '개별 강의'를 요청하였다. 장소는 김일성종합대학, 경제학부의 허재영(재정금융학, 65) 교수, 렴병호(경영학, 54) 교수가 '강사'로 출연해주었다. 허재영 교수는 김정일 국방위원장이 종합대학에 다닐 때부터 이 대학에서 교편을 잡고 있는 인물이다.

기자는 취재현장에서 보고 들은 내용을 실례로 들면서 질문을 던졌다.

기초식품공장에서 '번 수입에 의한 평가'에 자신만만한 지배인을 만났습니다. 공장의 경영활동과 관련한 권한이 그에게 어느 정도 부여되고 있는 것입니까?

"독립채산제의 요구를 충족시키기 위하여 나라에서 내려오는 생산계획 지표를 아래 단위가 자기 실정에 맞게 세분화할 수 있도록 하였지만 자유경제는 아닙니다. 아래 단위 창발성은 나라의 계획적이며 통일적인 지도로 보장되는 것입니다. 최종 평가는 번 수입이지만 나라가 인민들의 수요에 맞게 내린 현물지표를 달성 못하면 법적 제재, 벌칙금이

가해집니다."

"돈을 벌기 위해 공장의 생산능력 예비를 다른 부문에 돌릴 수 있지요. 그럴 경우 그 공장이 무엇을 생산하려는가, 그것이 국가와 인민생활에 유익한 것인가 어떤가를 행정단위마다에 있는 통계기관에서 심사합니다. 인정되면 새로 국가계획적인 사업으로 등록됩니다. 공장은 그 계획을 실현하는 것으로 수입을 더 늘이게 됩니다."

교수들은 신발공장을 실례로 들었다. 지배인이 창발성을 발휘한다면 나라가 준 계획 이외에 로인용, 어린이용 등 "다양한 신발을 더 많이 생산하여 인민생활에 보탬을 줄 생각부터 해야지, 쓸데없이 카카오(쵸코레이트)를 만들겠다고 나서는 일은 타당치 않다"는 설명이다.

기초식품공장의 지배인 홍영길 씨는 "승산이 있다"고 말했지만 수입

황해제철련합기업소의 산소열법 용광로. 코크스를 수입하는 대신 생산공정을 자체로 개선한 것이다.

을 늘이는 방법에 대하여 밝히지는 않았다. 여하튼 그는 시민들의 식생활과 관련한 일을 해야 할 것 같다. 교수들의 설명에 따르면 아무리 경험이 있다 한들 본신사업을 뒤로 미루고 소형 자동차로 짐을 나르는 운수업으로 변신할 수는 없기 때문이다.

여하튼 돈을 벌어서 나라의 돈주머니를 채우면 되는 것이 아닙니까?

"리윤이 곧 실리가 아닙니다. 우리가 말하는 실리는 개별적 단위가 아니라 국가적 차원에서 즉 집단주의의 견지에서 추구해야 할 목표입니다."

"공장, 기업소가 수입을 늘이는 일이 인민대중의 리익에 이바지하도록 국가가 통일적으로 지도를 합니다. 개인 본위주의, 기관 본위주의로 나갈 여지는 없단 말입니다. 누구든 사회와 집단에 보탬을 주는 방향에서 자기의 창발성을 발휘해야 더 많은 분배 몫이 차례지게끔 체계가 꾸려져 있는 것입니다."

구성공작기계공장의 경영방식을 그러한 실리추구의 전형적인 실례로 들 수 있을지도 모른다. 공작기계를 많이 수출할수록 공장의 수입은 늘어나고 로동자들의 생활비(월급)가 오른다. 그 결과 '어머니공장' 의 현대화가 촉진되고 국내의 기술 개건을 위한 조건이 갖추어지게 된다.

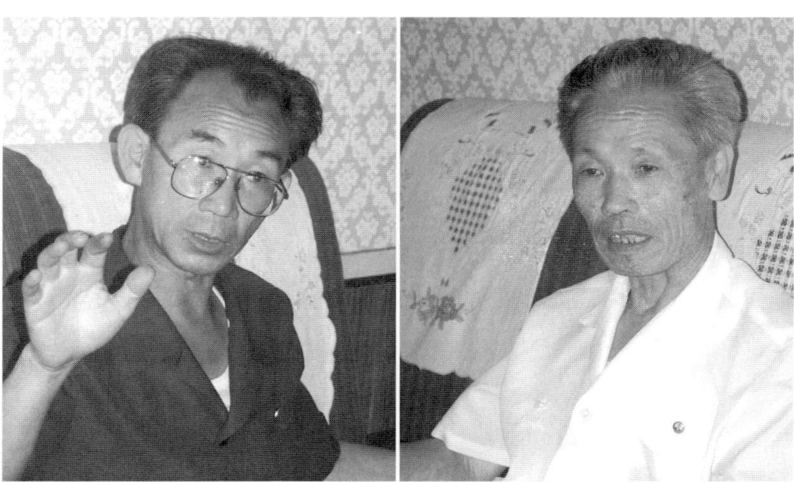

김일성종합대학 경영학과 렴병호 교수(왼쪽)와 재정금융학과 허재영 교수.

교수들은 경제부흥을 위한 잠재력은 "우리 내부에 있다"고 강조하였다.

지금에 와서 경제관리의 개선작업을 단행한 리유가 무엇입니까?

"경제관리란 경제를 조직, 지휘하는 체계이니까 지휘하는 환경과 조건이 변하면 그에 따라 지휘하는 방법도 달라져야 합니다. 사회주의 시장의 소멸 등 외부환경의 변화만은 아닙니다. 종래의 경제관리방법은 나라의 경제규모가 비교적 작고 기술수준이 상대적으로 낮았을 때는 가능했습니다. 그런데 우리의 경제건설도 멀리 전진하였습니다. 구성 공작기계공장을 보십시오."

"지난날의 자력갱생은 그저 혁명정신 하나만 있으면 됐지, 없는 것을 만들어내면 다 좋은 것으로 평가되었습니다. 그런데 오늘의 자력갱생은 현대기술에 기초한 자력갱생이며 하나를 만들어도 세계적 수준에서 만들어야 합니다. 그러한 높은 요구성을 충족시킬 수 있게 경제관리방법을 고친 것입니다."

다른 나라들에서는 '조선의 대담한 변신'의 리유를 미국의 강경대결 로선이나 '고난의 행군' 후유증과 결부시키는 견해가 있습니다.

"알고 있습니다. 그런데 경제관리의 개선은 경제발전의 합법칙성입니다. 우연의 산물이 아닙니다."

"오히려 우리가 꼭 가야 할 길을 갈 수 있는 조건이 성숙된 것으로 봐야지요. 지난 시기는 적대국과의 대결 속에 경제에 관심을 돌릴 수 없었지만 이제는 우리 나라를 건드릴 수 없다고 판단한 것이겠지요."

'고난의 행군'에 종지부를 찍었다는 실감을 경제학자들도 느끼고 있는 것 같았다. 그들은 경제부흥을 하려면 세계를 내다보는 관점이 필요하다며 자본주의와의 관계문제를 여러 번 언급하였다.

"자본주의 시장에서 원료, 연료를 구입하자면 외화가 필요합니다. 결국 우리도 상품을 팔아서 돈을 벌어야 한다는 말인데 그렇게 하자면 나라의 경제를 세계적인 추세에 맞게 일떠세워 질 높은 상품을 만들어낼 수 있어야 합니다. 우리는 이 과제를 개인주의에 기초한 시장경제가 아니라 집단주의의 방법으로 해결하려 합니다.”

최대한의 실리 보장, 아래 단위의 창발성, 모든 것을 돈으로 계산하고 평가하는 체계의 확립이라는 얘기다. 사실 2003년 북은 신의주특별행정구 등 일부 지역에서 자본주의 경영방식을 도입하는 결정을 내렸다.

경제학자들의 '강의'를 들어보아도 이데올로기에 집착한 교조주의의 색채는 없고 실용주의적인 발언이 많다. 그래서 마지막으로 현실문제가 아니라 그들의 전문인 리론 문제를 물어 보았다.

'실리 사회주의'도 사회주의라면 자본주의와의 차이점이 무엇입니까?

“자본주의는 개인주의에 기초하고 있다면 사회주의는 집단주의에 기초하고 있습니다.”

더 이상의 보충설명은 없었다. 너무도 간결한 개념규정이다. 북이 경제분야에서 대담한 시도를 할 수 있는 리론적인 담보가 여기에 있는가 싶다.

견지해야할 재부와 버려야할 유물

북은 자본주의 경제와 공존할 수 있는 사회주의 경제를 모색하고 있다. 기성의 리론이나 공식에는 구애되지 않는 방법으로. 공통의 거래수단이 돈이라면 그를 위한 수단과 방법은 모두 동원한다. 다만 거기에 이르는 과정이 자본주의와 다를 뿐이다. '사회주의의 본질은 집단주의'라는 원칙만은 견지하면서 '생산성'과 '효률성'을 철저히 추구하고 있는 것이다.

가격 조정 조치가 취해지고 사회적 시책의 많은 부분이 폐지되였을 때 인민들은 그것을 '나라가 허리를 펴기 위한 조치'라고 평하였다.

번 수입을 늘이기 위해 머리를 짜내는 지배인도 더 많은 분배를 받기 위해 아득바득 일하는 로동자, 농민도 '자본주의를 하고 있다'는 생각은 없는 것으로 보인다. 교수들과는 달리 리론적인 근거는 없을지도 모른다. 그러나 분발하는 리유를 물으면 아마도 이렇게 대답할 것이다.

"나라가 허리를 펴야 우리의 생활도 풀립니다."

취재현장에서 기자는 이런 얘기를 여러 번 들었다. '고난의 행군' 이라 불린 경제적 시련을 말 그대로 단결의 힘으로 이겨낸 경험과 '이제는 남부럽지 않게 살아야겠다' 는 각오가 그들을 하나로 잇고 있다.

집단주의는 수 십 년간의 세월 속에 인민들의 몸에 배인 행동방식이다. 오늘의 경제정책의 밑바닥에도 그러한 생활의 법칙과 원리가 깔려 있는 것이다. '실리 사회주의' 에 시동을 걸었던 북은 변함없이 견지하여야 할 재부와 대담하게 버려야 할 낡은 유물을 이미 분명히 가려낸 것 같다. 개척길이지만 망설임은 없는 듯이 보인다. '더 높이 더 빨리', 오로지 앞을 향해 전진의 구호를 부르짖고 있다.

김지영 《조선신보》 평양특파원 2004년 11월호, 44호

개성공업지구로 달리는 개성 사람들
사회주의도 자본주의도 아닌,
남북 합의법으로 운영될 통일국가의 옛 수도

'분계선 도시' 개성. 이 곳이 남북협력과 통일의 전진기지로 변모하고 있다. 첫 통일국가 고려의 옛 수도를 원형대로 복구하려는 야심찬 계획도 섰다. 남북 철도 도로의 연결과 특별공업지구 지정은 이 곳이 분단이 아닌 통일의 상징으로 거듭나고 있음을 말해준다. 《조선신보》 평양특파원이 만난 개성 사람들과 그들이 펼치는 거대한 꿈.

개성공업지구 취재를 위하여 고려의 옛 수도를 찾은 것은 정월대보름을 며칠 앞둔 날이었다. 에움길에 력사유적들을 돌아보았다. 왕건릉에서 한 인물을 만났다.

태조 왕건의 32대 후손 왕록진 씨

"명절에는 술도 좀 해야지요."

왕록진(56) 씨는 원래 술, 담배를 하지 않는 사람이다. 그래도 보름날에는 집에서 오곡밥을 짓고 소박한 연회상도 차리겠다고 하였다. 올해부터 북에서는 전통적인 민속명절을 크게 쇠게 되였다. 왕록진 씨는 음력설에도 '약간의 술'을 즐겼다고 한다.

왕록진 씨는 조선봉건시대의 첫 통일국가 고려를 세운 태조 왕건의 32대 후손이다. 그 사실은 오래 동안 본인도 모르고 있었다.

지난 1992년부터 개성에서는 현지에서 사적발굴사업들이 폭넓게 진행되었다.

"그 때 제수가 우리 아버지한테 물어보았지요. 우리 집에는 그런 게 없는가고 말이지요."

왕록진 씨의 부친 왕지송 씨가 내놓은 것이 바로 왕씨의 족보였다. 1905년에 재판된 것이라는 그 족보에는 태조 왕건의 초상이 그려져 있었다.

"아버지는 우리가 왕건의 직계후손이라는 사실을 알고 계셨던 것입니다. 그런데 사회주의 제도에 살면서 그걸 내놓고 공개할 필요성을 느끼지 않았던 것 같습니다."

고려 왕조가 멸망하고 리씨 왕조에 들어서면서 왕씨 가문은 산산이 흩어져 은둔생활을 하지 않으면 안되게 되었다. 박해를 피하기 위하여 변성하여 살아가는 사람들도 많았다. 일제 식민지시대에도 그들의 처

자남산에서 바라본 개성시가지. 전쟁의 폭격을 피해 옛집이 보존되어 있다. 역사보존구역으로 정해져 있다.

지는 개선될 수 없었다. 오히려 망국노의 가련한 신세는 이 나라의 왕조와 잇닿은 가문을 더욱 무섭게 내리 눌렀다.

왕록진 씨의 부친 왕지송 씨의 고향은 개성시 개풍군이다. 해방 후 북에서 토지개혁이 실시되자 처음으로 제 땅에서 농사를 지었고 전쟁을 전후한 시기에는 38선 경비대에 소속되였다. 1952년부터는 개성시 인민위원회에서 행정사업에 종사하였다.

"아버지는 자기 생활을 만족스럽게 생각했던 것이 아닌가 싶습니다. 이제 와서 왕씨 족보를 꺼내여서 무엇하랴, 더우기 사회주의에서 봉건국가의 왕의 족보가 무슨 의미가 있겠느냐, 그런 심정이였을 것입니다."

왕록진 씨가 어린 시절, 마을의 아이들이 그의 이름을 부르며 놀려주는 일이 있었다. 본인도 "자기 이름이 별나다"는 감정이 없지 않았다고 한다.

며느리의 권유에 따라 왕씨의 족보를 내놓은 왕지송 씨는 그 2년 후에 세상을 떠날 때까지 선대한테서 들은 태조 왕건에 대한 이야기를 자식들에게 전하였다. 왕록진 씨도 처음 듣는 이야기가 많았다고 한다.

"내가 학교에서 배웠던 60년대까지는 그러한 력사를 학교에서도 가르쳤는데 아버지가 하는 이야기는 보다 더 생동하게 안겨왔습니다. 조상을 알고 잘 모셔야 한다, 그런 마음이 저절로 움트게 된단 말입니다."

왕록진 씨는 6남매의 맏이다. 그의 가족 구성은 안해와 의사로 일하는 딸과 대학생인 아들. 족보가 나온 후 일가 친척들은 한가지 사실을 두고 새삼스럽게 피줄의 신비성에 대하여 느끼게 되였다고 한다. 족보에 그려진 왕건의 초상과 왕록진 씨의 얼굴이 꼭같이 생겼다는 것이다.

"뭐라 할가요. 긍지를 느낀다고 할가. 족보가 나온 다음부터는 사람들이 나를 태조 왕건 32대 후손이라고 소개하지 않습니까. 왕록진이라는 존재를 통해서도 개성 사람들이 력사에 흥미를 가지고 많이 배우게 되였습니다."

왕록진 씨의 직업은 력사와 인연이 없다. 그는 개성농촌건물상사 사장의 직책을 가지고 있다. 그래도 사람들은 고려의 력사를 해설하는 강사로서의 역할을 기대한다.

"내가 술을 하지 않는 것이 항상 화제에 오르군 하는데, 왕건은 나라를 통일한 장군인 것만큼 술이야 많이 했겠지요."

북에서는 올해부터 음력설을 비롯한 민속명절이 국가적인 휴일로 정해졌다. 왕록진 씨의 집에서도 설날에는 민족의상을 차려입고 세배를 하였고 민족음식을 먹었다. 직장 종업원들도 찾아와 여느 때없이 집안이 흥성거렸다.

"민족성은 민족이 계승하는 전통에 체현되며 그에 기초하여 높이 발양된다고 합니다. 사회주의는 이데올로기만 알고 민족에 대하여 모른다고 말하는 것은 편견입니다. 명절을 즐겁게 쇠면서 다시금 절감했습니다."

야심찬 만월대 복구 계획

개풍군에 위치한 현재의 왕건릉은 1992년 5월 이후 개건된 것이다. 당시 고려봉건국가의 왕궁이였던 만월대건물의 복원이나 고려시기에 창설된 세계 최초의 최고교육기관 성균관의 재건, 운영 등 일련의 계획들이 동시에 부상하였다. 고려의 옛 수도 복구의 원대한 구상이 펼쳐지게 된 것이다.

북에서는 한때 편협한 좌경분자들이 민족유산을 보호, 보존하는데 대하여 '복고주의'로 몰아붙여 음으로 양으로 방해함으로써 이 부문 사업이 크게 후퇴한 시기가 있었다. 왕록진 씨에 의하면 옛 도시에 사는 개성 사람들도 1992년 이전에는 유적보존에 대하여 별로 큰 관심을 돌리지 못하고 있었다고 한다.

개성 시내에 위치한 성균관은 명륜당, 대성전, 동재, 서재 등의 건물

1993년 완성된 북의 개성 만월대 복원도. 만월대 복원은 개성의 관광도시화 계획 중 중요한 과제다.

들이 남아 있다. 성균관의 창설은 992년인데 임진왜란시기 왜적의 침입으로 불탄 것을 1608년부터 8년 동안에 복구하였던 것이다.

현재 성균관의 건물들은 고려박물관으로 리용되고 있다. 이곳에는 왕록진 씨의 부친이 올린 왕씨 족보의 사본이나 만월대의 모형 등이 전시되여 있다.

만월대의 이름은 달을 맞이하는 곳이라는 데로부터 유래되였다고 한다. 만월대 왕궁의 구도를 보면 정문인 2층으로 된 숭평문을 지나 개울을 건느면 신봉문, 창함문이 있다. 높은 대지우에 돌축대와 여러 층의 돌계단을 쌓은 후 그 우에 궁궐을 지은 것은 고려의 독특한 건축형식이였다. 만월대의 궁전 건물은 외래침략자들의 침입에 의하여 많은 피해를 입었는데 1361년 크게 파괴된 후 다시 복구되지 못하였다.

"우리의 구상은 만월대 건물을 원상대로 복구하자는 것입니다."

고려박물관의 강사 리옥란(38) 씨는 고려의 옛 수도인 개성이 관광도시로 잘 꾸려져야 한다고 하면서 만월대 건물의 원상복구는 그 중심에 자리 잡아야 할 계획이라고 주장한다.

"방대한 계획입니다. 그야말로 천문학적인 돈을 들여야 하는데 우리가 10년이 지나도록 아직 건설에 착수하지 못하고 있는 것이 안타깝습니다."

나라의 사정은 옛 수도의 면모를 더 잘 꾸리기 위한 조건을 보장하지 못하였다. 1990년대 중반 '고난의 행군'이라 불리운 경제적 시련이 닥쳐왔다.

만월대 왕궁 복구와 함께 준비된 성균관의 재건계획도 난관에 부딪쳤다. 당초의 구상은 개성에 '고려성균관'이란 경공업대학을 내오고 현재의 성균관 건물을 기본 청사로 하는 민족적 건축양식의 새로운 대학 건물을 일떠세우자는 것이었다.

북에서는 성균관의 조상을 고려시기의 국자감으로 본다. 나라를 감독하는 아들을 키운다는 국자감의 창설이 992년, 꼭 1000년 후에 성균관 재건계획이 이루어진 것이었다.

"이룰 성자, 고를 균자라 쓰고 성균관, 말 그대로 대학인데 성균관의 이름을 계승한 대학을 내오면 력사가 1000년이라는 것, 그러면 세계에서 가장 오랜 력사를 가진 대학으로 된다는 것이었습니다."

고려성균관, 경공업대학으로 성장

1992년 9월에는 성균관창립 1000돐 기념행사를 치르고 '고려성균관'의 개교를 선포하였다. 교사는 종래 있던 개성경공업단과대학의 건물을 림시로 썼다.

"새 교사 건설을 위한 터전은 지금 있는 성균관 옆에 잡았습니다. 건물을 고려식으로 잘 지을 데 대한 방침에 따라 성균관 건물과 비슷하게 형성안을 꾸렸습니다. 체육관이나 실내 수영관, 기숙사와 교원주택도

건설할 계획이였습니다."

1992년 말까지 기초를 닦고 1993년 새해 벽두부터 공사에 착공하였다. 숱한 시민들이 반가와하면서 착공식 현장에 몰려 들었다고 한다.

"온 개성시가 달라붙어 옆 산을 깎아 내렸는데 그후 나라의 경제사정이 어려워졌습니다. 나라에 손을 내밀지 않고 어떻게 구멍수를 찾으려 했으나 방도가 없었습니다. 세멘트, 강재, 목재 등 모든 것이 모자랐고 고급건물을 일떠세우는 막대한 투자액을 개성시 자체로 보장하기란 불가능한 일이였습니다."

건물을 세우지 못한 조건에서도 대학의 운영은 중단할 수 없었다. 림시건물을 그대로 쓰면서 교실이 모자라면 간막이도 하였다. 김효관 씨는 청사는 없어도 교원의 질이 교육의 질이라는 사고전환을 하여 인재의 발굴과 육성에 힘을 기울였다고 한다. 그 결과 '고려성균관'은 북에서도 가장 앞서나가는 경공업대학의 하나로 성장하였다.

판문군 시가지. 개성공업지구 지정과 함께 개성시로 편입되었다.

"크게 평가받을만한 일이 아닙니다. 아직도 과제는 남아 있습니다. 성균관 옆 산의 성토자리를 볼 때마다 우리가 해야 할 일이 많다고 생각하게 됩니다."

"통일은 바로 여기서 시작됩니다"

통일을 내다보며 고려의 옛 수도를 더 잘 꾸릴 데 대한 구상은 완전히 좌절된 것은 아니다. '고난의 행군' 시기를 지나서 오늘까지도 면면히 이어지고 있다.

개성공업지구의 지정이 중요한 계기점이 되였다. 지난해 11월 북은 개성공업지구를 내올 데 대한 최고인민회의 상임위원회 정령을 발표하고 기본법을 채택하였다.

군사적으로 예민한 분계선도시를 북남경제협력의 본보기로 내세우는 결단은 통일을 전제로 하지 않으면 쉽게 내릴 수 없다.

공업지구에 대한 개성 사람들의 기대는 크다. 공업지구는 공장구역, 상업구역 그리고 현 개성시가지의 관광구역 등으로 구분된다. 공장지구나 상업지구는 남측의 현대아산과 한국토지공사가 개발을 맡아하게 된다. 관광지구의 정비는 개성시가 이미 시작하고 있다. 시에서는 력사유적들을 전면 보수하여 고려 옛 수도의 면모를 더 잘 꾸리기 위한 '2개년계획'을 세워 추진하고 있다.

북남철도가 련결되고 남측의 관광객들이 들어오게 되면 개성역은 력사도시의 앞 현관으로서 기능하게 된다. 개성역장 전명덕(62) 씨에 의하면 리용객들의 증가에 대비하여 역사를 새로 건설할 계획도 검토되고 있다고 한다.

"분단으로 인하여 개성역은 종착역이 아닌 종착역으로 되고 말았는데 북남철도가 련결되면 조선반도의 한복판에 위치하는 역으로서 교통과 물류의 중요한 거점으로 기능을 놀 수 있게 됩니다."

개성역장 전명덕 씨(위). 남북
을 연결할 경의선 도로 연결
공사 구간(아래).

개성시의 중심부 남대문 네거리의 주변에는 조선식 단층 기와집이 처
마를 나란히 한다. 시가 지정한 력사보존구역이다. 이곳에 자리잡은 민
속려관도 시설의 확장을 계획하고 있다.

민속려관은 주민주택으로 리용되어 오던 오랜 조선식 건물들의 내장
을 개조하여 1988년에 개관하였다. 지배인 김현경(60) 씨의 설명에 의

하면 민속려관에는 현재 21동의 집들이 있고 침실은 50실, 100명의 숙박객들을 수용할 수 있다. 래년까지 려관에 린접하는 주민주택들을 다시 개조하여 부지를 2배로 확장하는 계획을 추진 중에 있다. 김현경 씨는 1000명의 수용능력을 가진 '개성시 최대의 숙박시설'로 꾸리는 것이 최종적인 목표라고 말한다.

"외국손님들도 우리 려관에 숙박하면 대단히 좋아합니다. 유럽의 어느 나라 기업가들은 려관의 확장공사를 위한 자금을 내겠다는 제안까지 하였습니다. 앞으로 개성관광이 시작되면 남측 동포들도 민속려관에 숙박하면서 옛 도시의 정서를 느껴볼 수 있을 것입니다."

개성 사람들은 공업지구의 구상을 단순한 경제사업으로 보지 않는다. 경제활동의 목적은 실리의 추구이지만 민족적 관점에서 그 의의를 평가하고 있다.

개성시 인민위원회 대외사업국장 정영철(44) 씨는 공업지구의 성격을 "민족경제의 발전에 이바지한다"고 규정하였다. 그러면서 "사회주의도 자본주의도 아닌, 북과 남이 합의한 법에 따라 운영되는 개성공업지구"의 잠재력에 대하여 이렇게 말하였다.

"우리는 남측이 내놓은 법안을 충분히 검토하여 세계에서 가장 경쟁력이 있는 공업지구 창설을 위한 법을 만들어 내놓았습니다. 우리가 힘과 지혜를 모으면 못해낼 일이 없습니다. 북과 남에는 다른 제도가 존재하지만 개성은 그 차이를 넘어 민족공동의 번영을 모색해나가게 됩니다. 통일이 바로 여기서 시작됩니다."

공업지구 탄생과 함께 사라진 지명, 판문군

남측 관광객들의 참관을 예견하여 력사 도시의 매력을 돋구기 위한 사업들을 정력적으로 밀고 나가는 개성 사람들의 모습을 보니 격세의 감이 없지 않다.

북측의 다른 지방과 대비하면 개성 사람들은 통일과 관련한 문제에서 비관적인 경향이 있었다. 개성 사람들 자신이 인정한다. 북과 남이 무슨 합의를 했다 해도 "통일이란 그리 쉽게 될 일이 아니다"며 들뜨지 않았다. 분계선 도시의 주민으로서 분단의 엄혹한 현실을 항상 목격하면서 생활하기 때문일지도 모른다.

자기 고장에서 철도와 도로를 련결하는 공사가 진행되고 공업지구가 실행단계에 들어서게 되는 현실을 생활 속에 체험하면서 개성 사람들의 의식에서도 변화가 일어난 듯 싶다.

개성공업지구의 지정과 더불어 행정구역의 개편이 이루어졌다. 1개 시와 3개 군으로 구성된 개성직할시를 1개 시(개성시)와 2개 군(장풍군, 개풍군)으로 재구성하고 판문군을 없앴다. 자기 살던 군의 이름이 없어진데 대하여 판문군 인민위원회 행정부장이였던 한재도(57) 씨는 주민들의 심정을 대변하여 말하였다.

"섭섭한 느낌도 없지 않지만 그만큼 통일이 다가왔다고 생각하니 기쁜 마음이 더합니다."

지금의 판문읍 일대는 전쟁 전까지 남측 지역이었다. 경기도 파주군 장단면이라 불리웠다. 판문군의 이름은 정전회담이 진행된 판문점이 있는 곳이라며 거기서 따서 붙인 것이다.

한제도 씨의 견해는 이렇다.

"조국분단이란 현실과 깊은 련관이 있는 판문군의 이름이 사라지는 것은 력사의 필연입니다."

개성 사람들은 북남 사이의 협력, 교류사업에 대해서도 락관적인 견해를 표시하고 있다. 경공업도시 개성에는 6개의 피복공장이 있다. 가장 실적이 높은 개성송도피복공장의 지배인 송종철(54) 씨는 "개성 사람들은 일감만 있으면 본때 있게 해낼 것"이라며 남측과의 공동사업에 자신감을 보였다.

"현 시점에서는 북과 남이 상대측의 경제활동에 대한 리해가 충분하

개성송도피복공장의 숙련공들. 지배인 송종철 씨는 남북 공동사업에 자신감을 보였다.

다고 볼 수는 없지만 동족끼리 일을 하는 것이니 그 무슨 장애가 있어도 능히 극복해 나갈 수 있을 것입니다.”

그는 자기 고향이 서울이라고 하였다.

“고모가 살아 계십니다.”

리산가족의 설움을 북남 협력사업에 대한 열의로 바꾸어 나가는 사람은 피복공장 지배인뿐이 아니다. 개성은 북측에서도 흩어진 가족, 친척들의 인구 비률이 높은 도시이다.

10여 년 전 민족공동의 유산인 옛 도시에 사는 긍지를 간직하게 된 개성 사람들이 오늘은 공업지구의 구상을 놓고 민족이란 주제를 더욱 심화시켜 나가고 있다.

최근 년간 북측에서는 민족의 우수한 전통을 적극 살려나갈데 대한 문제가 중요하게 강조되고 대책들이 세워져 추진되여 왔다.

음력설, 정월대보름을 비롯한 민속명절을 크게 쉴데 대한 조치도 그 일환이다. 노래를 불러도 제 선률로 부르고 춤을 추어도 제 장단으로 춤을 추며 옷을 입어도 제멋의 식을 낸다. 개성 사람들도 반만년의 유구한 력사를 내려오면서 창조된 민족적 전통을 계승 발전시켜 나가려는 사람들이다.

물론 그들도 공업지구에 경제부흥의 돌파구를 보고 있는 것만은 사실이다. 그러나 남녘 동포들과의 공동사업에 대한 기대감은 북녘 동포들이 간직한 뜨거운 민족사랑의 분출로 보아야 할 것이다. 경제적 타산으로서는 헤아릴 수 없는 열의가 옛 도시에 넘쳐 있다. 남측의 열의를 합치면 거창한 꿈도 이루어질 수 있다.

력사 도시의 복구와 공업 도시로의 설계

왕록진 씨의 아들 경철(26) 씨는 현재 고려성균관에서 일용화학을 전공하는 대학생이다. 최근에는 아버지와 아들의 대화도 개성공업지구가 주된 화제라고 한다.

"대학을 졸업하면 민족경제발전에 한몫 단단히 해보자는 것 같습니다. 아들이 사회의 제일선에서 활약할 때는 공업지구도 활성화되어 고려의 옛 수도도 몰라보게 달라질 것입니다."

1990년대 력사 도시의 복구에 떨쳐나선 바 있는 개성 사람들은 공업지구의 전망을 그려볼 때 공장, 기업소가 나란히 일떠선 그런 광경만을 떠올리지 않는다. 개성시 관계자들의 말에 의하면 원상복구를 하게 될 만월대의 설계도면은 이미 1993년에 완성되였다.

종전에는 막대한 투자액부터 먼저 생각하여 료원한 구상으로 여기고 있었지만 북남협력의 새 시대를 맞이하여 현실성을 띤 계획으로 추진해나갈 각오를 다지게 되였다고 시 관계자들은 말한다.

분단의 상징이였던 판문군이 없어지고 천년 전에 일떠선 통일국가 고려의 옛 수도가 본연의 빛을 되찾게 된다. 개성 사람들은 벌써 '21세기 조국통일'이라는 민족사적 사변을 자기의 생활터전에서 그려보고 있는 것이다.

왕록진 씨도 아들과의 대화에서 자신의 미래구상을 이야기한다고 한다. 본인은 그것을 '왕씨 가문의 소박한 꿈' 이라고 부른다.

"언젠가 만월대 왕궁이 복구되겠지요. 그러면 정월대보름날에 그 높은 대지 우에 올라 달맞이를 했으면 좋겠습니다."

김지영 《조선신보》 평양특파원 2003년 4월호, 25호

7·1조치 1년, 그 365일의 기록
토지개혁 이래 최대사변, 시장을 보는 눈이 달라졌다

지난해 7월 1일을 기해 단행된 북측의 경제관리개선 조치. 물가와 임금 등 가격 조정을 통해 경제 전반에 걸친 개혁을 시행한지 1년이 지났다. 7·1조치 이후 북녘 사회는 어떻게 달라지고 있나. 과연 살림살이가 좀 나아졌나? 《조선신보》 평양특파원의 현장취재 보고서.

《조선신보》 평양지국은 대동강반에 자리잡은 평양호텔에 사무소를 두고 있다. 호텔 2층에 카운터형식의 간이매대가 있다. 맥주와 소주, 간단한 안주를 봉사한다. 하루 취재를 마친 기자들이 반드시 들리는 휴식처다.

"오늘 점심시간에 옥류관에 국수 먹으러 갔는데 얼마나 손님들이 많은지, 정말 혼났습니다."

접대원 최윤주(25) 씨는 붙임성이 있는 성격이라 카운터에 앉은 손님들의 흥미를 끌만한 화제를 스스로 잘 꺼낸다. 그의 강점은 단지 화술뿐이 아니다. 얼굴도 잘 생겼고 노래도 잘 부른다.

손님들이 그에게 달아준 애칭은 '홀로 아리랑'. 작년 평양에서 상연된 대집단체조와 예술공연 〈아리랑〉에서 사용된 그 많은 노래를 완전히 통달하고 있기 때문이다. 손님들과 함께 술기운이 돌아갈 때면 〈아리랑〉의 1시간 20분 무대를 독창으로 카운터에서 재현하군 한다.

"국수 한 사발을 위하여 〈아리랑〉 상연시간보다 더 오랜 시간을 기다릴 수야 없지 않습니까. 결국 단념해서 돌아왔지요."

락연합작회사에서 운영하는 군밤, 군고구마 매대. 판매원 들은 모두 아주머니들이다.

15원에서 150원 된 옥류관 국수, 그래도 연일 만원사례

소주를 마시면서 그의 이야기를 들었다. 친구들과 같이 옥류관에 갔더니 손님들이 꽉 차서 건물 안에 들어가지도 못했다고 한다.

지난 시기엔 그런 일이 드물었다. 하루 수용능력과 같은 매수의 식권이 따로 나갔기 때문이다. 평양 시민들이 옥류관 국수를 먹기 위해서는 국수값(15원) 뿐만 아니라 직장이나 거주지역에서 나눠어지는 식권을 같이 내야 했다.

작년 7월 1일을 계기로 상황은 바뀌었다. 나라에서 생활비와 전반적인 가격을 조정하는 조치를 취했다. 옥류관 국수의 가격도 150원으로 올랐다. 동시에 식권제도도 폐지됐다.

누구든 돈만 내면 언제든 요구하는 만큼 국수를 먹을 수 있게 된 셈인데 조치의 첫 시기엔 평양의 가장 이름난 식당도 쓸쓸하였다. 새로운 국수가격은 이전에 일반 로동자들이 받았던 한달 생활비보다도 높은 수준이었다.

"그 이후 옥류관 처녀들의 봉사도 많이 바뀌었다고 합니다. 종전에는 나간 식권의 매수만큼 자동적으로 손님들이 찾아 왔지만 이제는 영업 노력을 해야 하니까요. '어서 오십시오', '다시 오십시오' 옥류관 처녀 들이 손님들에게 그렇게 인사하는 모습을 전에 본 적이 있었나요?"

말하자면 "그런데 우리는 그들과 달리 항상 손님 위주의 봉사를 명심 해왔다"하는 뜻이다. 같은 봉사원으로서의 경쟁의식일까, 옥류관에 넘 쳐드는 손님 때문에 점심을 굶어야 했던 원한(?) 때문일 수도 있다. '홀 로 아리랑' 의 말법은 여느 때 없이 공격적이었다.

여하튼 최윤주 씨가 말하듯이 최근 옥류관이 손님들로 련일 흥성거리 고 있는 것은 사실이다. 접대원들의 정성어린 봉사가 은을 낸 측면도 없지 않지만 무엇보다 시민들이 가격조정 조치 이후의 새로운 생활환 경에 익숙해 졌다는 점이 가장 큰 요인일 것이다.

국수 가격이 올랐지만 그에 상응한 생활비도 받게 되었다. 수입과 지 출을 계산하면서 국수를 먹는 회수를 마음대로 정할 수 있는 생활이 그 다지 나쁜 것은 아니다.

술군들이 모여드는 평양호텔 카운터에서는 경제관리개선조치 이후 북측 사회에서 나타나고 있는 이러저러한 '변화' 들이 화제에 오르군 한다. 최윤주 씨처럼 세부적인 문제에서는 비판적인 시각도 없지 않지 만 전반적인 흐름에 대한 사람들의 평가는 대체로 긍정적이다. 갑작스 러운 변화에 당혹하면서도 한편에서는 그것을 즐기는 모습이다.

"통일거리의 군고구마 매대가 새로 단장하는 것 같애."

《조선신보》의 현지직원이 '대동강맥주' 를 마시면서 새로운 화제를 꺼냈다. 그는 평양시의 거대 주택구역의 하나인 통일거리의 고층아파 트에 산다.

"매대 판매원들은 작년까지는 집에서 놀고 있었던 아줌마들인데 그들 이 겨울철에 군밤, 군고구마 매대운영을 잘해서 소문이 났거든. 이번 여름에는 얼음과자나 단물을 팔겠다고 그래요.”

봉사에 눈뜬 것은 비단 옥류관 처녀만이 아닌 것이다. ‘아줌마 매대’와 관련한 그의 이야기의 취지는 경제관리개선조치가 취해진 후 누구나가 경제활동에 진지하게 달라붙게 되었다는데 있다.

그동안 남편의 부양가족으로 있으면서 가정일을 맡아 하던 가정부인들은 경제수입이란 단어와 인연이 없는 존재로 인식돼 왔다. 물론 일부에는 농민시장에 나가 물건을 파는 녀성들도 없지 않았지만 통일거리의 매대는 그와 차원이 다르다. 분명한 국영기업소의 하나인 것이다.

최윤주 접대원이 이야기에 끼어 들었다.

“가정부인들 속에 재간이 있는 녀성들이 많아요. 기회가 없었던 것뿐이지요. 우리 어머니도 최근에 직장을 다니게 되였는데 기자 선생들이 우리 집에 한 번 놀러 와서 그 이야기를 들어보면 좋겠어요.”

기자의 기억으로서는 최윤주 씨가 카운터의 손님을 자기 집에 초청하겠다고 말한 것은 처음 있는 일이었다. 본심인지 아니면 봉사의 일환인 외교적 수사인지 알 수가 없으나 지난날에 없었던 일들이 카운터의 술자리에서 종종 벌어지군 한다.

통일거리에 등장한 ‘아줌마 매대’, 64분의 57의 성공

실리사회주의.

북측 사회의 분위기는 확실히 달라졌다. 경제관리개선조치는 사람들의 모든 생활 령역에서 변혁의 바람을 일으키고 있다. 옥류관 처녀의 변화된 일본새가 보여주듯 이 조치는 ‘건달군’ 을 허용하지 않는다. 나라의 모든 성원들이 ‘일군’ 으로서 제 몫을 담당할 것을 요구한다.

종전에는 공장, 기업소에 국가계획의 수행률이라는 ‘서류상의 실적’ 만이 있었지만 이제는 ‘번 수입’ 즉 벌어들인 현금을 가지고 평가를 받게 되였다. 작년 7월에 생활비 및 전반 가격이 조정되면서 ‘일한 만큼,

벌어들인 만큼 분배를 받는다'는 원칙이 철저히 관철되게 되였다.

가정생활에서도 마찬가지다. 그동안 국가재정의 지출로 유지돼 왔던 사회적 시책이 재검토되고 모든 상품가격이 '원래 가격'으로 조정되였다. 나라에서 주는 식권만 있으면 생산원가보다 헐값으로 옥류관 국수를 먹을 수 있었던 것은 과거의 일이다.

이런 새로운 환경에서 살림을 꾸리자면 수입이 있어야 한다. 카운터에서 화제에 오른 '아줌마 매대'는 그러한 가정부인들의 요구를 제 때에 포착하여 그들의 능력을 이끌어냄으로써 봉사업의 새로운 형태를 만들어 내는데 성공한 사례다.

'아줌마 매대' 운영기업은 인민봉사총국 산하 락연합작회사. 작년말, 회사측은 통일거리에 화려한 간판을 내건 조립식 매대를 16개 설치하였다. 그리고 락랑구역 인민위원회를 통해 매대 판매원을 새로 모집해, 한 매대에 4명씩, 64명의 가정부인들을 채용하였다.

락연합작회사 리순희(52) 사장의 말이다.

"통일거리는 주택구역으로서 부근에 공장, 기업소가 없는데 직장에서 일을 하고 싶다는 가정부인들은 많아요. 기업소 책임자가 착상하면 얼마든지 일감을 줄 수 있어요. 주민들과 접촉하면서 고구마를 판다, 통일거리 아줌마들보다 이 일을 더 잘할 수 있는 사람이 따로 있을까요."

리순희 사장에 의하면 가정부인들에게는 두 가지 선택지가 있었다고 한다. 직장을 얻어서 일을 하겠는가 아니면 농민시장에서 장사를 하겠는가.

락연합작회사 리순희 사장. 2002년 아주머니를 고용해 통일거리에 16개의 매대를 세워 성과를 거뒀다.

"그래도 직장을 다녀야 나라를 위해 일 한다고 인정받게 되는 것 아닙니까. 본인들도 조직생활을 누리게 되니 의식도 높아지고 자기가 하는 일에 보람도 느낄 수 있지요."

군고구마 판매원의 근무시간은 아침 9시부터 저녁 7시까지다. 가정일만을 보던 시기와 달리 규칙적인 생활을 하게 된다. 리순희 씨에 의하면 처음 채용한 64명의 판매원 가운데 도중에서 퇴직한 사람은 7명뿐이다. 64분의 57. 7 · 1조치 이후의 환경변화에 사람들이 어떻게 적응하였는가를 판단하는데 많은 것을 시사해주는 수자다.

리순희 씨는 16개의 매대를 경쟁식으로 운영했다. 매상고는 물론 판매원들의 봉사에 대한 손님들의 평가도 고려하였다. 보수도 상응하게 주었다. 락연합작회사는 나라에 바치는 리득금과 매대 운영에 필요한 자금의 액수를 먼저 정하고 그보다 많은 매상고를 달성하면 판매원들의 보수에 돌리도록 하였다.

독자적인 보수제는 가정부인들의 일 욕심을 돋구었다. 집에 박혀 있던 녀성들이 동네 주민들을 상대로 나름대로 '새 맛이 나는 봉사'를 창안하기 위해 모든 노력을 다하게 된 것이다.

"남편이 2000원의 로임을 받는데 안해가 5000원의 로임을 받을 수 있는 공간을 우리 매대가 제공한 거예요. 종업원들에게 일감을 주어야 경영자로서의 책임을 다했다고 말할 수 있지 않습니까. 그를 위해서는 수요를 찾아내고 그를 충족시키는 방도를 생각해 내야 합니다."

판매원들에 대한 독자적인 보수제를 실시할 수 있었던 것은 락연합작회사가 '새 맛이 나는 장사'를 추구하여 성과를 거두었기 때문이다. 리순희 사장은 무엇보다도 '상품의 질'을 중시하였다.

"생산, 유통, 판매의 합리적 재편성"

우선 원자재의 확보문제부터 해결하였다. 지난날 사회주의경제관리에서는 원자재 공급은 나라가 책임지게 되어 있었다. 생산자는 별로 떠돌아다닐 필요 없이 확보된 원자재를 가지고 계획을 수행하면 되었다.

고구마 매대도 마찬가지였다. 례컨대 100톤의 원자재가 할당되었다면 계렬기관인 공급소가 원산지에 나가서 100톤의 고구마를 화물차에 가득 싣고 온다. 단번에 많은 량을 실어 보내면 고구마가 상할 수도 있는데 공급소는 수송량만 보장하면 되니 상관이 없다.

매대를 운영하는 봉사부문도 보장된 원자재만 소비하면 된다는 식으로 일하니 상한 고구마는 얼마 안가 썩게 되고 나중에는 버리게 된다.

"수확기인 10월에 우리가 직접 원산지까지 나가 고구마를 상자에 하나씩 담았지요. 남들이 100톤 나르는 비용으로 10톤밖에 나르지 못했지만 필요한 투자라고 생각했어요. 우리는 발포제를 가지고 겨울철 추위에도 고구마의 질을 보장할 수 있는 보관설비도 마련했습니다."

리순희 씨는 고구마를 고유한 맛과 향기가 나게 구울 수 있는 구이로도 도입하였다. 원가를 계산하니 군고구마의 가격은 키로당 50원. 그래도 손님들은 많았다. 수확기인 10월에는 키로당 10원이였던 고구마 가격이 봄철에는 65원까지 오른다. 이 때쯤이면 원자재를 무작정 실어 날라놓고 보관에 신경 쓰지 않았던 다른 매대들에는 상품으로 내놓을 만한 고구마가 없었다.

"비용이 들어도 그만큼 회수하면 되는 것입니다."

지난날에는 보기 드물었던 사고방식이다. 리순희 사장은 가을부터 봄 계절까지 안정된 고구마 공급을 실현한 경험을 바탕으로 하여 다음 단계의 사업을 구상하고 있다. 시내의 봉사 부문에 각종 원자재를 제공하는 종합적인 도매시장의 운영이다.

"충분히 수요가 있습니다. 평양의 식당에 가보세요. 차림표에는 분명 있는데 주문을 받지 못하는 료리가 있지 않습니까. 여름철 아닐 때 손님들이 풋고추돼지볶음을 주문하면 접대원은 별로 난처해하는 기색도 없이 '없습니다' 라고 대답해요. 여름철에는 풋고추가 많은데 다른 계절에는 없기 때문이지요. 손님들도 거기에 익숙되여 그것이 당연하다고 생각하고 있습니다."

리순희 사장은 온실을 꾸리거나 가공방법을 연구하면 어느 계절에나 각종 남새나 버섯, 조개 등을 제공하는 도매상점을 내올 수 있다고 판단하였다.

북에서는 농산물이나 수산물의 도매가격에 대해 나라가 기준가를 정한다. 농수산물들이 상점들에서 실지로 거래될 때는 기준가의 130%까지의 인상폭이 허용되고 있는데 리순희 씨는 원가를 정확히 타산하여 그 중간정도의 판매가격을 실현할 결심이다.

조금 비싸도 년간을 통해 안정된 가격을 유지하면 인기를 얻을 수 있고 더우기 겨울철에 여름 남새를 내놓을 수 있으면 리득을 독점할 수 있다는 판단이다.

락연합작회사는 작년 7·1조치 이후 생물학, 화학, 컴퓨터 분야 전문가들로 농산물이나 수산물의 가공, 보존을 연구하는 특별팀을 조직하였다. 올해 사업을 성과적으로 결산하면 래년에는 얻은 리익의 20%를 종합적인 도매시장을 내오는데 돌릴 계획이다.

"경제관리 개선으로 '번 수입에 의한 평가' 를 받는 체계로 전환되면서 이처럼 기업소가 사업확장에 필요한 현금을 손에 쥘 수 있게 되었습니다. 나는 이번 개선조치의 방점이 여기에 있다고 생각합니다."

각 부문의 계획 수행 정형이 행정표로만 확인된 지난날은 그렇지 않았다. 례컨대 옷공장에서 생산물을 백화점에 넘기면 백화점에서는 공장측에 '위임장' 을 준다. 공장은 그것을 가지고 원자재인 천을 받는다. 종전의 경제활동은 그것을 반복하는 과정이었다.

경제관리가 개선됨으로써 나라에 '번 수입' 을 바치면서도 기업소가 남은 돈으로 확대재생산의 구상을 자기 결심으로 추진할 수 있게 된 것이다.

리순희 씨가 말하는 생산과 류통, 판매의 일원화 및 그 합리적 재편성은 이제껏 아무도 해보지 못한 일이다. 실리추구라는 목표가 뚜렷치 않았던 시절에는 군고구마의 실례가 보여주듯이 생산, 류통, 판매의 각 부문이 제각기 자기 일만 수행했기 때문이다. 전체를 살펴보고 리익을 내는 방법을 계산한 사람은 없었다.

리순희 씨는 봉사부문에서 일대혁신을 일으켜야 할 필요성을 강조한다. 그가 주장하는 '류통혁명' 론이 보여주듯 경제관리개선조치는 많은 경영자들이 보다 넓은 시야를 가지게 되는 계기로 되었다.

그러한 경영자들에게 공통되는 것은 단순히 자기 기업의 리익만을 추구하는 것이 아니라 국가경제의 부흥이라는 관점에서 의욕적인 경영전략을 세우고 있다는 점이다. 그들의 표현을 빌린다면 바로 그것이 "실리사회주의가 자본주의와 차이나는 점"이다.

이같은 경향은 특히 대외경제부문에서 두드러지게 나타나고 있다.

"우리는 외국에서 일감을 받아 자기 돈주머니를 채우자는데 목표를 두지 않습니다. 다음 단계의 구상이 있습니다."

아침-판다 콤퓨터합영회사 사장 김남호(59) 씨는 '인민경제의 정보화'가 자기 회사의 '전략적 목표'라고 말한다.

북중 합영기업인 아침-판다 콤퓨터합영회사의 컴퓨터 조립, 생산라인.

아침-판다 콤퓨터합영회사에
서 생산한 제품(왼쪽). 아침-판
다 콤퓨터합영회사의 김남호
사장(오른쪽).

아침-판다 콤퓨터는 북에서의 첫 국산콤퓨터다. 전자공업성 산하 전자제품개발회사가 중국 남경판다전자집단유한공사와의 합영으로 작년 가을부터 컴퓨터를 조립, 생산하고 있다. 년간 생산대수는 13만 5000대. '아침'이란 상표는 맑은 아침의 나라 조선을 상징한 것이다.

아침-판다 컴퓨터합영회사의 '프로젝트 X'

김남호 씨가 전자제품개발회사 사장으로 취임한 것은 1993년의 일이다. 국영기업인 전자제품개발회사에는 당시 나라의 콤퓨터산업을 일으키고 주도하는 역할이 기대되고 있었다.

"외국산 콤퓨터를 뜯어서 내부를 보았더니 우리가 세계 시장과 기술 발전 추세를 계속 주시한다면 인차 해낼 수 있다고 생각했습니다. 원리적으로 보면 뜨락또르보다 쉬운 것입니다. 우리가 가장 빨리 따라 잡을 수 있는 부문이 전자공업이라는 확신을 가지게 되었습니다."

전자제품개발회사는 지난 10년간 여러 나라 기업과 합영사업을 꾸준히 진행하였다. 임가공이 대부분이였지만 그 과정에 전자공업과 관련한 기술을 습득하고 인재를 육성하였다. 동시에 자본주의나라 기업들의 경영방법에 대한 리해도 깊여나갔다.

"한때 회사의 경영방법이 옳은가, 고민도 하였습니다. 남의 나라 부품을 가져와서 조립만 한다는 건 예속경제가 아닌가. 우리나라의 자력갱생 로선과 어긋나지 않을가. 그렇지만 최종적으로는 마음을 정하였습니다. 정보산업이 최첨단 기술을 틀어쥐는 부문인데 몽땅 자기의 것으로 해내자면 세계무대에 나설 수 없다. 그러면 처음부터 승부를 포기하는 것이 아니겠습니까."

아침-판다 콤퓨터의 제품은 국내수요에 돌려지게 된다. 그러나 공장에서는 해외시장을 겨냥한 생산체계를 처음부터 갖추었다. 종전에는 북측의 많은 공장이 국내수요를 념두에 두고 생산체계를 설계하였지만 경제관리개선조치가 취해진 후는 대외경제의 요구에 맞게 체계를 전환하는 공장도 적지 않다. 전자제품개발회사의 경우는 중국 기업과의 합영이 그 계기를 제공한 셈이다.

"생산기지는 우리의 발판입니다. 세계 표준의 기술에 립각하여 우리의 두뇌를 수출해나가는 것이 다음 단계의 사업입니다."

김남호 씨에 의하면 이곳 회사 기술진이 다른 나라 기업에서 위탁받은 제품을 조립하면서 그 전자기판의 불합리한 부분을 찾아낸 바 있다고 한다. 기술진은 새로운 기판의 설계도면을 그려서 제출하였다. 이처럼 전자산업 부문에서는 그 무슨 장치 없이도 노하우만 가지고 얼마든지 출로를 열어나갈 수 있다는 것이 김남호 씨의 판단이다.

회사에서는 콤퓨터를 조립, 생산하는 한편 그러한 두뇌전을 위한 특별팀을 구성, 연구사업을 추진하고 있다. 그 내용은 철저히 비밀에 붙이고 있다. 회사에는 종업원들도 마음대로 드나들지 못하는 구역이 존재한다고 한다. 김남호 씨는 그 연구사업을 '플로젝트 X'라고 불렀다.

"플로젝트 X로 벌어들인 돈은 인민경제의 정보화를 실현하기 위한 자금입니다. 우리 공장이 년간 13만 5000대의 콤퓨터를 생산하지만 이것만 가지고서는 정보화사회로 이행하는 오늘의 과제를 풀 수 없습니다. 나라의 돈주머니를 채워주어야 합니다."

김남호 씨는 아침-판다 콤퓨터의 생산체계를 정보화 촉진을 위한 수단으로 백방으로 리용하기 위한 구상도 펼치고 있다. 회사에서는 주문생산을 기본으로 콤퓨터 판매계약을 맺고 있다. 중앙처리소자(CPU), 주기억(RAM), 하드디스크(HDD) 등 구매자가 요구하는 컴퓨터 요소들의 성능을 지정하면 20일 내에 제품을 조립하여 넘겨줄 수 있는 체계를 갖추고 있는 것이다.

주문생산은 기성모델을 그저 판매하는 것보다 품이 드는 공정이지만 충분히 타산하여 실리를 따진 결과 내린 판단이라고 한다. 회사에서는 주문생산을 함으로써 손님들이 주로 어떤 성능의 콤퓨터를 사용하고 있는가를 파악할 수 있다.

앞으로 보다 성능이 높은 콤퓨터가 나오면 손님들에게 어느 요소를 교환해야 하겠다는 정보를 주고 공장에서 그것을 실현한다. 한편에서는 회수한 낡은 요소를 가지고 콤퓨터도 조립한다.

"최신형에 비하면 성능은 떨어지지만 낮은 가격으로 판매할 수 있습니다. 우리나라에서 콤퓨터를 더 빨리 그리고 더 광범위하게 보급하기 위해서는 꼭 필요한 공정이라고 생각합니다."

7·1조치가 물가상승 부른다?

북에서의 경제관리 개선과 관련하여 다른 나라의 분석가들이나 언론들은 생활비 및 전반 가격의 조정조치와 이로 인한 '물가상승' 우려를 부각시키는 경향이 없지 않다.

그러나 북측 사회에서 일어나고 있는 변화는 경제에 대한 북측 사람들의 의식, '실리'라는 개념에 대한 그들의 관점에 초점을 맞추어서 고찰하지 않으면 그 전체상을 파악할 수 없을 것이다.

이른바 7·1조치는 경제관리 개선을 위한 공정의 일부분이며 그 전체가 아니다. 경제활동에서 가격이란 '계산의 기초' 임에도 북에서는 오

2005년 7월 평양 시내 중구역 중구시장 모습. 북 당국은 2003년 3월 '농민시장'을 '시장'으로 이름을 바꾸고, 공산품의 유통까지도 허용했다. 이 조치로 평양의 각 구역과 전국의 주요 도시에는 새로 시장건물들이 조성되고 있다.

랫동안 '인민적 가격정책'에 따라 상품의 가치보다 상품의 가격을 훨씬 낮게 책정해 왔다. 15원짜리 옥류관 국수가 그 실례다.

국가재정의 지출로 이루어진 이러한 '소비자 위주의 가격'은 생산단위들이 경제활동에서 실리를 따지는 기초로 될 수 없다. 돈을 제대로 안 벌어도 공장, 기업소는 유지되고 근로자들의 생활도 보장될 수 있었기 때문이다.

따라서 공장, 기업소들에서 독립채산제를 철저히 관철하여 국가경제를 추켜세우기 위해서는 '생산자 위주'로 가치에 상응한 가격과 생활비를 정하여 그들의 일 욕심을 불러일으킬 필요가 있었다. 7·1조치의 목적은 바로 거기에 있었다.

7·1조치는 북측 인민들의 경제관념을 근본적으로 전환시키는 조치였다. 국가가격제정국 강경순 종합처장은 "인민들은 이를 1940년대의 토지개혁과 맞먹는 일대 사변으로 간주하였을 것"이라고 말한다.

"처음에는 당황했을 수 있는데 서서히 새로운 환경에 적응해 나갔습니다. 실리란 무엇인가, 그에 대한 기본적인 인식을 갖추게 되었다고 봅니다."

작년 7월 이후에도 가격 조정은 부단히 이루지고 있다. 강경순 처장은 "가격은 고정불변한 것이 아니다"라고 강조한다.

그의 설명에 의하면 내각 성, 중앙기관과 각 도에 있는 가격국에서 생산원가를 산출한 자료가 제출되면 국가가격제정국 일군들이 현장에서 료해사업을 벌려 불합리한 가격은 고친다. 농민시장의 가격도 고려하여 그 인상을 방지하기 위한 국정가격의 조정도 제 때에 진행한다고 한다.

"례컨대 분·우유 등 탁아소, 유치원에 공급되는 어린이용 식료품의 가격은 작년 7월 당시보다 30~50% 낮추었습니다. 국가재정으로 생산원가보다 낮은 가격을 실현하여 어린이들에게 혜택이 차례지도록 한 것입니다. 한편 비단천과 같은 기호품, 사치품의 가격은 올렸습니다."

강경순 처장에 의하면 연료, 전력, 자재 등 생산원가에 직접 반영되는 가격 그리고 쌀값이나 주택비 등 인민들의 생계와 직접 관련되는 가격들은 일체 변동시키지 않았다고 한다.

"인민들의 생활을 책임진다는 것이 우리의 사회주의제도입니다. 우리의 가격조정은 시장경제에서의 가격변동과 차이납니다. 인민생활의 보장을 첫 자리에 놓고 국가가 계획적으로 추진하는 가격조정입니다."

쌀값, 주택비 등 1차 대중소비품의 가격에 기초하여 인민들의 생활비를 산출한 것인 만큼 그것이 변동되지 않는 조건에서 그 전제로 된 가격을 함부로 변동시키지 않는다는 설명이다.

생산성 오른 만큼 생활비 인상, 논리적으로는 인플레 불가능

강경순 처장은 계획적인 가격조정에 대하여 말하지만 그것은 모든 가격이 천편일률식으로 제정된다는 것을 의미하지 않는다.

경제관리개선조치가 취해지면서 나라에서는 주요제품의 가격만을 제정하게 되였다. 시, 군 단위에서 공급하는 제품들에 대해서는 해당 단위에서 수요와 공급의 균형을 보아가며 가격을 조정하는 권한을 부여하였다. 150원이라는 옥류관 국수의 새로운 가격도 나라에서 내려먹인 가격이 아니다.

식당이 손님들로 련일 흥성거리고 있는 것만큼 앞으로도 가격이 변동될 수 있는데 그럴 경우 해당 행정기관과 토의를 붙여 결론을 받아야 한다. 이 때 행정기관에서는 다른 식당들과의 균형도 고려하면서 '계획적으로' 가격을 조정하게 된다.

"우리의 가격조정조치와 관련하여 다른 나라들에서는 인플레가 일어나고 있다느니 하면서 사실을 왜곡하고 있는데 현재의 생활비 수준에서 인플레는 일어날 수 없습니다. 지난해 가격 조정할 때 우리는 생산이 아직 정상화되지 못하고 있는 나라의 실정을 고려하여 상품 가격의 총액보다 생활비의 총액을 낮게 설정하였습니다."

7·1조치에 따르면 근로자들이 생산계획을 80% 수행하면 80%의 생활비만을 받고 200% 수행하면 200%의 생활비를 받게 된다. 생활비가 오른 것만큼 나라의 물질적 부를 더 많이 생산하는 것이기 때문에 "론리적으로는 돈만 남아돌고 물건은 없어 물건값이 오르는 인플레 현상이 일어난다고 볼 수 없다"는 것이 강경순 처장의 설명이다.

사회주의라 하여 인플레의 가능성이 전혀 없다고 말할 수는 없다. 북의 경제관리들은 그런 요소가 조금이라도 포착되면 내각에서 가격, 재정, 금융 등 여러 경제적 수단을 리용하여 인플레를 사전에 방지하는 대책들이 강구된다고 일치하게 지적한다.

화폐류통을 조절하지 못하면 인플레를 조성할 수 있는데 조선에서는 은행기관이 분기마다 내각의 비준을 받으며 현금류통 및 대부계획을 세운다. 말하자면 이 달에 현금이 얼마나 나가고 얼마나 들어오겠는가를 국가가 조정한다는 것이다. 돈이 많이 나갔다면 그만큼 회수하기 위한 대책을 나라가 세워야 한다.

작년 7월 이후도 수입과 지출에 편차가 없는 것은 아니지만 그 폭은 상당히 낮다고 한다. 국가계획위원회 최홍규 국장은 "례를 들어서 지난 시기의 편차가 2배로 생겼다면 작년 7월 이후의 편차는 1.2배나 1.3배에 머물고 그 이상의 수준으로 올라가지 않는다"고 설명한다.

"지불능력이 있는 수요를 보장하지 못하면 가격이 오릅니다. 인민들은 신발을 요구하는데 신발을 계획대로 생산 못하면 시장에서 신발값이 오르는데 이제는 지불능력이 있는 수요에 따라 국영상점의 신발가격도 능동적으로 조정하기로 되여 있습니다. 그리고 신발이 모자라면 공장에서 생산을 늘이기 위한 대책을 세웁니다."

'번 수입에 의한 평가', '생산자위주의 가격 조정'의 목적이 생산주체의 의욕제고에 있는 것만큼 경제관리 개선은 우선 생산 장성의 실적으로 판단될 수 있다.

지난 3월에 진행된 최고인민회의 제10기 제6차회의 보고에 의하면 작년의 공업총생산액은 전년에 비해 112%로 장성하였다고 한다. 북의 경제행정일군들은 이를 매우 긍정적인 징조로 보고 있다.

특히 석탄의 증산에 의한 연료와 전력문제의 해결 등 국가적인 견지에서 의미 있는 진전들도 나타나고 있다. 작년의 전력생산량은 전년에 비해 129% 늘어났다. "지금은 전반적인 경제순환이 정상화되여 나가는 과정으로 보아야 한다"는 것이 경제행정일군들의 설명이다.

"현대산업에서 기초이며 심장이라 할 수 있는 에네르기공업의 장성은 전반 경제의 활성화를 위한 조건입니다. 물론 아직은 넉넉한 수준이 못 되지만 우리는 지난 1년 간의 경험을 통해 경제부흥의 중심고리를 풀어나갈 수 있다는 확신을 얻었습니다."

최홍규 국장은 그러한 '확신'을 국가계획위원회의 모든 일군들이 공유하고 있다고 말한다.

북에서는 인민경제를 기술 개건하기 위한 전망계획을 세우고 당면 올해부터 '연료·동력문제를 풀기 위한 3개년 계획'을 추진하게 된다.

"사회주의 하지만 시장 기능 헐시해선 안 돼"

최홍규 국장에 의하면 연료, 동력을 3년 동안에 어떻게 풀겠는가, 그

국가계획위원회 최홍규 국장.
"시장도 상품유통의 한 형태"
라 설명한다.

를 위한 대책을 세부에 이르기까지 세워 연료, 동력문제가 풀릴 경우 금속은 얼마나 할 수 있고 화학비료는 얼마나 할 수 있다는 식으로 부문별로 지표를 준다. 이러한 1단계 사업이 성과적으로 끝나면 다음에는 최첨단 기술을 받아들이는 전면적인 기술개건을 실현해나가게 된다.

"2단계에서는 나라의 공업구조나 생산력 배치에서 불합리한 것들을 고치고 새로운 공업도 창설해 나가게 됩니다."

'연료, 동력문제를 풀기 위한 3개년 계획'은 종전에 북에서 세워진 경제전망 계획과 대비해볼 때 과녁이 뚜렷하며 보다 실속있게 세워진 계획이라 할 수 있다.

경제관리개선조치 이후 북의 경제행정일군들은 '우리 식'에 대한 자신감을 더욱 굳힌 것 같다. 관습과 규률에 도전하면서도 두려움의 기색은 별로 없다. 사회주의경제의 현안문제를 론하면서도 "낡고 뒤떨어진 것은 대담하게 버려야 한다"고 잘라 말하는 경우가 많다.

국가계획위원회의 오랜 일군인 최홍규 국장과 이야기를 나누는 중 가장 인상 깊었던 것은 '시장'에 대하여 설명하는 그의 담담한 모습이었다.

북에서는 지난 3월말부터 '농민시장'을 '시장'으로 부르게 되였다. 농산물만이 아니라 각종 공업제품도 거래되고 있는 현실에 맞게 이름을 고쳤다고 볼 수도 있는데 보다 중요한 점은 시장의 기능에 대한 관점을 전환시켰다는 데 있을 것이다.

"시장도 상품류통의 한 형태입니다. 우리가 사회주의를 하지만 시장의 기능을 헐시해서는 안됩니다. 오늘의 현실에서는 인민생활과 밀접한 봉사망의 일환으로 보아야 할 것입니다."

농민시장은 이른바 '암시장'이 아니다. 국가경제와 동떨어진 존재로 보는 견해는 원래 사실과 다른 것이다. 이 곳에서 거래되는 상품의 가격은 해당 행정단위에서 그 상한을 정해왔다. 수요과 공급의 균형에 따라 변동이 있을 수 있지만 상한선을 넘을 수는 없으므로 농민시장은 '자유가격제'가 아니었던 것이다.

그래도 최홍규 국장의 시장의 기능에 대한 적극적인 평가는 파격적인 것이라 하지 않을 수 없다. 그야말로 눈앞이 아찔할 정도의 급격한 변화이다.

현재 북측 사회에서 시장이 사회적인 수요를 충족시키는 공간으로 기능하고 있는 것만은 사실이다. 그 활력을 흡수해 인민경제의 저력을 발휘해 나가자는 것이 7·1조치의 '시장' 정책일까. 전체 인민이 '일군'으로서 제 몫을 담당할 것을 요구하는 경제관리개선조치는 이처럼 대담하고 유연한 정책추진이라는 특징을 보이고 있다.

"시장의 운영과 관련한 내용은 앞으로 현장에서 확인할 수 있을 것입니다."

최홍규 국장은 참으로 간단하게 말하였다. 기자의 기억으로는 북의 경제행정 일군이 시장에 대한 취재문제를 스스로 언급한 것은 처음이었다. 이전까지 농민시장은 결코 취재하기 쉬운 곳이 아니었다. 최근에는 취재현장에서도 지난날에는 상상하기 힘들었던 일들이 벌어지는 경우가 더러 있다.

"취재라는 격식 차리지 말고 저녁식사나 함께 합시다."

평양려관 2층 카운터 접대원 최윤주 씨의 초청으로 지난 3월말 기자는 그의 집을 방문했다. 경제관리개선조치가 요구하는 '일군'들의 생활 모습을 엿볼 수 있는 기회였다.

평양 시민 최세화 씨 가정의 7·1조치

최윤주 씨의 모친 김옥련(52) 씨는 올해 초부터 평양시의 승강기사업소에서 직장생활을 시작했다고 했다.

"남편이나 딸이 수천 원씩 생활비를 받아오는데 그건 나라의 경제발

평양려관 2층 카운터 접대원 최윤주 씨 가족의 단란한 모습. 네 식구 모두 직장에 다니고 있다.

전을 위해 얼마나 이바지하였는가를 증명해 보이는 것이 아닙니까. 내가 집에 가만히 앉아 있다가는 안해로서 그리고 어머니로서 제 구실을 할 수 없다고 생각한 것입니다."

김옥련 씨는 직장을 다니게 된 것이 "결코 돈만을 위한 결단이 아니다"라고 하였다. 어머니가 직장을 다니게 되니 딸들도 가정 일을 분담해야 했는데 아무 불평 없이 부엌일을 척척 해내었다. 최윤주 씨는 "어머니가 부양가족으로 있다는 것이 창피한 일이였지만 지금은 어렵고 힘든 일자리를 택한 어머니가 자랑스럽다"고 했다.

최윤주 씨의 부친 최세화(56) 씨의 직책은 평양시인민위원회 도시경영국 부국장. 현재 수도의 주요거리를 개건, 현대화하는 공사를 책임지고 있다.

"모든 사람들이 어제보다 두 몫, 세 몫 더 많은 일을 하지 않으면 안되게 되였지만 오히려 긍지와 보람을 안고 살 수 있는 좋은 기회로 받아들여야 할 것입니다."

최씨 일가의 생계에 대하여 물었다. 최세화 씨와 그의 안해, 막내딸

최운화(22) 씨의 로임은 각각 3500원, 2000원, 1500원이다. 최윤주 씨의 경우 평양려관에서 정해진 기본로임은 1500원이지만 매달 '계획을 넘쳐 수행'하여 3000원 이상을 받는다고 한다. 기자를 비롯한 카운터 손님들의 주량이 그의 생활비에 반영되고 있는 셈이다.

"나라에서 공급되는 쌀이 키로당 44원, 우리 식구가 먹고사는데 쌀값은 한 달에 1600원이면 되고 아빠트나 전기값도 400원을 넘지 않습니다. 물론 국영상점에 없는 것들은 시장에서 구입해야 하지만 어떻게든 가계를 꾸려나갈 수는 있습니다."

김옥련 씨는 생계와 관련한 기자의 끈질긴 질문에 의아해하는 표정이었다. 가족의 행복을 돈으로만 생각하는 것은 '너무도 자본주의적인 발상'이라는 것이다.

실리사회주의는 북측 사회의 모든 령역에 변화를 가져왔지만 여전히 변화되지 않은 부분이 있는 듯 싶다. 경제관리개선조치로 평양이 베이징이나 하노이를 닮아갈 것이라는 분석은 분석대상의 핵심 특성을 놓치고 있다. 북측 사람들이 사람을 사회적으로 인정 평가하는 호칭인 '일군'은 우선 집단을 위해 헌신하는 사람을 일컫는다는 점이다. 그들은 지난 50년간 그렇게 살아왔다.

저녁식사를 마친 후 '오락회'가 시작됐다. 두 명의 딸이 기타 반주에 맞추어 노래를 부르기 시작하였다. 노래 제목은 〈강성부흥 아리랑〉. 집단체조와 예술공연 〈아리랑〉에서도 불리운 노래다.

한 달 생활비를 쓰고 남은 돈은 "딸들의 결혼을 위한 준비금으로 저축한다"던 부모들이 만족스러운 미소를 띠며 말하였다.

"기자 선생, 이들이 우리의 가장 큰 재산입니다."

여기는 평양, 바로 그것을 실감케 하는 밤이었다.

김지영 《조선신보》 평양특파원 2003년 8월호, 29호

북의 '386세대' 기업소 지배인들
"실리가 나지 않는 것은 필요 없다"

북의 기업소 지배인(책임자)들이 확 젊어지고 있다. 이른바 386세대들이 북의 대표적 기업체들을 이끌어 나가고 있는 것. 북의 경제일꾼인 이들의 신념과 가치관은 무엇인가. 그들이 생각하는 '실리 사회주의'란? 《조선신보》 평양특파원이 이들을 밀착취재 했다.

그를 처음으로 만난 것은 지난 9월. 최고인민회의 제11기 제1차회의가 진행된 이튿날이였다.

회의에 참가한 최고인민회의 대의원들을 취재하기 위하여 그들의 숙소인 평양 고려호텔을 찾았다.

전국의 선거구에서 선출된 대의원은 687명. 로동자, 농민, 인테리 등 각계층의 대표들이 평양에 집결하였다.

호텔 11층의 랑하에서 천리마제강련합기업소의 지배인을 기다렸다. 종업원 1만 4000여 명을 거느리는 국내 유수의 강철생산기지의 책임일군도 최고인민회의 대의원이다.

그는 외출하고 호실에 없었다. 승강기에서 내려 걸어오는 인물에게 호실 주인의 거처를 물었다.

노동자들에게 배우는 지배인

"내가 천리마의 지배인입니다."
뜻밖의 젊은 인물이였다. 로숙한 야금쟁이의 인상과는 거리가 멀었다.

천리마제강련합기업소 지배인 김형남 씨는 1963년 생으로서 나이는 40살. 4개월 전에 지배인의 중책을 맡게 되였다고 하였다.

그 석 달 후에 실시된 대의원 선거에서 최고인민회의 대의원으로 첫 선출된 것이다.

그의 호실에서 이야기를 들었다. 김형남 씨는 조국이 놓인 대내외적 환경에 대한 이야기를 하면서 웬일인지 필자와 같이 호실을 찾은 《조선신보》 평양지국 직원의 얼굴을 이따금 보았다. 그리고 돌연히 그의 이름을 불렀다.

뜻밖의 일이였다.

김형남 씨와 직원은 자강도 만포시의 중학교에서 같이 배운 동창생이였다.

천리마제강련합기업소의 용해공. 천리마제강련합기업소는 40살 지배인을 맞이해 새로운 도약을 꿈꾼다.

24년 만의 상봉을 기뻐하는 환성이 터져오르고 그 시점에서 취재는 끝나고 말았다.

탁상에 술, 맥주, 안주가 등장하고 소연회가 시작되였다.

"이걸 맛보세요. 지배인이 대의원으로서 최고인민회의에 참가한다니 기업소 종업원들이 통닭을 삶아서 가져왔습니다. 남포에서 평양까지 자동차를 타고 말이지요."

이른바 '실리사회주의'를 표방한 북에서는 최근 시기 30~40대 일군이 공장, 기업소의 지배인으로 취임하는 사례가 늘고 있다. 경제부흥전략의 추진과정에 젊은 인재의 등용은 확실히 하나의 추세로 되고 있다. 천리마제강련합기업소와 같이 국가경제의 중요한 모퉁이를 책임진 대규모 기업소도 례외가 아니다.

지난날 강선제강소라 불리운 이곳 기업소는 50년대, 60년대 경제적 비약의 상징으로 된 '천리마운동'의 발생지이다. '천리마'는 남이 한 걸음 달리면 열 걸음을, 남이 열 걸음 달리면 백 걸음을 달리는 경제건설의 비상한 속도를 이르는 말이다.

강선의 로동자들은 당시 생산적 앙양으로 공업화의 기초를 쌓고 국가경제의 토대를 축성하는 계속혁신, 계속전진의 대중적 운동을 힘있게 추동하였다.

"공식적인 취재는 술기운이 돌지 않을 때 다시 하면 되지 않습니까."

김형남 씨와 고려호텔에서 한 약속대로 후날 남포시에 있는 천리마제강련합기업소를 찾았다.

기업소 지배인실에서 만난 김형남 씨는 술자리를 같이 했을 때와 전혀 다른 인상이였다. 아래 단위 일군들이 끊임없이 찾아온다. 제기된 문제에 대하여 결론을 낼 때는 진지하고 긴장감이 어린 표정이다. 전화 종소리도 계속 울린다.

"어제 회의에는 내각 총리도 국가계획위원회 위원장도 참석했소. 카바이트문제는 꼭 풀려야 한다고 재삼 강조했으니 현장에서는 알아서 대책을 강구하시오.”

지배인은 일하는 짬짬에 취재에 응했다.

‘고난의 행군’ 이라 불리운 1990년대의 경제적 시련의 시기, 천리마제 강련합기업소도 곤난을 겪었다. 1996년부터는 원료, 연료문제가 걸려 생산을 정상화하지 못했다.

지난 시기는 사회주의 나라들과 신용거래로 문제를 풀었으나 상황은 변했다.

기업소의 운영이 궤도에 다시 오르기 시작한 것은 2000년부터였다.

이때 김형남 씨는 37살 나이에 기사장의 직책을 맡게 되었다. 로후화 된 생산설비의 개선, 현대화 과제를 수행하느라 동분서주하였다. 새로 운 제강설비의 도입계획을 위해 유럽의 한 나라도 방문하였다. 투자의 의향을 표시한 기업가들과의 협상에도 림했다.

“핵문제로 인한 정세의 긴장은 외국투자의 장애로 될 수 밖에 없습니 다. 우리에 대한 경제봉쇄는 계속되고 있는 것입니다. 그러나 우리는 죽는 소리를 하지 않습니다. 최근 경제관리가 개선되면서 전국의 탄광 들에서 석탄 생산이 늘고 있습니다. 그 결과 전력문제가 풀리여 나가고 우리 기업소의 생산도 서서히 올라가고 있습니다.”

구세대와 신세대의 조화

2002년 이래의 경제관리개선조치로 일한 것만큼 분배를 받는 원칙이 더욱 철저히 관철되고 공장, 기업소들은 번 수입에 의한 평가를 받게 되었다.

천리마제강련합기업소의 생산은 2002년에 비해 1.2배로 장성하였다 고 한다. 국가가 내리는 2004년도 생산계획도 2003년보다 2배로 높은 수준이 될 것이 예상되고 있다.

김형남 씨는 “지배인이 되여 아직 수개월인데 특별히 해놓은 일이란 없다"고 말한다.

그는 지배인이 되어 기업소 경영을 구상하면서 두 가지 활동원칙을 세웠다고 한다.

첫째로는 기업소의 경영에서 세기되는 문제를 집단의 지혜와 힘에 의거하여 풀어나가는 것이다.

조선에서는 당위원회의 집체적인 지도 밑에 경제를 관리운영하도록 되어 있다. 김형남 씨는 천리마제강련합기업소의 지배인이면서 동시에 이곳 기업소 당위원회의 성원이기도 하다.

둘째로는 지배인이 로동자들 속에 들어가서 일하는 것이다.

'천리마는 로동자들이 타야한다' 는 말이 있다. 간부들이나 기술자, 기능공들에 못지 않게 용광로에서 쇠물을 뽑는 현장 로동자들의 생산과제 수행에 대한 관점이 높다는 것이다.

"우리나라의 큰 기업소 지배인을 취재하면 따분할 것입니다."

김형남 씨는 틀에 박힌 대답이 되었다며 미소를 지운다.

필자는 취재과정에 여러 대상을 만났다. 사실 김형남 씨처럼 자기가 한 발언을 상대방의 립장에서 음미하고 외부 세계의 가치관과 스스로 대비해보는 '큰 기업소의 지배인' 은 드물다.

김형남 씨가 말한 지배인으로서 행동원칙은 필자가 어느 정도 예견할 수 있는 내용이였지만 그는 딱딱하게 형식적으로 대답한 것이 아니였다.

김형남 씨와 생산현장을 돌아보았다.

현장 일군들이 지배인을 찾아와 생산 정형을 보고하고 걸린 문제를 그 자리에서 제기한다.

필자는 철강직장에서 지배인과 사업 토의를 하는 작업반 반장의 얼굴을 본 기억이 있었다.

3년전, 이곳 기업소를 취재하면서 만난 적이 있는 인물이였다. 그의 부친 진응원 씨는 강선제강소의 작업반 반장이였다.

　1957년 진응원작업반이 첫 '천리마작업반'의 칭호를 받아 이를 계기로 온 나라 로동계급들 속에서 '천리마작업반운동'이 벌어지게 되었다. '천리마 선구자'로 불리운 진응원 씨의 아들은 지금 아버지가 일하던 직장에서 아버지와 똑같은 직책을 가지고 일하고 있다.

　"40여 년전 천리마운동의 앞장에 선 로세대들이 지금도 역할을 놀고 있습니다. 우리 기업소에서는 그들의 영향력이 큽니다. 나도 그들이 일하는 모습을 보면서 감동되는 것들이 많습니다."

　김형남 씨는 대학을 나와서 1988년 이곳 기업소에 들어갔다. 직종은 용해공이였다.

　과학기술의 전문교육을 받은 대학 졸업생이 생산 현장의 말단에서 로동생활의 첫 발을 떼는 것은 북에서도 흔한 일이 아니다.

　자진해서 용광로 앞에 선 김형남 씨는 그후 10여 년 사이에 현장기사, 기술부기사장, 기사장을 력임하게 된다. 천리마제강련합기업소의 자랑인 1만톤 프레스가 설치된 '대형단조공장'의 책임자 주정문(62) 씨는 김형남 씨가 기술부기사장을 하던 시절의 기사장이였다.

'천리마 지배인' 김형남 씨. 기사장을 거쳐 지배인으로 승진한 그는 최고인민회의 대의원도 겸직하고 있다.

그는 자기의 후임 기사장이 3년만에 기업소 지배인으로 승진한 것을 긍지로 느끼고 있는 듯 하였다.

"전직 지배인의 나이가 70살. 그 후임에 40대 지배인이 임명되었으니 걱정하는 소리가 없는 것은 아니였지만 그는 실력이 있습니다. 젊은 사람이 미숙한 점은 있어도 현재 그가 1만 4000명의 식구를 책임적으로 먹여 살리고 있다는 사실이 무엇보다 중요하지 않을가요."

'공부를 열심히 한 세대'

새 지배인에 대한 종업원들의 신임은 현장에서 이루어진 것이였다. 김형남 씨는 로동자들 속에서 자기의 실력을 배양하였다.

그날의 저녁식사는 지배인의 자택에서 대접을 받았다. 그의 살림집은 기업소가 '지배인 주택'으로 세워놓은 소박한 단층집이다. 김형남 씨는 며칠 전에 아빠트에서 이사를 왔으니 아직 정리가 되지 않았다고 말했지만 방을 흐뜨릴만큼 많은 가재도구가 있는 것은 아니였다.

그는 북방의 국경도시에서 어린 시절을 보냈다. 본인에 의하면 만포고등중학교에 다닐 때는 '착한 학생'이 아니라 어떻게 보면 '망나니의 그루빠'에 보다 가까운 존재였다고 한다.

그런데 중학교 4학년이 된 때로부터 공부를 열심히 하게 되었다.

김형남 씨는 저녁반주로 '백두산들쭉술'을 한 잔 하면서 학생 시절의 갑작스러운 '변신'에 대하여 회고하였다.

"경쟁심이 싹트는 시절이란게 있는 것 같습니다. 우리 학급에는 공부를 잘 하는 동창생들이 많았어요. 그 동무는 수학도 외국어도 잘 하는데 왜 나는 저렇게 못할가 하고 고민도 했는데. 자기도 열성껏 해보니까 이상하게도 따라잡게 되지 않습니까. 어느새 수재학급의 분위기에 휩쓸린 셈이지요."

그의 학급에서는 리과대학 입학자가 3명이나 배출되었다. 과학기술

교육의 최고학부인 리과대학에 들어가는 것은 많은 학생들에게 있어서 '하늘의 별따기'처럼 어려운 일이였다.

"솔직히 말해서 나는 공부를 많이 하고 그 무슨 큰 일을 해보겠다는 생각이 없었어요. 애당초 큰 포부를 가지지 않았어요. 무슨 일을 하든 자기 위치에서 착실히 일을 하는 것이 나의 기질에 맞는 것 같습니다."

김형남 씨는 청진광산금속대학에 입학하였다.

대학을 졸업한 후 '3대혁명소조'라 불리우는 사회실천활동을 체험하고 천리마제강련합기업소에 배치되였다. 생산현장에서 경험을 쌓고 현장기사를 하던 1991년에는 평양의 인민경제대학에서 전문교육을 다시 받게 되였다.

"인민경제대학에서 만포고등중학교 시절의 어느 동창생을 만나게 되었어요. 참. 우리 또래들은 공부만을 계속 하던 사람들입니다."

대학에서 같이 배우게 된 지난날의 동창생은 자기가 배운 전문지식을 살려 성, 중앙기관에서 일을 하겠다는 포부를 가지고 있었다.

김형남 씨의 눈에는 '성공에 대한 욕심'이 너무 지나치다고 비쳤다. 높은 지위를 자꾸만 쳐다보지 말고 자기 맡은 사업에 대한 애착을 가지고 일을 하면 저절로 주변 사람들의 기대와 신임을 받게 될 것이라고 조언을 하였다.

인민경제대학에서의 공부를 마친 동창생은 고향으로 돌아갔다. 지금은 만포시인민위원회 부위원장의 중책을 지니고 일하고 있다 한다.

김형남 씨는 1960년대에 태여나 1970~80년대에 학교에서 배운 자기 또래들을 '고생을 모르고 자란 세대'라고 부른다.

"60, 70년대에는 우리가 괜찮게 잘 살았습니다. 중국이나 동유럽 사회주의나라와 대비해도 생활수준이 뒤떨어지지 않았지요. 학생들이 근심걱정 없이 마음껏 배울 수 있는 환경이 있었습니다."

그것은 '천리마운동'과 같은 대중적 운동으로 1950년대의 어려움을 뚫고 이룩해 놓은 경제적 발전의 산물이였다. 사람들은 생활에 여유가 있어야 배우는 일에도 열중할 수 있다.

북에서 전반적 10년제 고등의무교육이 실시된 것이 1972년의 일이다. 김형남 씨의 세대는 조선이 '배움의 나라'의 면모를 갖추어 나가는 시대에 태여난 산아들이였다.

세대교체는 경영전략 전환 의미

21세기 경제부흥전략이 실천단계에 들어선 북에서는 '열심히 공부한 첫 세대'가 각 분야의 경제일선에 당당하게 나서고 있다.

김형남 씨는 '남조선의 386세대에 대한 이야기를 많이 들었다'고 한다. 그는 북의 '386'. 특히는 경제분야에서 일하는 같은 또래의 일군들을 긍정과 부정의 양 측면에서 랭정하게 평가하고 있다.

"경험이 부족하니 사업에서 편파성이 있고 경솔하게 판단을 내리는 경향이 없지 않습니다. 그러나 무슨 일에서도 두려움을 모른다는 우점은 있어요."

김형남 씨는 평양에 있는 3월26일공장의 40대 지배인의 일본새를 실례로 들었다.

전선, 케블을 전문으로 생산하는 이 공장은 현재 1960년대 조업 당시부터 생산설비를 전면적으로 갱신하는 계획을 추진 중에 있다.

"젊은 지배인이 아니였더라면 생산공정의 현대화를 그토록 빠른 속도로 밀고 나가지 못했을 것입니다. 우리 또래들이 일을 잘 합니다."

젊은 세대의 등장은 새로운 비약과 혁신을 일으켜야 할 현 시대의 요청이라고 김형남 씨는 보고 있다. 지금 북의 경제단위들에는 현상유지를 바라는 사람이 한 명도 없다고 그는 지적한다.

"시대는 빠른 속도로 변하고 있어요. 70살로 은퇴한 전직 지배인이 24년 재직의 최장기록을 세웠는데 나는 24달의 최단기록을 남기게 될지도 몰라요."

어느덧 '백두산들쭉술'은 두 병째로 넘어가고 있었다.

술기운이 돌아서 그런지 '천리마의 지배인'은 고려호텔에서 만났던 그때의 표정을 지으며 장난기 어린 말투로 자기의 의견을 피력하였다.

최근에 젊은 지배인이 발탁된 공장, 기업소의 력사를 보면 전임자가 오랜 기간 지배인의 자리에 있었던 경우가 적지 않는 것 같다.

지배인의 교체는 단순히 책임일군의 세대교체라는 측면뿐 아니라 '관습'과 '타성'에서의 탈피라는 경영전략상의 전환을 의미하는 변화인듯 싶다.

필자는 천리마제강련합기업소 지배인의 이야기 속에 등장한 3월26일 공장의 지배인을 이전에 취재한 적이 있었다.

김석남 씨, 1962년생 41살. 그는 3년 전인 2000년, 38살의 나이에 책임기사로부터 단번에 지배인으로 승진하였다. 지배인실에서 그를 만나 경제관리개선조치 이후의 기업소 경영에 대하여 이것저것 물어보았지만 시원한 대답은 없었다.

"우리 분야를 말로 설명하기는 어렵다"며 생산현장부터 먼저 돌아보자고 한다.

김석남 씨의 안내를 받으며 공장을 돌아보니 그가 전선, 케블과 관련한 기술에 정통하는 실력 높은 일군이라는 것을 알았다. 그는 먼저 공장의 연혁실로 안내하면서 이렇게 말했다.

"우리 공장은 체스꼬슬로벤스꼬에서 생산설비 일식을 사들여서 조업을 시작하였습니다. 40여 년 전의 일입니다. 로후화된 설비들을 빨리 갈아놓아야 질 높은 제품을 생산하여 실리를 추구하는 경영을 할 수 있습니다."

연혁실에는 력대 지배인들의 사진판이 걸려 있었다. 김석남 씨는 네 번째 지배인이다.

김석남 씨의 전임자는 1971년부터 2000년까지 29년간 지배인으로 있었다. 연혁실에 있는 해설판에 따르면 전임자는 재직기간에 2번에 걸쳐 생산설비의 갱신을 하였다.

1970년대에는 국산의 선재압연기와 대형연신기를 증설하고 일본에서 대형수지압출기를 사들였다. 1980년대에는 핀란드의 수지케블 생산설비를 도입하였다.

1960년대 설비 갈아내는 현대화

김석남 씨의 구상은 부분적인 갱신이 아닌 전면적인 갱신이였다. 4대째 지배인이 경영을 인계 받음으로써 공장은 새로 태여나게 된 셈이다.

연혁실에는 '공장의 현대화, 과학화' 라는 제목의 해설판이 걸려 있었다. 거기에는 래년까지 도입하게 될 14종류의 대상 설비들의 이름이 새겨져 있었다.

"최신식 설비의 도입은 이미 작년부터 시작되고 있습니다. 생산 현장을 돌아봅시다. 우리의 현대화계획은 벌써 은을 내고 있습니다."

인민경제의 현대화, 과학화는 나라가 강조하고 있는 중요한 정책적 기둥의 하나이다.

이에 따라 모든 공장, 기업소들이 기술혁신의 노력을 기울이고 있지만 오늘의 경제상황 속에서 3월26일공장처럼 생산의 기본 공정을 완전히 일신하는 것은 여간 힘든 일이 아니다.

김석남 씨가 안내한 어느 공장건물에는 거대한 기계의 덩어리가 놓여 있었다. 지금은 움직이지 않는 그 흐름식 생산설비의 총길이는 100메터를 넘을 것 같았다. 김석남 씨는 로에서 녹인 동판을 몇 번이나 압연하여 공장의 '기본 원자재' 인 8미리 동선을 만드는 설비라고 설명하였다.

종전에는 이 생산공장에 40여 명의 로동자들이 동원되였다고 하였다. 사명을 다 마친 낡은 설비의 옆에서는 작년에 도입된 현대적인 동련속주조기가 동음을 울리고 있었다. 로에서는 곧장 8미리 동선이 나온다. 단지 두 명의 로동자가 조작판을 다루고 있었다.

"동은 가열과 랭각을 되풀이하면 산화될 수 있고 그러한 생산 공정은 많은 전력을 소비하게 됩니다. 현장에 나와 보면 공장의 현대화가 어떻게 실리를 도모할 수 있는가를 한 눈에 알아볼 수 있지 않습니까?"

현대화의 구호를 부르기는 쉬운데 그 과제를 수행하려면 자금이 필요하다.

종전에는 확대재생산을 위한 설비투자가 나라의 몫이었다. 공장, 기업소는 나라가 새로운 설비를 해결해 주는 것을 기다리면 되었다.

작년 경제관리개선의 조치가 취해진 다음부터는 확대재생산을 위한 자금을 공장, 기업소의 결실에 따라 번 수입에서 지출하게 되었다.

"집안의 재산을 하나 늘이는데도 다들 지출을 절약해야 하지 않습니까. 하고픈 것 다 하면 공장의 현대화를 실현할 수 없습니다. 지금은 미래를 위한 투자를 선행시켜야 할 때입니다."

공장의 현대화는 중장기의 계획으로 책정할 수도 있지만 김석남 씨의 결심은 확고하였다.

3월26일공장은 로동자들을 위한 복리후생시설들이 잘 갖추어진 공장으로 알려져 있다.

식당, 상점은 물론 공장주변에는 로동자용 아빠트도 일떠서고 있다.

원래 종업원들의 후방사업은 공장이 알아보아야 할 일이지만 지금은 지난날처럼 거기에 큰 힘을 돌릴 수 없다고 젊은 지배인은 판단하였다. 생산물을 수출하여 얻은 현금은 외국에서 생산설비를 구입하는데 모두 돌렸다. 자칫 잘못하면 종업원들의 반발을 불러일으킬 수 있는 결단이었다.

'천리마의 지배인' 이 지적한 것처럼 3월26일공장의 대담한 현대화계획은 김석남 씨의 발상과 행동력에 힘입은 바가 크다.

젊은 기술 전문가를 지배인의 자리에 둔 것은 인민경제의 현대화, 과학화란 시대적 요구를 반영한 인사였을 것이지만 공장의 경영관리와 관련한 김석남 씨의 능력과 수완은 미지수였다.

3월26일공장 김석남 지배인. 생산의 기본 공정 현대화, 과학화에 힘을 쏟고 있다.

그는 자기가 이룩해 놓은 실적으로 종업원들의 지지를 받아야만 했다.

실패에 대한 두려움을 버리고 계속 전진하니 성공을 거둘 수 있었다. 동련속주조기의 도입 사례가 보여주듯이 종업원들은 허리띠를 졸라매여도 공장의 현대화를 다그치면 그만큼 덕을 보게 된다는 것을 자기들의 눈으로 똑똑히 확인하게 되었다.

3월26일공장에서는 젊은 지배인의 정면돌파형의 일본새가 '보다 큰 실리를 위한 선행투자'의 필요성을 종업원들 속에 침투시키고 있었다.

"'개혁'은 '과거의 부정' 아니다"

사회주의경제관리개선이라는 변혁의 소용돌이 속에 두각을 나타낸 새세대 경제인들의 일관된 주장은 낡고 뒤떨어진 것을 버려야 한다는 것이다.

그들의 '개혁론'은 서방 나라들에서 흔히 말하는 '과거의 부정'과 다르다. 3월26일공장의 지배인도 외국 설비 구입의 자금을 만들어낼 수 있는 것은 공장이 그만한 잠재력을 가지고 있기 때문이며 그것은 "선행세대들이 오랜 세월을 들이고 키워낸 힘"이라고 강조하였다.

조선의 사회주의경제관리체계는 '대안의 사업체계'라고 불리운다. 1961년 12월 김일성 주석이 남포시에 있는 대안전기공장을 현지지도하는 과정에 창조되였다는 것이 그 이름의 유래이다.

'대안의 사업체계'의 기본내용의 하나가 '당위원회의 집체적 지도 밑에 경제를 관리운영한다'는 것이다. '천리마의 지배인'이 자기의 활동원칙으로 소개한 바로 그 내용이다. 북의 새세대 경제인들은 원칙에 충실한 사람들이다.

대안전기공장은 현재 대안중기계련합기업소의 8개 산하 공장들 중의 하나이다. 대안중기계련합기업소는 1980년대 꾸려진 국내 최대급의 기계생산기지이다.

이곳 련합기업소의 지배인 김덕훈 씨도 40대 초반이다.

1961년생 42살. 그는 조선에서 추진되는 경제관리개선작업을 '자본주의화'의 맥락에서 다루는 다른 나라 분석가들의 론리를 정면에서 반박하는 '리론파' 지배인이였다.

"사회주의경제관리체계의 본질적 내용은 변함이 없습니다. 최근 시기 취해진 일련의 조치들은 대안의 사업체계의 우월성을 보다 높이 발양시키는데 목적이 있다고 봅니다."

'대안의 사업체계'의 중요한 내용의 또다른 하나는 '우에서 책임지고 아래를 도와준다'는 것이다. 여기에는 웃기관, 웃사람이 자재를 현물로 아래에 직접 공급해주는 생산보장체계와 근로자들의 생활을 돌보아주는 후방공급체계 등이 포함된다.

1990년대의 경제적 시련을 이겨내여 마침내 경제부흥전략에 착수한 오늘의 상황은 당연히 '대안의 사업체계'가 창시된 40여 년 전과 똑같지 않다. 아직은 나라의 사정이 어렵기 때문에 우에 손을 내밀지 못하고 자재문제를 자체로 풀어야 할 생산단위들이 있다.

경제관리개선조치에 의하여 공장, 기업소들이 필요한 자재를 서로 주고받고 조달하는 사회주의물자교류시장이 나오게 되었다. 또한 공장, 기업소들이 인민생활에 필요한 제품들을 생산하여 종합시장에서 주민들에게 직접 판매할 수 있게 하는 조치도 취해졌다.

일련의 변화에 대한 '리론파' 지배인의 견해는 이런 것이였다.

"나의 개별적인 생각을 말한다면 오늘의 조건에서 나라가 허리 펴기 위한 잠정적 조치들입니다. 우가 아래를 도와주는 체계를 부정한 것은 아닙니다. 앞으로 국가경제를 추켜세우면 사회주의경제관리체계는 본연의 기능을 놀게 될 것입니다."

김덕훈 씨는 뒤를 돌아보기만 하는 보수주의자가 아니다.

사회주의경제관리체계의 '발원지'에서 일하지만 련합기업소의 번 수입을 늘이기 위한 생산공정의 합리화를 누구보다도 소리높이 주장하고

대안중기계련합기업소 기술자, 노동자들이 생산설비를 둘러보고 있다. 북의 경제관리체계 '대안의 사업체계'의 발원이다.

있다. '실리가 나지 않는 것은 필요 없다'가 그의 입버릇이다. 다만 그는 새로운 비약과 전진을 지향하면서도 자기 자신의 발판이 무엇인가를 잊지 않고 있는 것이다.

북의 새세대 경제인들의 사고와 행동에서 공통점은 전통을 중시하려는 관점과 립장이라고 말할 수 있을 것이다. 그들의 '변혁론'에는 '창조'와 '계승'의 량측면이 있다.

'천리마의 지배인'은 로동자들 속에 들어가 그들의 창조력과 집단적 혁신을 불러일으키겠다고 하였다. 바로 그것은 선행세대들이 '천리마운동'에서 추구한 방법론이였다.

김형남 씨는 필자를 처음으로 만났을 때 '천리마'의 '지배인'이라고 자기를 소개하였다. 기업소가 지켜온 전통에 대한 자부심을 력력히 반영한 대사였음에 틀림없다.

'실리'의 개념은 경영전략 혁신

"대안중기계의 지배인은 우리 기업소를 자주 찾아옵니다. 천리마의 철 생산이 늘지 않으면 기계공업부문은 활성화될 수 없지 않습니까. 국가경제의 맏아들인 금속부문의 로동자들과 나와 같은 책임일군들이 더욱 분발해야지요.”

김형남 씨는 ‘백두산들쭉술’을 마시면서 같은 또래 지배인들에 대한 이야기를 계속하였다. 그가 보여준 새세대 경제인들의 련대감은 앞으로 나라의 경제부흥전략수행에서 얼마나 큰 작용을 하게 되는 것일가.

그들은 ‘실리 추구의 방침 관철에는 자신이 있다’고 말하군 한다. 김형남 씨도 기업소의 경영전략을 ‘실리’의 개념으로 설명하는 한 사람이였다.

“종전에는 오로지 생산량의 확대를 추구했지만 그 길로만 나가면 실리 추구가 아닙니다. 생산원가를 낮추고 더 많은 리윤을 낼 수 있어야 실리가 난다, 우리는 이런 발상으로 사회주의경제를 운영해 나가야 합니다.”

그들에게는 사회주의의 질서에 따라 체계적으로 배운 지식이 있다. 경제적 앙양기의 좋은 추억과 나라의 잠재력에 대한 믿음 그리고 더는 이렇게 살 수 없다는 변혁에 대한 강한 지향성이 있다.

‘실리 사회주의’의 미래는 조선에서 ‘열심히 공부한 첫 세대’의 역할에 의하여 결정될지도 모른다.

‘고생을 모르고 자란 세대’는 1990년대의 ‘고난의 행군’ 시가, 아직은 전면에 나서지 못하고 있었다. 국가적인 시련을 선두에서 뚫고 나간 것은 선행세대들이였지만 시대는 변하고 계주봉은 인계되였다.

다른 주자가 ‘천리마’를 탄 기세로 내달린다면 충분히 볼 만하다.

새세대 지배인들의 의욕적인 도전은 가슴 후련한 역전극에 대한 기대를 안겨주고 있다.

김지영 《조선신보》 기자 2004년 1월호 34호

새 세대 연구자들의 대담한 5개년 농업 혁신 프로젝트
"목표는 2007년 '알곡 800만 톤 생산'"

북녘 농업생산 혁신을 위해 386세대가 뛰고 있다. 이들은 관성이 아닌 새롭고 통 큰 사업방식으로 일대 농업 혁신을 실현하기 위해 체계적인 구조 혁신에 나섰다. 재일 총련 《조선신보》 평양특파원이 3년간 추적한 북의 새 세대 농업 일꾼들의 꿈과 희망.

조선에서 실시된 사회주의경제관리의 개선조치는 '어제'와 '오늘'에 뚜렷이 선을 긋는 사변이었다. 지금 사회의 모든 령역에서 낡은 관습을 타파하고 새것을 창조하려는 기운이 조성되고 있다.

변혁의 흐름에는 주도세력이 있는 법이다. 그 어떤 방향이 제시되었다 하여 저절로 결실이 맺어지는 것은 아니다. 착상을 현실에 구현해나가는 사람들의 실천이 무엇보다 중요하다.

농업과학원의 30대 학자들은 그러한 개척자의 사명과 역할을 똑똑히 명심하고 있었다.

"제 땅을 알아야 증산 가능"

"우리 나라도 농업구조를 개선하면 800만 톤의 알곡생산이 가능합니다."

그들의 구상을 처음 들은 것은 3년 전의 일이다. 새 세기의 첫해 2001년의 어느 봄날, 농업과학원의 청사에서 리용구 씨를 만났다.

그의 직책은 농업과학원 콤퓨터중심(쎈터) 소장이였다. 1966년생이라고 하니 당시 나이가 35살이다. 친분이 있는 과학원 연구사를 통해 농업부문에서 두각을 나타내는 신진학자가 있다며 소개를 받았다.

　리용구 씨를 취재한 필자의 첫 소감은 '농업부문에는 인재가 많다' 는 것이였다. 그는 2시간 동안 알곡증산을 위한 대책과 방도, 그리고 콤퓨터중심의 기본과제인 정보농업의 론리를 쉴새없이 전개하였다. 여느 학자들은 질문에 대한 대답만을 주는데 그는 달랐다. 자기의 머리 속에 있는 생각을 스스럼없이 말하는 형이였다.

　"생산과 과학기술이 결합되여야 합니다."

　리용구 씨가 설명한 알곡증산의 방도는 다음과 같은 것이였다.

　조선은 국토의 70% 이상이 산지지형이며 부침땅이 제한되여 오랜 기간 같은 부침땅에서 농사를 지어왔기 때문에 지력수준도 높지 못하다. 더우기 최근 년간 이상기후의 영향으로 농업생산이 큰 타격을 받았다. 경제적인 어려움으로 하여 농업생산에 필요한 자금도 충분히 보장하지 못한 형편에 있다.

　"인민들의 먹는 문제를 해결하려면 제 땅을 알아야 합니다. 토지의 생

안악군 협동농장경영위원회 안에 있는 컴퓨터실. 〈봄노을〉로 모 기르기 공정을 계산하고 〈포전길〉로 농작물 생육을 예보한다.

산력을 정확히 평가하고 그에 맞게 작물과 품종의 배치를 바로 잡아야
합니다. 그러면 오늘의 조건에서도 생산을 훨씬 늘일 수 있습니다."

리용구 씨는 집약화 농업을 고집함으로써 초래한 후과에 대하여 거
듭 지적하였다. 집약화 농업이란 그의 표현을 빌리면 '많이 투자하여
많은 것을 얻는 농업'이다. 조선에서 식량생산의 큰 비중을 차지해온
벼, 강냉이 농사에 적용되었던 방식이다.

"벼와 강냉이는 다른 작물들에 비하여 투자에 대한 요구성이 높습니
다. 물과 비료가 충분하면 그만큼 수확을 기대할 수 있지만 지금은 넉
넉한 투자를 할 수 없는 만큼 비적지들은 감자와 고구마, 콩 등 생산성
이 높은 다른 작물로 전환되여야 합니다. 벼, 강냉이 위주의 단순한 농
업구조가 다양한 알곡 생산구조로 이행하면 불리한 자연기후 조건에도
능히 대응할 수 있습니다."

농업구조의 개선과 관련한 리용구 씨의 구상은 어제날의 경험으로부
터의 대담한 탈피를 의미하였다. 1970, 80년대까지는 물과 비료를 충
분히 대주기 위한 투자가 가능했으나 1990년대 이후는 상황이 변했다.
경제적 시련의 시기에는 집약화 농업을 위한 조건이 제대로 보장되지
않았다. 그런데 농민들은 종래의 농사방법에 아직도 구애되고 있었다.

"무슨 일이든 과거를 답습하면 발전이 없습니다. 현실에 맞지 않는 것
은 대담하게 고쳐야 합니다."

리용구 씨는 특히 농업과학자들의 구태의연한 사고방식과 행동에 비
판적이었다. 대안을 제시함으로써 자기 분야의 결함을 스스로 들추어
내는 그의 독특한 화법이 매우 인상적이었다.

경제관리 개선을 기회로 삼아

콤퓨터중심의 성원들은 소장인 리용구 씨와 같은 세대이거나 나이가
젊었다. 새 세대 과학자들은 90년대 말부터 콤퓨터로 전국의 농경지의

생산력을 평가하고 이에 기초하여 리상적인 작물 및 품종배치를 계산하는 작업을 추진해왔다.

또한 지구온난화의 영향 등을 고려하여 농경지별로 리상적인 영농기술공정도 세웠다. 해마다 기후조건은 변하는데 농장에서는 관습에 따라 같은 날에 씨뿌리기를 시작하니 그것이 알곡소출을 감소시키는 요인의 하나로 되고 있었다.

필자가 들은 리용구 씨의 설명은 빈틈이 없었다. 그러나 연구실에서 책정된 계획에 불과하다는 랭랭한 판단이 작용한 것도 사실이다. 아직도 나라의 경제는 완전히 풀리지 않았고 모든 것이 모자라고 어렵다. 그리고 한 개 연구집단이 행사할 수 있는 권한은 제한적일 수밖에 없다.

리용구 농업과학원 참의. 그전에는 콤퓨터중심 소장으로 정보농업의 선두에서 일했다.

사실 그들의 활동 령역은 연구실과 시범농장이 전부였다. 리용구 씨가 비판한 선행 세대의 농업과학자들이 콤퓨터중심의 연구사업을 긍정적으로 보고있는지도 의심스러웠다. 오늘의 상황이 돌연히 변할 수는 없다. 리용구 씨와 동갑인 필자도 지금 돌이켜보면 구태의연한 사고방식에 사로잡혀 있었던 셈이다. 필자는 후날, ‘알곡 800만 톤 생산’ 을 과학자들의 ‘원대한 구상’ 으로 소개하는 기사를 썼지만 콤퓨터중심의 성원들은 정보농업을 현실에 구현하기 위한 노력을 계속 기울이고 있었다.

1년 후 그들은 기회를 맞이하였다. 2002년 조선에서 사회주의경제관리를 개선하는 조치가 취해졌다. 이해 7월 1일에는 전반적인 가격과 생활비를 조절하는 조치가 취해졌다. 필자는 농업부문에서 일어난 변화를 취재하기 위하여 농업과학원을 다시 찾았다.

“알곡증산도 경제관리의 개선으로 돌파구를 열어야 합니다.”

리용구 씨는 입을 열자마자 이렇게 말하였다.

‘농산물의 수매가격인상’ 과 ‘토지사용료의 제정’ 이라는 중요한 두 가지 조치가 취해짐으로써 협동농장이 자금을 자체로 관리하면서 자기

황해남도 안악군 로암리 감자 종자밭을 보는 농업과학원 맹원 및 군경영위원회 김용기 사장과 리충현 로암리 관리위원장.

결심으로 얼마든지 생산계획을 세울 수 있게 되었다. 일한 것만큼, 번 것만큼 분배를 받는다는 원칙이 철저히 관철됨으로써 농민들의 로동의욕이 부쩍 올랐다. 리용구 씨는 마치나 경제학자가 된 듯이 개선조치의 실효성에 대하여 설명하였다.

"농민들이 최대 수확고를 내겠다며 기세가 대단합니다. 자기 고장의 기후조건과 토양조건에 맞게 무슨 작물을 심으면 더 많은 실리가 있겠는가. 진지하게 검토하기 시작했습니다."

농민들이 콤퓨터중심의 과학자들과 똑같은 문제의식을 가지게 되었다는 것이다. 그때 필자는 깨닫지 못했지만 리용구 씨의 머리 속에서는 벌써 '알곡 800만 톤 생산'의 구상이 구체적인 행동계획으로 무르익고 있었던 것이다.

적지적작, 농민들 자신의 요구로

이듬해 농업성은 과학자들이 제안한 정보농업을 국가적인 사업으로 책정하게 된다. 2003년, '알곡 800만톤 생산을 위한 정보기술 개발과 확대도입에 관한 연구' 라는 과제가 본격 시동하였다.

여기서 말하는 '과제' 란 프로젝트와 같은 개념이다. '과제' 에는 농업과학원 콤퓨터중심을 비롯한 대학, 연구기관의 과학자들과 생태환경부문, 산림부문, 국토계획부문의 전문가들이 집결하였다. '과제' 의 총책임자는 리용구 씨가 맡았다.

'과제' 의 추진과정은 5개년 계획으로 잡았다. 첫 해인 2003년은 수도 평양의 식량공급기지로 되어 있는 황해남도 안악군, 온천군, 재령군, 신천군에 정보농업을 도입하여 성과가 확인되면 이듬해부터 다른 지방으로 순차적으로 확대한다. 2007년에는 전국의 농장들에 정보농업을 전면 도입하여 알곡생산을 800만 톤 수준으로 끌어올린다.

'과제' 의 총지휘부는 안악군 협동농장 경영위원회의 건물 안에 꾸려졌다. 과학자들과 농업성 일군들이 현장에서 농장원들과 함께 일하게 되었다.

그 소식을 들었을 때 리용구 씨와의 첫 상봉에서 오고간 대화가 생각났다.

"앞으로 우리 구상이 실현되면 널리 선전해주세요."

필자는 리용구 씨를 만나기 위하여 3월 하순, 모내기를 앞둔 안악군의 협동농장을 찾았다. 동반한 비데오 촬영가를 소개하면서 '과제' 의 대내외 선전과 관련한 한가지 '계약' 을 맺었다. 5년 후에 '알곡 800만 톤 생산' 의 목표가 달성되든 말든 '과제' 의 전 과정을 취재한다. 일이 뜻대로 되지 않아도 있는 사실을 그대로 발표한다. 실패는 언급하지 않고 성과사례만 부각시키는 구태의연한 선전방식에서 탈피하자는 것이었다.

"그럽시다."

농민들과 함께 일하는 리용구 씨와 콤퓨터중심의 과학자들은 종전보다 신심에 넘치는 모습이었다.

'알곡 800만톤 생산을 위한 정보기술 개발과 확대도입에 관한 연구'가 이루어지고 있는 안악군 로암리협동농장.

"과학자들이 책상머리에 앉아 종자나 비료에 대하여 연구를 하면 인민들의 먹은 문제를 다 해결할 수 있다는 것은 오만한 생각입니다."

화창한 봄날, 과학자들은 각 작업반을 찾아가 모 기르기 정형을 료해한다. 포전(圃田)길을 다니며 농장원들과 의견을 교환하는 것이 그들의 일과로 되였다.

한편 농민들도 새로운 일과를 누리게 되였다. 과학적인 타산에 기초한 농사를 배워나갔다. 협동농장 경영일군들은 콤퓨터의 조작법을 체득하기 위한 노력을 기울인다.

경영위원회 건물 1층에는 '콤퓨터실'이 꾸려졌다. 과학자들이 협동농장의 각 작업반별로 논밭에 심으려는 품종, 확보된 로력과 기계수단을 료해하여 과학적인 영농계획을 세운다.

모 기르기 공정 계산 프로그램 〈봄노을〉은 각 포전의 지력과 안악군의 기후조건, 생산현장의 실태와 관련한 정보를 입력하면 적절한 파종 날자와 모내는 시기를 산출한다. 농작물 생육 예보 프로그램 〈포전길〉은 각 포전에서 언제, 얼마나 수확을 거둘 수 있는가를 미리 계산한다. 정보농업에서 활용되는 프로그램은 모두 콤퓨터중심의 과학자들이 자체로 개발한 것이다.

"농사는 년간을 통한 작업입니다. 하나의 실수가 돌이킬 수 없는 후과를 가져오지요. 안정을 바라는 농민들은 경험을 중시하고 새 것을 경계하기 마련입니다."

포전에서 정보농업에 대한 농민들의 반향을 들었다. 안악군 로암리 협동농장 관리위원장 리충현 씨는 '고난의 행군'이라 불리운 1990년대 후반의 경제적 시련의 시기, 나라가 정한 생산계획을 무조건 수행하여 '로력영웅칭호'를 수여 받은 인물이다. 당시로 말하면 농사의 조건은 최악의 수준이였다. "농장원들의 사상을 발동하는 것 이외에 다른 방도가 없었다"고 그는 말했다.

"과학자들은 구태의연한 영농방법이 증산을 저애하고 있다고 주장하는데 글쎄, 수확고가 오른다면 귀를 기울일 필요가 있겠지요."

일한 것만큼, 번 것만큼 분배를 받게 되니 농민들은 생산에 대한 더 큰 욕심을 가지게 되었다. 실리보장의 원칙은 확실히 정보농업을 받아들이는 토양을 마련한 것 같았다. 과학농업은 나라의 정책이라며 행정적으로 내려 먹이고 농민들의 사상을 발동하는 것 이외에 다른 방도가 없었다면 연구실에서 세운 '알곡 800만톤 생산'의 계획도 생산현장의 거절반응을 일으켰을지도 모른다.

공동 보조의 바탕은 '실리주의'

과학자들이 작성한 계획표에 따라 로암리협동농장에서는 벼, 강냉이 이외에 감자, 고구마를 심고 두벌농사도 더 많이 하게 되었다.

리충현 씨는 농민들도 작물배치를 개선하면 알곡증산이 가능하다는 것을 모르지 않았다고 말했다. 그에 의하면 안악군에서도 한때 주작물인 벼, 강냉이 이외에 고구마를 심어 수확고를 올린바 있는데 가공과 수송문제를 제대로 풀지 못했다. 생산한 고구마가 군안에 남아 돌아갔다. 더우기 경제관리방법이 개선되기 이전의 일이여서 작물배치의 개선으로 증산을 실현하여도 농민들의 분배몫은 크게 변함이 없었다. 결국 농민들은 고구마농사를 포기하고 말았다는 것이다.

"평균주의가 농장원들의 생산의욕을 떨구는 요인으로 작용했던 것만은 사실입니다."

안악군 오국리 오국협동조합 및 황윤남 관리위원장.

과학자들과 함께 평양에서 내려온 농업성 농산국 기술과장 윤용길 씨
는 '평상시 모순을 느끼면서도 자기 사업을 바로 잡지 못한 결함'에 대
하여 설명하였다.

"례컨대 지난 시기는 농장원들의 생산계획이 전년의 생산실적에 기초
하여 세워졌습니다. 농사가 잘 된 단위는 같은 땅, 같은 로력을 가지고
더 많은 계획을 떠맡게 되는데 분배 몫은 농사가 잘 안된 단위와 그다
지 차이나지 않는다는 문제점이 있었습니다."

농업성 농산국 윤용길 기술
과장. 과학자들과 함께 로암
리협동농장 현장에서 일하
고 있다.

생산현장에서 확인해보니 '알곡 800만톤 생산'을 위하여 과학자들이
세운 대책안은 첫 시기의 구상과 대비하여 경제관리개선의 측면에서
보강된 내용으로 되고 있었다. 현실의 변화를 적극 받아들이고 그것을
추동하는 방향에서 재검토한 것이다. 다시 말하여 적지적작, 적기적작
의 원칙에 따라 작물배치·품종배치·영농공정을 개선한다. ▲토양에
맞는 두벌농사 ▲화학비료의 효율적인 리용 ▲지력의 제고를 실현한
다. 그리고 ▲농촌에 대한 과학기술보급체계를 확립하고 ▲불합리한
생산계획을 바로 잡아 로동의욕을 높인다. 마지막 항목은 농업성 일군
이 지적한 '모순'을 풀어나간다는 것을 의미한다.

리용구 씨를 비롯한 새 세대 과학자들이 선행 세대 과학자들과 차이
난 점은 알곡증산의 과제수행을 단지 과학기술의 문제로만 보지 않고
경제관리의 견지에서 동시에 접근해 나가려 한데 있었다.

그들은 경제관리방법의 개선이라는 절호의 기회를 놓치지 않았다. 안
악군에서 만난 농업성의 일군은 "지난 시기는 과학자들의 연구성과가
현장에 제 때 도입되지 못했다"고 말했다. 농업행정과 과학연구기관들
의 사업에서 괴리현상이 있었다는 지적이다.

안악군 협동농장 경영위원회 건물 안에서는 농장원들과 과학자, 행정
일군들이 같이 일하였다. 실리보장이라는 공통의 목표가 3자를 하나로
묶은 것이다. 변혁의 현장에서는 '한 개 연구집단의 권한은 제한적일
수밖에 없다'는 인식이 완전히 시대에 뒤떨어진 것으로 되고 있었다.

안악군 방문으로부터 수개월이 지나 가을걷이의 계절이 되였을 때 정보농업의 또 다른 본보기 단위인 재령군을 찾았다.

농민들은 직감적으로 '농산물의 소출이 늘었다'는 평가를 내리고있었다. 재령군 청천리협동농장에서는 래후년을 내다보고 감자 원종을 육성하고있었다. 군 안의 협동농장들이 두벌농사에서 쓰는 감자알을 생산하고 있는 것이다.

'농산물의 소출이 늘었다'

지난 시기는 감자 증산이 이곳 농민들에게 실리를 가져다주지 못했다. 지금은 어떤가. 관리위원장 정일민 씨는 필자의 물음에 이렇게 대답하였다.

"우리가 팔면 되지요."

경제관리가 개선되면서 협동농장의 경영방식도 크게 바뀌였다. 나라가 정한 토지사용료를 물고 비료, 영농자재 등 생산경비와 농민들의 생활비를 청산하면 남은 농산물은 협동농장의 경영을 위한 자금의 원천으로 쓴다. 농민시장이 종합시장으로 개편되면서 이제는 개별적 농민들뿐 아니라 협동농장도 시장에서 농산물을 팔게 되였다. 새로 나온 물자 교류 시장에서는 필요한 영농자재를 구입할 수도 있다.

정일민 씨는 또 다른 착상도 피력하였다.

"황해남도에는 이름난 장수산 유원지가 있는데 우리 농장이 직매점을 내놓을 수도 있지 않습니까. 관광객들을 위한 녹마국수집입니다. 감자를 원자재로 쓰면 됩니다."

협동농장 경영위원회 건물에서는 평양에서 온 과학자들이 사업하고 있었다. '콤퓨터중심 리용구 소장의 친구'라고 자기 소개를 하니 반갑게 맞이해 주었다.

"그런데 지금은 콤퓨터중심이 아닙니다. 얼마 전에 농업정보기술연구쎈터로 명칭을 바꾸었습니다.”

　농업정보기술연구쎈터 실장 배성남 씨는 정보농업이 생산현장에 도입되면서 일감이 급격히 늘어났다고 말하였다. 과학자들이 콤퓨터로 프로그램이나 운영하면서 제기된 문제를 처리할 수 있는 단계는 이미 벗어났다는 것이다.

　“소장도 지금은 평양에 있습니다. 우리 쎈터가 전국 각지의 협동농장 경영 일군들이나 과학자들을 대상으로 ‘농업정보화강습소’를 운영하게 되었습니다. 소장도 책임강사로 출연하고 있습니다.”

　‘현장중시’를 강조하던 리용구 씨가 본거지로 돌아갔다는 것이다. 농업과학원의 ‘친구’는 다음 단계의 사업을 준비하고 있음이 틀림없었다. 지방의 쌀 고장에서 ‘소장 부재’의 소식을 접하니 직감으로 알 수 있었다.

독자적으로 마련한 활동자금

　2004년 3월 농업과학원을 찾았다. 리용구 소장과 ‘알곡 800만톤 생산’ 계획의 소개 선전과 관련한 ‘계약’을 맺은 지 꼭 1년이 된다. 취재를 맡은 필자의 립장에서는 지난해의 실적에 대하여 확인해야 할 시점이다.

　“첫 단계에서는 소기의 목표를 완전히 달성하지는 못했지만 과학농업의 실효성은 실증되었다고 봅니다.”

　황해남도 4개 군에서 생산실적을 1.5배로 늘일 수 있다면 그 경험을 전국적 범위에서 일반화할 때 ‘알곡 800만톤 생산’은 가능하다는 것이 과학자들의 타산이였다. 작년은 목표 달성률로 보면 82.5%였다고 리용구 씨는 말했다.

　“4개 군 협동농장에 작업반이 약 1000개나 되는데 과학적인 영농 공정이 규정대로 도입된 단위는 40%에 머물렀습니다. 그러니 작년의 수

안악군 관개망 체계도. 안악군은 '알곡 800만톤 생산' 과제의 현장이다.

확고는 결코 낮은 수준이 아닙니다."

리용구 씨는 달성한 성과와 얻은 교훈을 숨김없이 말하였다. 보다 정확하게 표현하면 '다음 단계의 사업'에 대하여 소개하고 싶어서 어쩔 수 없다는 모습이었다. 농업과학원 면담실에서는 이러한 대화가 오갔다.

올해는 사업을 어떻게 추진해 나갑니까.

"계획의 둘째 단계로 넘어가게 됩니다. 황해남도 4개군 이외에 전국 각도에 정보농업도입의 본보기단위를 하나씩 꾸립니다. 우리 쎈터가 '강습소'를 운영하게 된 것도 계획의 전국적 확대를 위한 준비작업이었습니다. 이미 강습을 받은 사람들이 각 현장에서 활약하고 있습니다. 정보농업의 도입을 지휘하는 강력한 사업주체도 마련되었습니다. 작년은 몇 명의 과학자들이 현장에 내려갔고 농업성 일군들도 여기에 관여하였지만 안악군에 꾸려진 지휘부는 림시적인 성격을 띠고 있었습니다. 정보농업을 전국적으로 확대하는 단계에 들어선 것만큼 그에 걸맞게 체계를 세웠습니다. 중앙지휘부는 농업성 안에 두었습니다."

사업이 진척됨에 따라 '알곡 800만톤 생산'의 '과제'는 그 규모가 확대되어 나갔다. '과제'에 망라된 과학자도 200명을 넘었다고 한다.

'과제'의 책임자로서 계속 수고가 많을 텐데.

"단위가 전국으로 확대되니까 각이한 지역적 특성을 장악하기가 힘들 것이고 제기되는 문제도 다양할 것입니다. 그러나 현실과 부딪치면서 뚫고 나가야지요. 새로운 착상이 나오면 지난 시기와 자주 대비하면서 좋은 것은 잘 보려 하지 않는데 결함은 눈여겨보고 귀담아들으려 하는 경향이 있지 않습니까. 그런 장애가 없는 것은 아니지만 우리의 '과제'는 원리가 명백하고 과학적 담보가 있기 때문에 되리라고 생각합니다."

리용구 씨의 신심은 나름대로 근거가 있었다. 지난해 수확고가 높았던 황해남도의 본보기단위들은 리득금의 일부를 농산물 증산에 기여한 과학자들에게 주었다고 한다.

1년 전, 농민들과도 무슨 '계약'을 맺었던 것입니까.

"아니지요. 그런데 과학기술이 도입되면 농산물이 증산되는 것만은 사실인데 그 리득금을 생산자들이 다 나누어 먹고 과학기술은 국가가 예산을 주지 않으면 더 이상 발전이 없다면 모순이지 않습니까."

사실 경제관리개선 이후도 과학기술 부문에는 일한 것만큼, 번 것만큼 분배를 받는다는 원칙이 다른 생산부문처럼 적용되지 못하고 있었다. 얼마나 일하고 얼마나 벌었는가를 계산하는 척도가 뚜렷치 않았기 때문이다. 리용구 씨는 이런 비유를 썼다.

"원주필이나 학습장은 다 가격이 있는데 과학자들의 연구성과는 값으로 계산하지 못했지요. 경제관리에서 지적 제품을 류통시키는 통로가 없었단 말입니다."

농업정보기술연구쎈터 신임소장 박광철 씨와 얘기하는 리용구 참의. 리 참의는 이전 소장이다.

리용구 씨는 경제관리개선을 위하여 내각 차원에서 꾸려진 연구 구루빠(그룹)의 한 성원이기도 하다. 농업과학자로서 주로는 농업부문과 관련된 문제를 제기하고 대책을 강구하는 역할을 놓고 있다. 2002년 7·1조치 직후에 만났을 때 그가 협동농장의 경영방법에서 큰 개선이 이루어졌다며 마치도 경제학자가 강의를 하듯이 이야기한 것도 그 사업에 직접 개입하였기 때문이었다.

"나의 개별적인 견해이지만 2003년은 사회주의경제관리의 개선, 완성에서 하나의 분수령이였다고 생각합니다. 특히 농업부문, 과학기술부문은 그렇게 말할 수 있습니다."

"일한 것만큼, 번 것만큼 분배"

작년 내각 결정으로 '지적 제품 류통 규정'이 나왔다. 연구 구루빠의 성원인 리용구 씨도 과학자로서 역할을 놓았을 것이다. 그는 '경제와 과학기술'을 밀착시키는 지적 제품 류통의 제도화야말로 "과학기술 발전의 돌파구이며 경제발전의 돌파구”라고 강조하였다. 내각이 정한 지적 제품 류통 규정은 정책적 방향만을 제시하였다. 제도화를 위해서는 앞으로 국가 차원의 재정관리방법 개선 등 구체적인 후속조치를 취해야 한다. 이렇게 놓고 보면 농업과학자들의 리득금은 지적 제품 류통의 한 가지 선행사례를 창조한 셈이다.

과학자들은 리득금을 어떻게 쓰는 것입니까.

“우리가 자기 주머니를 채우기 위하여 정보농업의 도입을 주장한 것이 아니지 않습니까. 리득금은 ‘800만톤 과제’가 올해 추진하는 2단계 확대계획의 예산으로 씁니다. 생산의 결과물로 증산계획에 필요한 자금을 마련한 셈이지요. 여기서 ‘과제’가 독자적인 예산을 쥐게 되었다는데 큰 의의가 있습니다. 과제 단위 예산제는 경제관리에서 하나의 발전이라고 말할 수 있습니다. 아마도 우리가 첫 사례일 것입니다.”

종전에는 내각이 과학발전을 위한 예산을 편성하고 그 자금을 과학연구기관별로 재정관리하였다. 종전의 경영방법은 불합리적인 측면이 없지 않았다고 리용구 씨는 지적하였다.

례컨대 어느 연구기관의 성원이 10명이라면 3명으로 해낼 수 있는 과제라도 10명의 생활비를 보장할 수 있게 예산을 짠다. ‘800만톤 과제’처럼 여러 연구기관의 과학자를 망라하여 사업계획을 추진할 경우 문제는 더욱 복잡하다. 재정은 기관별로 관리하는데 사업은 공동으로 추진하게 되니 로력과 설비의 랑비가 많다고 한다. 어느 과학자는 그의 전문분야에서 기대되는 역할이 두 달간 있으면 끝나는데 과제별로 재정관리를 하지 않으면 과제의 전기간 동원되는 경우가 종종 있었다는 것이다.

“과제별로 재정관리를 하면 여러 기관들에 흩어져 있는 인재, 설비를 기동성 있게 쓸 수 있는 조건이 있습니다.”

농업과학자가 경제학자의 얼굴도 가진다고 생각했었는데 이제는 경영자로서의 수완도 발휘하게 되였군요.

"생산과 과학기술을 결합시키려면 그렇게 해야지요. 지난 시기는 '과제' 책임자가 제정관리에 관심을 돌리는 일이 없었지만 지금은 나도 종이 한 장, 씨알 한 그람을 쓰는데 하나하나 타산하게 되었습니다."

이번에도 취재시간이 눈깜빡할 사이에 지나갔다. 그런 생각을 하면서 취재수첩을 덮은 순간, 면담실에 처음 보는 인물이 나타났다.

"소개하지요. 우리 쎈터의 새로운 소장입니다."

새 소장 박광철 씨는 리용구 씨와 동갑이라고 하였다. 올해 38살이다.

"리용구 이전 소장은 지금 농업과학원 참의를 맡아 하고 있습니다. 농업과학원에서는 원장을 보좌하는 참모장과 같은 존재입니다."

개척자는 한 자리에 계속 머무르는 일이 없다. 승진을 축하드린다는 말을 하고 나서 한 가지만 추가질문을 하였다.

개척자로서의 보람

'과제'를 추진하면서 무엇에 보람을 느낍니까.

리용구 씨와 박광철 씨는 작년 6월말에 있었던 일을 꼽았다. 5월 21일 김정일 국방위원장은 〈우리 당의 농업혁명방침을 철저히 관철할데 대하여〉라는 제목의 로작을 발표하였다. 작년 경제관리개선에서 지침으로 되는 일련의 중요 로작들이 발표되었는데 그 중의 하나이다.

황해남도의 협동농장들에 나가 있었던 농업과학자들은 한 달 후에 로작의 내용을 알게 되었다. 로작에는 적지적작, 적기적작, 과학농업의 방침이 명철하게 밝혀져 있었다.

리용구 씨는 밤을 지새우며 로작을 거듭 보았다. 다른 협동농장에 나가있는 동료들에게 전화를 걸었다. 동료들도 행동방식은 마찬가지였다.

"로작을 봤나?"

새벽녘까지 통화는 계속되였다고 한다.

"개척자로서의 보람을 간직한 하루였습니다."

길 없는 길 우에 자욱을 새긴다. 경제와 과학기술의 결합. '알곡 800만톤 생산'. 통이 큰 계획과 대담한 실천력이 조선의 변혁을 추동하고 있다.

김지영 《조선신보》 평양특파원 2004년 6월호 39호

방북취재 | 평양 만경대농장을 가다

"증산, 농업기계화에 더욱 힘쓰고 있다"

2005년 11월 13일 《민족21》 방북취재단은 청산리협동농장, 원화리협동농장 등과 함께 북을 대표하는 농장의 하나인 만경대농장을 단독 방문했다. 취재단은 막바지 탈곡 작업에 바쁜 김영복(50) 농장 관리위원장과 최충석(52) 분조장을 직접 만나 농장의 현황과 올해의 성과 등을 상세히 들었다.

"《민족21》이 제기한 협동농장 취재를 보장하기 위해 만경대농장을 내일 방문하기로 했습니다."

지난 11월 12일 3박 4일간의 취재일정으로 평양을 방문한 첫날 일정을 협의 할 때 북의 초청기관인 민족화해협의회 소속 안내선생이 반가운 소식을 알려줬다.

서울을 출발하기 전 미리 농장 방문을 요청해 놓았지만 성사 여부가 불투명했던 만큼 설레임은 더했다.

최고인민회의 대의원 겸직하고 있는 관리위원장

13일 오후 2시 숙소인 보통강호텔을 떠나 평양시 서쪽 만경대구역에 있는 만경대유희장을 지나자 만경대양어장이 나오고, 조금 더 가자 '만경대 알곡2반' '만경대농장' 표지판이 나왔다. 1994년 협동농장에서 국영농장으로 바뀐 만경대농장은 쌀과 채소, 과일을 평양시민에게 공급하는 북의 대표적 농장이다.

금천동에 자리잡고 있는 만경대농장의 본부마을로 들어서자 김영복 (50) 관리위원장과 최충석(52) 분조장이 나와 취재단을 맞았다. 김 관리위원장은 평양 출신으로 현재 같은 농장의 근로자로 있는 남편을 만나 만경대농장으로 시집을 왔고, 농장 제5작업반장을 거쳐 38살 때 관리위원장이 돼 13년째 맡고 있다.

25년 전인 1980년 '로력영웅' 칭호를 받았고, 1986년 제8기 때부터 현재 11기까지 최고인민회의 대의원으로도 활동하고 있는 유명인사다. 지난 7월 30일 남녀평등권 법령 공포 59돌을 맞아 조선중앙방송에 나와 여성들이 동등한 정치적 자유와 권리는 물론 노동과 교육 등에서도 동등한 권리를 갖고 있다며 강성대국 건설에 기여할 것을 결의하기도 했다.

먼저 김 관리위원장이 농장 현황을 설명했다.

2005년 11월 13일 만경대농장을 찾은 《민족21》 방북취재단이 김영복 관리위원장과 최충석 분조장을 인터뷰하고 있다.

"우리 농장은 수령님(김일성 주석)의 고향마을에 자리잡고 있는 만큼 전국에서 앞장서는, 모범이 되는 농장입니다. 수령님(김일성 주석)께서도 1985년까지 36차례나 현지지도를 하셨고, 장군님(김정일 국방위원장)께서도 8차례나 방문을 하셨습니다.

여기가 본부락이고, 주변에 남리부락, 시산부락 등 5개의 부락이 더 있습니다. 600세대가 농사를 짓고 있으며, 부락마다 탁아소가 건설돼 있고, 본부락에 유치원도 있습니다. 농민들을 위한 상점과 병원 등의 후생시설도 다 있습니다. 농장에는 기계화작업반, 알곡작업반, 남새작업반, 보수작업반 등 여러 작업반으로 나눠져 있습니다. 각 작업반에는 규모에 따라 3~4개의 분조가 있습니다."

올해 작황을 묻자 김 관리위원장은 밝은 표정으로 대답했다.

"예년에 없이 농사가 잘 됐어요. 지난해보다 1.3배 정도 더 올랐습니다. 전민이 나서서 농사에 집중하고, 서로 도와주고 하니까 생산의욕도 높아져 생산이 많이 됐습니다."

만경대 농장은 농업생산물을 높이기 위해서는 지력을 높여야 하고, 이를 위해서는 거름 증산이 중요하다고 생각해, 헥타르(ha)당 100톤의 비료(퇴비)를 사용하기 위해 농장원별, 작업반별 경쟁을 붙여 비료 확보에 나서도록 했다고 한다. 그 노력의 결과가 농업 증산으로 나타난 것 같다.

김 관리위원장이 올해 1월 7일 재일본조선인총련합회(총련) 기관지 《조선신보》와 인터뷰에서 "지난해 기후조건이 불리해 남새(채소) 생산이 좀 떨어져 평균 현금 7만원과 알곡 260kg을 분배했다"고 밝힌 만큼 현금 지급액은 알 수 없지만 올해 알곡 분배량은 대략 가늠해 볼 수 있다. 북 각지의 협동농장은 연간 총생산량에서 국가 납부금과 생산비 등을 뺀 후 그해 생산실적에 따라 현금과 농작물을 농장원에게 분배한다.

부락 입구에는 1975년 가을 농장 제3작업반 포전에 온 김 주석과 김 위원장의 모습을 모자이크화로 담은 대형선전비가 서 있었다. 김 관리위원장은 "매년 이 앞에서 농사 계획 달성을 결의하는 모임을 비롯해, '언제까지 모내기를 끝내자', '언제까지 벼베기를 끝내자' 는 결의모임 등이 열린다"라고 말했다.

"과거 이곳은 수수, 조 등 잡곡 밖에 못 심는 척박한 땅이었던 것을 여러 차례 토지정리를 해서 지금의 농장으로 가꾼 겁니다. 몇 해 전에는 그동안 미처 하지 못했던 뙈기밭들까지 전부 토지정리를 끝냈습니다."

태영열 이용해 전력 보장

대형선전비 옆에는 '김일성동지의 현지교시비' 와 '김정일동지의 현지말씀비' 가 서 있었다. '김일성동지의 현지교시비' 에는 1985년 시점에서 만경대농장이 해야 할 여러 가지 과제가 제시돼 있었다.

"만경대협동농장에서는 남새를 정보당 200톤이 아니라 250톤씩 생산해야 하겠습니다" "앞으로 문화주택을 많이 지어 농민들이 좋은 집에서 살도록 하여야 하겠습니다. 동무들이 앞으로도 농사에서 계속 《장훈》을 불러야 하겠습니다” 등의 내용이 담겨 있었다.

농장원들이 리발, 목욕하는 후생건물은 태양열을 이용해 전력을 보장하고 있는 점이 눈에 띄었다. 농장 안에 기본적으로 자급운영을 할 수 있는 각종 교육, 편의, 후생시설이 갖춰져 있는 셈이다.

북의 농업관리체계에서 주목할 만한 것은 ‘분조관리제’ 다. 분조관리제는 1965년 5월 김일성 주석의 강원도 회양군 포천협동농장 현지지도를 계기로 같은 해 11월 로동당 중앙위 제4기 제12차 전원회의에서 공식 채택된 것으로 연간 농업생산계획을 10~25명으로 구성된 분조에서 책임지고 수행하며 분조원에 대한 분배는 연말 생산실적에 따라 확정, 지급하는 일종의 책임노동제도라고 할 수 있다.

1960년부터는 ‘작업반 우대제’ 도 실시했다. 분조관리제는 분조의 책임성 제고의 측면에서, 작업반 우대제는 노동의욕 고취의 측면에서 기능한다.

북은 1996년부터 현실적 요구에 따라 개인의 근로의욕을 높이기 위해 기존의 분조관리제에 대한 개선조치를 실시했다. 이 개선조치의 주요 내용은 ‘분조규모의 축소 및 우대제 적용’, ‘생산계획의 하향조정’, ‘초과분 처분권 인정’ 등으로 전해진다.

분조관리제에 대해서는 농장 입구에 세워져 있는 ‘김정일동지의 현지말씀비’ 에도 나타나 있었다. 김정일 국방위원장은 1985년 8월 11일 김 주석과 함께 이곳을 방문했을 때 “분조관리제를 잘 운영하면 농민들의 생산열의가 높아지고 알곡 수확고도 훨씬 더 높일 수 있을 것입니다. 따라서 호당 분배몫도 늘일 수 있습니다”라고 말했다.

작업반장이나 분조장은 어떻게 선출합니까?

“농사를 지휘하려면 능력도 있고 지식도 있어야 하지 맹탕 아무나 하지는 못하지 않습니까? 반장과 분조장은 실력과 신망이 있어야 하죠.”

최근 북에서는 분조마다 분배몫이 차이가 나면서 분조원들이 분조장

을 추천할 정도로 분조장을 누구로 할 것인지에 대해 관심이 높아졌다고 한다.

2002년 7월 1일 사회주의경제관리개선조치(이하 7·1조치) 이후 작업반 우대제는 폐지됐습니까?

"없어진 것이 아니라 작업반 우대제도 실시하면서 분조관리제를 좀더 세밀하게 운영하자는 것입니다. 일정한 땅과 노력을 주어서 분조에서 생산된 양에 대해 계획을 초과달성한 부분에 대해서는 생산의욕을 높이기 위해 분조에 번만큼 일한 만큼 더 주는 것이지요.

평균주의는 못 하잖아요. 분조관리제의 우월성을 높이 발휘하니까 농장원들의 생산의욕이 높아지고 호상(상호) 경쟁이 치열해지죠. 경쟁이 되니까 누가 지겠다고 하겠어요?"

7·1조치 이후 분조관리제에 변화가 있습니까?

"7·1조치 이후 분조의 규모를 작게 했습니다. 그러니까 호상간의 경쟁이 높아져 농장원에게 차려지는 분배몫이 늘어났습니다. 큰 틀에서는 변화가 없다고 보면 됩니다."

농장에서는 생산성을 높이기 위해 다양한 노력을 하고 있었다. '기술돌격대'와 '현지학습반'의 도입도 이러한 조치의 일환이다.

농장에 나와 있는 '2월17일 과학자 기술자 돌격대'는 이모작 농사의 종합기계화 실현, 농기계 부속품 품질 향상, 농기계의 성능 개선 등에 큰 기여를 하고 있다고 한다. 1978년 처음 조직된 '2월17일 과학자 기술자 돌격대'는 생산현장에서 제기되는 기술적 문제 해결, 기술자·기능공에 대한 과학기술 및 운영기술 교육, 신기술 및 기술혁신안 창안 등의 활동을 해 오고 있다.

현지학습반 운영

"현지학습반'은 주로 12월부터 이듬해 2월 사이 농한기에 농업기술자들이 농장에 와서 강의를 해 농장원들의 농업기술 수준을 높이는 현

만경대농장 본 부락 입구에 서 있는 김일성 주석과 김정일 국방위원장의 현지교시비와 현지말씀비.

장교육체계다. 박 분조장은 "농한기에 위에서 교원들이 나와 농장원들에게 최근 기술정보에 대해 강의를 해 줍니다. 교원들이 강의를 하고, 강의하는 중에 농민으로부터 배우기도 합니다. 이 과정을 마치면 자격증을 딸 수 있습니다. 우리 농장원의 30% 이상이 기사자격증을 가지고 있습니다."라고 설명했다.

"농업생산성을 높이기 위해 기울이고 있는 노력"에 대해 묻자, 김 관리위원장은 정보농업, 종자개량, 퇴비증산을 과제로 꼽았다.

"우선 적기적작(適期適作)을 위해서는 토지의 성격을 아는 것이 중요합니다. 어떤 시기에 어떤 작물을 심어야 하는지, 어떤 토양에는 어떤 작물을 심는 것이 좋은지를 파악하는 것이죠. 땅을 알아야 생산을 높일 수 있다는 겁니다.

이런 분석을 통해 어디에는 질소비료를 더 주고, 어디에는 퇴비를 주로 주어야 하는지를 알 수 있는 겁니다. 자기 실정에 맞는 주체농법을 하자는 것이지요. 둘째는 종자문제입니다. 끊임없이 종자를 개량해서 좋은 종자를 마련해야 합니다.

이를 위해 국가적 차원에서도 '종자혁명'의 구호를 내걸고 노력하고 있습니다. 셋째는 지력을 높이는 문제를 해결해야 합니다. 두엄, 이탄 등의 원천을 늘려 퇴비생산을 높이는 것이죠."

농장을 둘러보고 나오면서 "만경대농장은 청산리협동농장이나 김 주석과 김 위원장이 명예농장원으로 등록돼 있는 원화리협동농장보다 덜 알려져 있는 것 같습니다"라고 하자, 김 관리위원장과 최 분조장이 입을 모아 '겸손'을 이야기했다.

"'현지말씀비'에도 나와 있듯이 우리 농장은 전국의 모범이 되기 위해 소리나지 않게 노력하고 있습니다. 지금까지 국가가 준 계획을 완수하지 못한 적이 없어요. 앞으로도 우리 농장은 조용히, 겸손하게 농사에서 으뜸이 되도록 최선을 다할 겁니다."

이야기를 듣다 보니 어느덧 농장을 떠날 시간이 됐다. "세대주(남편)

께서는 무슨 일을 하십니까?"라고 묻자 "이곳 농장원입니다"라며 "세대주보다 내가 더 세지요"라며 활짝 웃는 김 관리위원장.

"세대주보다 내가 더 세지요."

"다시 만납시다"라고 작별인사를 하는 김 관리위원장의 소박한 얼굴에서 1990년대 '고난의 행군'과 '사회주의 강행군' 시기의 어려움을 극복하고, '가는 길 험난해도 웃으며 가자'는 낙관적 신념을 갖고 노력하는 북 농민들의 모습이 와 닿았다.

북이 강조하는 농업의 종합기계화, 농촌 문화주택의 개량 등에는 북 농민들에게 주어진 숙제가 여전히 많지만 점차 조건이 호전되고 있다는 느낌을 받으며 만경대농장을 떠날 수 있었다.

농장을 나와 호텔로 가기 위해 광복거리에 들어서자 길가 아파트단지의 가정마다 배추를 쌓아둔 모습이 눈에 들어왔다. 바야흐로 평양은 '김장전투'가 한창이었다. 간간이 텃밭에서 배추를 뽑는 아낙네의 모습이 보였다. 배추를 실은 자전거, 짐수레, 트럭이 자주 스쳐 지나갔다.

"평양에서는 각 가정에서 취향에 따라 김장을 합니다. 김장에 들어가는 젓갈이나 양념의 양에 따라 맛이 다 달라요. 배추는 구역별, 직장별로 공급이 됩니다. 김장독을 땅에 묻는 경우도 많죠. 요즘에는 김장을 적게 하고 모자란 경우에는 김치공장에서 사다 먹는 경우도 늘어나고 있습니다."

동행한 안내원의 설명이다. 만경대구역에는 1992년에 착공해 2년 만에 완공된 광복거리김치공장이 있다. 청춘거리를 지나다 보니 털코트를 입은 멋쟁이 아가씨가 지나갔다. 평양 중심부에 있는 평양학생소년궁전, 김일성경기장 앞 공터에서 쌀쌀한 날씨에도 불구하고 남녀 학생들이 인라인스케이트를 타고 있었다.

각 아파트단지에서는 창문을 수리하는 등 월동준비를 하느라 바쁜 모습이었다. 11월 14일 방문한 인민대학습당에는 컴퓨터를 이용해 새로운 정보를 얻으려는 청년들, 캐나다 영어강사를 초청해 영어공부를 하는 청년과 근로자들로 빈자리가 없었다.

평양거리는 지난 10월 당창건 기념일 때와는 달리 차분하게 일상으로 돌아와 있었다.

방북취재단이 평양으로 들어오던 11월 12일 고려항공기에는 김계관 외무성 부상을 단장으로 하는 제5차 6자회담 북측대표단도 타고 있었다. 공항에서 세관원들이 "회담은 잘 하고 왔습니까?"라고 인사하자 한 대표단 성원이 "아주 잘 됐습니다"라고 대답했다.

11월 11일 베이징 북 영사관에서 만난 김 부상이 '행동 대 행동'의 실천적 조치를 강조한 것처럼 여전히 6자회담 앞에는 여러 가지 난제가 남아 있다. 11월 15일 평양을 떠나는 비행기 안에는 이란으로 전지훈련을 가는 압록강체육단, 평양시체육단 소속의 탁구 선수들, 태국으로 수자원 관리 연수를 떠나는 한 연구소 연구원들, 베이징을 방문하는 북의 역사학자 등 다양한 북측 인사들이 타고 있었다.

이들과 북에서 만난 안내선생, 농민, 노동자의 표정 속에서 모든 문제를 자력으로 해결할 수 있다는 자신감을 읽을 수 있었다. 6자회담을 통한 평화보장체계의 수립, 경제재건을 통한 경제강국 건설이라는 이중의 과제를 해결하려는 북녘사회. 문득 평천구역 한 건물 위에 있는 대형구호판에 써 있는 문구가 떠올랐다.

"오늘을 위한 오늘에 살지 말고 내일을 위한 오늘에 살자."

2005년 11월 오늘을 사는 북측 사람들의 심정을 대변하는 구호인 것 같다.

정창현 《민족21》 편집주간 2005년 12월호, 57호

방북취재 | 북 여성 멋쟁이 만드는 평양화장품공장
"우리 공장은 21세기 선군시대 이끌어갈
현대적 경공업공장입니다"

2005년 11월 14일 《민족21》 방북취재진은 '현대화의 모범 공장'인 평양화장품공장을 방문해 유학천(61) 지배인의 안내로 공장 내부를 단독취재하고, 공장노동자로 구성된 '기동예술선전대'의 즉석 공연을 관람했다. 2000년대에 들어 활발하게 진행되고 있는 북 공장의 현대화 실태와 2002년 '사회주의경제관리개선조치' 이후 달라진 분위기를 볼 수 있었다.

'당의 경공업혁명방침을 관철하여 인민소비품 생산에서 새로운 전환을 일으키자!'

평양시 평천구역 봉학동 중심에 자리잡고 있는 평양화장품공장에 도착하자 공장 입구 왼쪽에 서 있는 대형구호판이 먼저 눈에 들어왔다. 한눈에 이 공장이 북 당국이 추진하고 있는 경공업 정상화의 모범공장임을 짐작할 수 있었다.

평양경공업대학 출신 공장 지배인

2005년 11월 14일 오후 2시 숙소인 보통강호텔을 출발한 방북취재진은 만수대창작사를 지나 평천구역 당위원회 건물 옆에 위치한 평양화장품공장에 도착했다. 유학천(61) 지배인과 기술혁신에 앞장서온 기술부원 마철수(40) 씨가 우리 일행을 맞이했다.

"우리 공장에 오신 것을 환영합니다."

지배인의 목소리에는 힘이 가득 실려 있었다. 유 지배인은 평양경공업대학(현재 한덕수경공업대학) 공업경영학부를 나와 평양화장품공장에 근무하기 시작해 벌써 20여 년 전에 지배인으로 승진해 지금까지 사업하고 있는 베테랑 일꾼이다. 마 부원은 공장현대화에 앞장서 여러 가지 기술 혁신에 기여한 기술자다.

공장에 들어서자 좌우에 마련된 게시판에 '자력갱생의 선구자들'이란 제목으로 생산활동에서 모범을 보인 근로자들의 명단이 사진과 함께 걸려 있고, 각종 선전화가 붙어 있었다. 공장 안으로 들어가자 확 트인 넓은 부지에 하얀 타일을 붙인 여러 동의 생산건물과 보기 좋게 조성된 잔디밭과 꽃나무들이 자리잡고 있었다.

공장의 중앙에는 북의 다른 공장·기업소, 협동농장 등과 마찬가지로 김정일 국방위원장의 '현지지도사적비'와 '벽화'가 세워져 있었다. 부지면적이 2만㎡ 규모인 평양화장품공장은 '봄향기'라는 제품을 생산하는 신의주화장품공장과 함께 북의 양대 화장품 생산 공장이다.

현지지도사적비 앞에서 유 지배인이 먼저 공장 연혁에 대해 설명해 주었다.

"우리 공장은 7~8년 전만 해도 이렇게 잘 꾸려지지 못했습니다. 우리 장군님(김정일 국방위원장)께서 우리 공장실태에 대해 요해(파악)하신 뒤 크나큰 관심 속에 이렇게 잘 꾸려질 수 있었습니다.

우리 공장은 전후에 화학생산협동조합으로 처음 발족했어요. 그때로서는 철가마 몇 개하고, 수동프레스 몇 개 놓고 세숫비누, 크림 정도를 생산하는 협동조합에 불과했었습니다. 그러던 것이 1960년대 초에 들어서면서 국영기업소 평양화장품공장으로 명명되었고, 그때부터 우리 공장은 평양 시민들에게 화장품을 생산해 공급하는 공장으로 자라났습니다. 그 후에 고난의 행군, 강행군의 어려움을 겪고 난 후 2000년도에 들어서면서 장군님께서 공장을 현대화 개건하도록 강력한 건설역량도

2005년 11월 14일 평양화장품 공장을 찾은 《민족21》 방북취 재단에게 유학천 지배인(가운데)이 공장의 연혁과 생산현황을 설명해주고 있다.

2000년 들어 개건 현대화 된 평양화장품공장은 북의 모범적인 경공업공장으로 꼽혀 3대혁명붉은기를 수여받았다.

무어(꾸려)주시고, 최첨단 설비도 보내주셔서 낡은 단층 건물들을 다 철거하고 이렇게 현대적 공장 건물로 변모되었습니다.

이렇게 꾸려진 공장을 장군님께서는 2003년 8월 5일 삼복 더위에도 불구하고 직접 찾아오셔서 우리 공장을 '선군시대의 멋쟁이 공장'이라고 하시면서 우리 공장이 나갈 길을 제시해 주셨습니다. 이러한 공장 현지지도를 후대들에게 길이 빛내이기 위해 현지지도사적비와 벽화를 세운 것입니다. 공장노동자들이 수백리 떨어진 광산에 가서 직접 250톤의 화강석을 실어다가 가공해 건립했어요. 벽화는 지난 8월에 시작해 10월에 제막식을 했습니다."

2000년 들어 공장현대화 추진

김정일 국방위원장은 1999년 6월 "나라가 어려울수록 인민들의 생활필수품은 무조건 보장해주어야 한다"며 최신기술을 갖춘 세숫비누, 치약생산 공정을 설립하도록 했다. 2003년 8월 5일 직접 공장은 찾은 김 위원장은 ▲생산 정상화 ▲제품 확대와 질 제고 ▲자동화설비 확충 ▲생산면적의 합리적 이용 ▲생산·생활문화 개선 등 5대 과제를 제시하면서 "신의주화장품공장과 제품의 질에서 경쟁을 벌여 인민의 사랑을 받는 공장이 돼야 한다"고 지적했다.

현재 공장은 몇 개의 직장으로 나눠져 있습니까?

"우리 공장에는 세숫비누직장, 치약직장, 화장품직장, 고무동력작업반 등이 있고, 로동자회관도 세워져 있습니다."

전체 종업원 수는 몇 명 정도 됩니까?

"약 300명 정도로 종업원이 그리 많지 않습니다. 종업원이 많았는데, 생산공정이 자동화, 현대화되면서 인원이 많이 줄었어요."

평양화장품공장에서는 평양 시민들 사이에서 인기를 끄는 '은하수' 상표의 세숫비누와 치약을 비롯한 각종 화장품들을 생산하고 있다. '은하수' 제품이 인기를 끄는 비결은 이 곳에서 생산되는 천연화장품들이 피부를 맑고 부드럽게 해주며 세숫비누가 향긋한 냄새로 상쾌한 기분을 자아내고 치약의 효능이 높기 때문이라고 한다. 인삼과 꿀 등 천연물질을 넣어 피부 노화방지나 주름제거, 미백과 보습 기능을 높인 기능성 제품도 생산되고 있다.

공장현황을 들은 후 유 지배인의 안내로 세숫비누직장, 치약직장, 화장품직장을 차례로 둘러보았다. 비누직장에 들어가니 원료혼합-압출-가공-포장 등의 과정이 모두 하나의 흐름으로 자동화 돼 있었다.

"이렇게 현대화된 시설에서 일하게 되니까 지난 시기보다 질을 높이기 위한 투쟁이 더 힘있게 벌어지게 됐습니다. 현대적 설비를 갖추고 일하게 되니까 노동자들이 얼마나 흥이 나서 일하는지 모릅니다."

흥겨운 기동예술선전대 공연

비누직장 시설을 자체적으로 개발, 개선하는 과정을 유 지배인과 마 부원으로 듣다보니 어느 새 1,2층 시설을 다 둘러봤다.

"이렇게 오셨으니 우리 노동자들이 쉴 참에 어떻게 휴식하는지 기동예술선전대의 공연을 보고 가는 것이 어떻겠습니까? 우리는 노동을 하다가 쉴 참이면 기동예술선전대가 나와서 노래도 불러주고, 노동자들도 나와서 노래도 부르고, 함께 춤도 추니까 노동이 힘든지 모릅니다. 모두 현장에서 일하는 노동자들로 구성돼 있지요."

10명으로 구성된 예술선전대가 나와 드럼과 아코디언 반주에 맞춰 '혁명가요'를 부르는데 전문예술가 뺨치는 수준이었다. 부부 노동자들이 나와 중창을 하니 보기가 참 좋았다.

옆에 앉아 있던 유 지배인에게 "공장에 부부노동자들이 많습니까"라고 질문을 했다.

"여러 명 있습니다. 공장 마당에 나무들을 많이 심어 놓고, 그 밑에 의자도 갖다 놓아 종업원들이 쉴 수 있도록 했어요. 쉬는 시간이면 처녀, 총각들이 나와서 연애도 하고, 부부들이 만나 담소를 나누기도 합니다. 남편은 고무동력직장, 안해(아내)는 비누직장에서 일하는 부부가 있는데, 출퇴근을 함께 하는 모습이 정겹습니다."

전체 종업원 중 여성들이 75%를 차지하는 이 공장은 책임일꾼부터 시작해 직장장들과 작업반장들도 거의 여성들로 이뤄져 있고, 기술자·전문가들도 한덕수경공업대학을 비롯한 대학·전문학교를 나온 여성들이 과반수를 차지하고 있다.

세숫비누직장을 나와 옆 건물 1층 화장품직장 수지작업반으로 향했다. 샴푸, 린스, 화장품용기를 생산하는 작업장이었다.

"원래 이 설비는 치약마개를 생산하기 위해 설치된 것인데, 장군님께서 8월에 현지지도하면서 치약마개를 생산하고 용량이 남으면 화장품용기도 생산하라고 가르침을 주신 이후에 샴푸통을 비롯한 각종 용기를 생산하고 있습니다."

유 지배인의 설명이다. 기술부원들이 밤잠을 안자고 여러 기술적 방안을 검토한 끝에 설비를 변경해 용기 생산이 가능하게 됐다는 것이다.

2층에 올라가니 치약과 치약용기를 생산하는 작업반이 바쁘게 움직이고 있다. 치약용기 생산부터 포장 완제품까지 자동화생산공정이 갖춰져 있었다. 유 지배인의 자랑이 이어졌다.

"장군님께서는 이 건물에 오셔서 '공장 건설은 이렇게 해야 한다. 아주 잘 꾸렸다. 생산도 더 높은 수준에서 정상화하라'고 말씀하셨습니다. 현재 치담치약, 불소치약, 인삼치약, 어린이치약 등 다양한 종류의 치약을 생산하고 있지요."

대안의 사업체계 고수

다시 밖으로 나와 사적비 앞에 서서 기념촬영을 하고 잠시 최근의 공장운영에 대한 질문을 던졌다.

남쪽에서는 사회주의경제관리개선조치(7·1조치) 이후 '대안의 사업체계'가 변화됐다는 주장이 일부에서 나오고 있습니다. 실제 변화한 것이 있는지, 또 현재 공장운영의 체계가 어떻게 되어 있는지 말씀해 주십시오.

"'대안의 사업체계대로 공장이 그대로 운영되는가' 라는 질문입니까? 대안의 사업체계는 우리 공업경영에서 원종자입니다. 그게 우리 원종자예요. 수령님이 내놓으신 경제관리체계 아닙니까? 지난 시기에는 지배인이 혼자서 생산과 경영에 대해 전반적으로 책임을 졌다면 1960년대 초 대안의 사업체계가 나온 이후에는 종업원 전체가 군중적으로 책임지는 방식으로 변화된 것이지요. 대안의 사업체계는 우리 공업부문에 구현한 주체사상, 공업관리체계입니다.

대안의 사업체계는 요만큼도 다른 것이 없습니다. 우리는 그대로 생산경영활동, 관리활동을 대안의 사업체계에 기초해 운영해 나가고 있습니다. 그렇다해서 똑 같은 것은 아니죠. 현실 발전의 요구에 맞게 일부 경제관리체계가 보충적으로 되고 있습니다. 그렇지만 원종자인 대안의 사업체계는 철저하게 관철해 나가고 있지요. 대안의 사업체계라는 것이 종업원이 다 자각적으로 생산활동에 참여해서 질 좋은 생산물을 더 많이 창조하기 위한 투쟁 아니겠습니까? 종업원이 다 창발성, 적극성, 자각적으로 누가 시키거나 호령하거나 하는 것이 아니란 말입니

화장품 공장 내 근로자들로 구성된 기동예술선전대가 취재단을 위해 즉석 공연을 해 주었다(위).
평양화장품공장 근로자들이 선전대 공연을 보며 즐거워하고 있다(아래).

다. 종업원들이 다 생산 기술공정 표준공정 다 지키고, 제품의 질을 높이기 위해 다 노력하는 것을 보시지 않았습니까?"

노동자들의 생산의욕을 높이기 위해서 사상적, 물질적 자극을 적절하게 배합하고 있는 것으로 알고 있습니다. 현재 물질적 자극을 위해서는 어떤 부분에 신경을 쓰고 계십니까?

"사람의 사상이 기본입니다. 내가 무슨 일을 해도 사상적으로 발동이 되야 성수가 나서 일하지 않겠습니까? 그러니까 우리는 사상적 자극에 기본을 두고 있습니다. 동시에 물질적 자극도 따라 세운다는 원칙이죠.

일한 만큼, 번 것만큼 종업원들에게 차려지도록 하는 겁니다."

직장, 작업별로 분배에서 차이가 있습니까?

"물론 직장, 작업반별로 차이가 있지요. 전반적으로 지배인을 비롯한 일꾼들이 노동자들에게 생산 노동조건을 잘 보장해주고, 앓지 않도록 후생시설을 비롯해 치료 시설을 잘 보장해주고 이렇게 건강한 몸으로 나와서 일하도록 해주면 자동적으로 물질적 부가 많이 창조가 되고 따라서 우리 종업원들의 수익도 늘어나게 됩니다. 우리 일꾼들의 사명이 무엇입니까? 노동자들이 있기 때문에 일꾼이 필요한 것이지요."

최근 공장운영에서 가장 신경을 쓰고 있는 부분은 무엇입니까?

"우리 공장은 21세기 경공업공장, 21세기 현대적 공장이라는 과분한 평가를 받고 있습니다. 우리 종업원들은 나 자신도 그렇고, 정말 더 인민을 위해서 충실히 복무하는 공장이 되도록 꾸려나가고 있습니다."

인민을 위해 복무하는 공장

2000년대에 들어와 북쪽 주민들은 '개건 현대화'라는 말을 자주 쓰고 있다. 특히 평양시의 공장, 기업소와 농장에서 개건 현대화 사업이 면밀한 계획에 따라 착실히 추진되고 있다.

북은 '개건 현대화'가 경제발전의 기초가 되는 생산기술 및 장비 수준을 끊임없이 높이는 근본이 된다고 생각하고 있다. 정보산업 시대의 요구에 맞게 생산설비와 공정을 첨단기술로 갱신하는 방향으로 인민경제의 개건 현대화를 실현하는 문제를 중요한 경제전략의 하나로 보고 새 시대의 요구에 맞게 대담하고 통이 크게 추진하고 있다.

"앞으로 자주 오십시오."

유 지배인의 작별 인사 속에는 평양을 대표하는 경공업 본보기 공장을 운영하고 있다는 긍지가 묻어 났다.

공장을 나오면서 공장 입구를 보니 붉은 색의 '3대혁명붉은기쟁취전

세숫비누직장에서 일하고 있
는 북녘 노동자들. 평양화장품
공장의 직원 300여 명은 대부
분 여성이다(위).
평양화장품공장은 '전투'를 벌
여 지난해 10월 15일 3대혁명
붉은기를 수여받았다. 사진은
공장 내부의 선전판(아래).

투쟁' 이란 비가 서 있었다. 다음 날인 15일 북 최고인민회의 상임위원
회는 "김정일 동지의 선군혁명 영도를 받들고 사상·기술·문화의 3대
혁명 기치 밑에 당 로선과 정책을 관철하기 위한 실천투쟁 속에서 맡겨
진 혁명과업을 모범적으로 수행했다"고 평가하며 평양화장품공장에 3
대혁명붉은기를 수여했다.

정창현 《민족21》 편집주간 2006년 1월호, 58호

2004년 일본을 바라보는 평양 민심
일본의 대북 적대시 자세에서
미국의 그림자를 보는 사람들

흔히 북에는 사회적 '여론'이란 것이 없다는 얘기가 많다. 그러나 《조선신보》 평양특파원의 얘기는 다르다. 평양에도 분명 여론이 있다는 것. 대북 적대정책에 앞장서고 있는 일본에 대한 평양의 여론은 어떤 것일까. 그리고 그 근거는?

북, 남조선과 미, 중, 로, 일의 대표들이 참가하는 제2차 6자회담이 베이징에서 진행되던 2월 말, 평양에서 한 로인을 만났다.

"미안한데, 귀가 멀어서…, 큰 소리로 대화를 나누어주시면 감사합니다."

올해 79살인 김용걸 씨는 작년 11월에 결성된 '조선인강제련행피해자, 유가족협회'의 회장이다. 늙은 몸인데도 정력적인 활동으로 새 단체를 이끌고 있다.

강제연행 피해자들의 첫 단체

"일제가 패망한 때로부터 반세기 이상 지나갔지만 과거 피해자들의 명예와 존엄은 아직까지 회복되지 않았습니다. 일본이 과거의 반인륜적 범죄에 대한 진상규명과 사죄와 보상을 하지 않고 있는데 대해 우리들의 일본에 대한 원성은 하늘땅에 치닫고 있습니다."

김용걸 씨는 입을 떼자 바람으로 분노의 감정을 터뜨렸다.

조선에서는 1990년대 초부터 '조선 일본군 〈위안부〉 및 강제련행피해자보상대책위원회(조대위)', '일제의 조선강점피해조사위원회'와 같은 단체들이 일본의 과거청산을 촉구하는 활동을 벌려왔다. '조대위'는 사회단체 대표나 력사학자, 법률가 등 각 계층 인사들을 광범하게 망라한 단체이다. 김용걸 씨의 단체는 일제의 인권유린 범죄의 피해 당사자와 그 유가족들의 직접적인 발기에 의하여 결성되였다. 일본의 과거청산문제와 관련하여 개별적 피해자들이 주축이 된 단체의 결성은 조선에서 처음 되는 일이다.

"피해자들 가운데 많은 사람들이 일본에 대한 원한을 풀지 못한 채 우리의 곁을 떠나고 있습니다. 협회의 결성은 더는 미룰 수 없는 우리 자신의 과제였던 것입니다."

지난 시기 '조대위'는 일본군 성노예, 강제련행 등 조선강점시기 일제가 저지른 죄행을 고발하기 위한 자료조사 활동을 벌렸다. 1995년과 2002년에 각각 증언집이 편집, 발행된 바 있다. 여기서 소개된 피해자들 가운데 이미 고인이 된 사람들이 적지 않다.

2002년 4월에 발행된 증언집 《고발》의 머리말은 이렇게 서술되어 있다.

"증언집 발행과 관련하여 우리는 상당한 애로를 느끼지 않을 수 없었다. 많은 피해자들이 한창 젊은 나이에 끌려가 상상을 초월하는 고통과 고역을 치르면서 육체를 여지없이 파괴당한 후유증으로 일찌기 세상을 떠난 데다가 현재 생존해 있는 사람들도 문전 출입이나 겨우 하는 정도의 고령의 병약자들이기 때문이였다…."

쌓이고 쌓인 원한의 폭발

김용걸 씨의 체험도 '기합'으로 불구가 되다〉라는 제목으로 증언집에 수록되어 있다.

　　1925년 평안남도 강서군 강서면 암저리의 가난한 농가에서 태여난 김용걸 씨는 1944년 ‘징병령장’을 받아 군대에 징집되였다.

　　그는 “일본 군대에 끌려갔다가 살아 돌아 올 수나 있겠는지, 게다가 더 걱정스러운 것은 당장 내가 없으면 몸이 불편하여 제대로 일도 못하는 아버지와 우리 집 식구들은 어떻게 살아가겠는가 하는 것”이였다고 당시를 회고한다. 징병의 소식을 알리자 울고불고 소동을 일으킨 집 식구들의 모습이 지금도 그의 마음에 새겨져 있다고 한다.

　　김용걸 씨는 진해에 있는 ‘신병훈련소’에서 3개월 간 제식 동작 훈련을 하였다. 그가 있었던 ‘훈련소’에는 수백 명의 조선 사람이 있었다.

　　“장교들과 사관들은 모두 일본인들인데 그들은 일체 조선말을 쓰지 못하게 하였고 우리에게 훈련을 주는 동안 ‘야마도다마시(야마토정신)를 주입시키는 것이 기본이다’고 하면서 쩍하면 몽둥이기합을 가하였습니다.”

　　조선 사람들이 매를 맞고 기합을 당하는 것은 례상사였다. 김용걸 씨 역시 훈련할 때 동작이 느리다고 매를 맞아 고막이 파렬되였다. 그때부터 한쪽 귀를 듣지 못하게 되였다. 그 후 김용걸 씨는 부산에서 련락선을 타고 일본으로 가게 되였다. 가고시마현에 있는 군용비행장에서 방어시설공사에 동원되고 거기서 광복을 맞이하였다.

　　“비행장에서도 일본인들은 우리를 마소처럼 부려먹었고 그 무슨 트집을 잡아 기합을 가하였습니다.”

　　김용걸 씨는 일본의 배신행위는 “전체 조선 인민, 특히 우리와 같은 피해자, 유가족들의 대일 증오심을 증폭시켰다”며 협회의 결성은 “쌓이고 쌓인 원한의 폭발”이라고 강조하였다.

　　“우리는 목표를 달성할 때까지 끝까지 싸워나갈 각오가 되어있습니다. 일본 정부로부터 사죄와 보상을 받아내기 전에는 눈을 감을래야 감을 수 없습니다. “

'조선인 강제련행피해자, 유가족협회' 회장을 맡고 있는 김용걸 씨.

"경제협력으로 대치할 수 없다"

2002년 9월 17일, 조일 수뇌회담에서 조일 평양선언이 발표되었다. 현재 조선 사람들이 대일관계를 론할 때 전제로 삼는 문서이다. 선언에는 "일본측은 과거 식민지지배로 인하여 조선인민에게 다대한 손해와 고통을 준 력사적 사실을 겸허하게 받아들이며 통절한 반성과 마음속으로부터의 사죄의 뜻을 표명하였다"고 명시되였다. 그리고 조일 국교 정상화 후 일본측이 조선에 대한 경제협력을 실시한다는 내용을 담았다.

일본의 과거청산에 반대하는 일부 세력들은 평양선언에 "경제협력"의 구절은 있어도 개인들의 보상청구 권리는 명시하지 않았다는 론리로 자기들의 주장을 합리화하고 있다. 조선인 피해자, 유가족들의 관점은 다르다.

"선언에서 표명된 일본의 사죄는 과거 조선 인민에게 준 모든 인적, 정신적, 물질적 피해에 대한 사죄를 의미합니다. 선언의 기본정신은 일본이 정신적, 육체적 고통을 준 개인들에게도 사죄, 보상할 것을 요구하고 있습니다."

조선인강제련행피해자, 유가족협회 서기장 리하진(43) 씨는 또한 국제법상의 원칙과 국제관례에 따르면 중대한 인권유린 범죄는 시효에 관계없이 처벌하게 되어 있다는 점을 강조한다. "사죄와 보상은 회피할 수 없는 일본의 국가적 의무"라고 주장하는 리하진 씨도 강제련행 피해자의 유가족이다.

"인권유린 범죄에 대한 보상을 나라들 사이에 이루어지는 경제협력으로 대치할 수는 없습니다. 민간단체는 정부간 회담에 직접 관여하지 않지만 이 문제와 관련해서는 우리의 주장을 정부에 제기할 것이고 정부도 그것을 참고로 할 것입니다."

일제가 침략전쟁의 인적, 물적 자원을 조선에서 동원한 법적 근거는

‘합방조약’을 통해 조선에 대한 통치권을 인수한데 기초하여 실시한 일련의 동원법이다. 1938년 ‘국가총동원법’에 기초한 ‘국민징용령 (1939년 공포)’ 등이 대표적이다. 물론 조선 사람들은 그러한 ‘근거’를 인정하지 않는다. 무력을 배경으로 한 일제의 조선강점 자체가 불법이였다. 그리고 조선인 강제징발 행위는 일본 국가에 의해 계획되고 명령된 국가적인 범죄행위였다.

일제의 조선인 강제징발은 조선 민족 말살을 노린 반인륜적 국가범죄였다. 조선에서는 이런 인식이 사람들 속에 정착되어 있다. 조선력사학학회 허종호 회장은 다음과 같이 지적한다.

“로동력의 무차별적 강제징발과 노예적 고역 또는 총알받이 임무의 강요 등은 조선 사람들을 육체적으로 멸망시키고 조선 민족의 실체 자체를 없애기 위한 계획적인 민족말살정책의 발현이였습니다.”

그는 그 근거를 일제의 조선인 강제징발이 피줄과 언어, 지역과 문화의 공통성으로 이루어 진 민족공동체의 뉴대를 전 민족적 범위에서 파괴한다는 데 있다고 설명한다. 강제련행 피해자, 유가족들과 ‘조대위’를 비롯한 단체들은 식민지 통치시기 일제가 감행한 중대 인권피해문제부터 우선적으로 해결할 것을 주장하고 있다. 사건별로 진상을 조사공개하고 이에 대한 별도의 사죄와 함께 피해자, 유가족들에게 보상하는 것이 조일 국교정상화를 위한 조건으로 된다는 립장이다.

‘조대위’ 홍선옥 위원장은 일본이 과거의 반인륜적 범죄들을 조사규명하고 그 사실들을 그대로 공개하는 것은 “침략과 범죄 력사를 청산하려는 의사가 있는가 없는가 하는 척도”로 되며 범죄에 대한 사죄는 “가해국의 도덕적 가치를 규정하는 징표의 하나”로 된다고 지적한다.

“우리가 이러한 요구를 제기하는 것은 일본을 복수하기 위해서가 아닙니다. 과거 일본이 저지른 죄행으로 하여 우리 인민들 속에 가득 찬 원한을 하루빨리 풀고 악화되어 있는 지금의 조일관계를 조일 평양선언의 기본정신에 따라 개선하려는 의지로부터 출발한 것입니다."

최근에 일본에서 활동하는 조선인강제련행진상조사단 등 관계단체들의 오랜 기간에 걸친 노력 끝에 일제 강점시기에 강제련행된 조선인 피해자들과 관련한 42만 7129명의 명부가 발굴, 공개되었다.

작년 11월 평양에서 피해자, 유가족협회가 결성된 것도 이 명부의 발굴, 공개가 큰 계기로 되었다. 협회가 결성된 후 이 명부는 평양의 천리마문화회관에 전시되어 시민들에게 일반공개되었다.

명부에는 조국의 광복을 위하여 싸우다가 일본경찰에 체포되어 처형당한 애국자들과 일제가 저지른 학살만행의 희생자들, 과거 일본에 의하여 조선 국내와 일본, 그리고 일제의 해외침략이 감행된 여러 지역에 '징용'과 '징병', '근로정신대', 일본군 '위안부'로 끌려갔던 조선 사람들의 이름이 있다.

피해자, 유가족협회는 명부를 통하여 일본에 강제련행되였거나 학살된 가족, 친척의 소식을 알아 볼 것을 희망하는 사람들의 문의를 접수하기로 하였다.

김용걸 씨는 명부가 강제련행 범죄의 진상을 밝히는데서 중요한 증거자료로 되지만 그것은 빙산의 일각에 불과하다고 강조한다.

"조일 평양선언이 발표되여 1년 반이 되지만 일본은 인권범죄문제의 해결을 위한 하등의 대책도 세우지 않고 있습니다. 일본은 강제련행했다는 증거가 없다느니 뭐니 하면서 시치미를 떼지만 우선 그 명부에 있는 사람들의 생사여부부터라도 확인해야 하지 않습니까."

가해자가 내민 '화해의 조건'

조일 평양선언 발표 후 일본의 보수우익세력들이 선언의 리행을 가로막고 반조선 깜빠니아(캠페인-편집자)를 벌리고 있는 구실이 이른바

‘랍치문제’이다. 5명의 랍치 피해자들은 ‘일시귀국’의 약속으로 일본으로 돌아왔으나 그들의 가족들은 아직도 평양에 있다.

일본은 ‘랍치문제’를 극대화함으로써 가해자와 피해자의 립장을 역전시켜 대조선 적대시 정책을 정당화하고 있다. 고이즈미 정권은 랍치문제가 해결되여야 국교 정상화를 하겠다는 립장이다. 가해자가 피해자에게 화해의 조건을 내대는 거꾸로 된 론리가 일본의 사회여론을 오도하고 있다.

1970년대에 특수기관의 일부가 일으킨 랍치사건의 배경에는 오랜 기간 청산되지 않았던 조일 사이의 적대관계와 조선 인민들의 반일감정이 있었음을 부정할 수 없다. 조선 외무성은 이 사건을 조일관계의 현실에서 비롯된 비정상적인 개별적 현상으로, 일본 총리의 평양방문에서 조선측이 사죄와 재발방지의 뜻을 표명한 것으로 사실상 해결되였다는 견해를 밝히고 있다. 그리고 랍치문제를 요란스럽게 떠들어대도 일제 강점시기의 인권유린 범죄에 대한 사죄와 보상을 얼버무릴 수는 없다는 점을 명백히 지적하고 있다.

작년 12월, ‘랍치문제의 해결’을 주장하는 일본의 국회의원들과 조선 외무성 관계자들이 중국 베이징에서 만났다. 평양에 남아 있는 랍치 피해자 가족들의 귀국문제 등이 론의되였다.

이 자리에서 일본측은 랍치문제의 해결은 “국민여론”이라며 조선이 “양보”를 하라는 식으로 나왔다. 이에 대하여 조선측은 “국민여론”은 조선에도 있다며 단호하게 대응하였다. 조선측의 반론을 듣고 일본측 참석자들은 비웃음을 지었다고 한다. “조선에는 여론이란 게 없다”는 독단과 편견은 조선에 대한 멸시의 단적인 표현이라 하지 않을 수 없다.

김용걸 씨가 말하듯이 조일 평양선언 발표 후 일본이 보여준 행동은 조선 인민의 대일 감정을 여느 때 없이 악화시켰다. 언론들에 “백년숙적”이라는 표현이 등장하고 사람들 속에서 “우리는 일본과 계산할 것이 너무도 많다”는 목소리가 고조되고 있다.

"초강경 대응"의 각오

특히 핵문제가 부상한 후 일본의 적대행동은 더욱 로골화되였다는 것이 국내의 일반적인 여론이다. 일본에서는 반조선 깜빠니아가 악랄하게 감행되는 가운데 총련의 민족학교에서 배우는 학생들에 대한 폭행사건이 또다시 일어났다. 국내 사람들은 사건을 "민족에 대한 도발" "조선에 대한 실질적인 제재"로 간주하고 있다.

작년 섣달 그믐날, 평양에서 진행된 '2004년 학생소년들의 설맞이모임'은 인상깊은 광경을 펼쳤다. 총련의 민족학교에서 배우는 학생들도 참가하여 〈우리 책가방〉이라는 제목의 무용이야기를 상연하였다.

일본 반동들의 위협공갈에 굴하지 않고 우리 말과 글, 력사가 담긴 책가방을 들고 민족의 대를 꿋꿋이 이어나갈 학생들의 결의를 형상한 작품이다. 공연은 관객들의 눈물을 자아내였다. 그것은 반일여론의 또 하나의 분출이였다.

올해 들어 일본은 자기 나라의 평화와 안전을 위한다는 명분 밑에 조선에 대한 제재조치를 발동할 수 있게 하는 일련의 법들을 심의, 채택하고 있다. 조선 외무성은 제재와 봉쇄로 주권이 침해될 경우 절대로 수수방관하지 않을 것이며 필요한 대응조치를 취할 것이라는 립장을 표명하고 있다. 인민들의 증폭된 대일 증오감에 비하면 심중한 표현으로 된 경고이지만 빈말은 아닐 것이다.

조선은 일본이 조일 평양선언의 정신에 맞게 성근한(성실한-편집자) 자세로 나오지 않으면 자기 나라도 역시 선언을 리행하기가 어렵게 될 것이라고 경종을 울리고 있다. 이에 관한 평양 사람들의 의견은 말 그대로 "초강경"이다. 례컨대 평양선언을 채택하면서 조선은 "선언의 정신에 따라 미싸일 발사의 보류를 2003년 이후 더 연장할 의향을 표명"하였다는 점을 꼽는다. 올해는 2004년이다.

조선인강제련행피해자, 유가족협회의 결성을 "일본에 대한 원한의

재일 강제련행진상조사단 등이 발굴 공개한 조선인 피해자 명부가 평양 천리마문화회관에서 공개돼 피해자 및 유가족들이 열람하고 있다.

폭발"로 표현한 김용걸 씨도 평양선언의 구절구절을 확인하면서 "선언에서 쌍방은 서로의 의무를 확약하였다"고 강조한다.

"일본이 우리를 깔보면 혼나게 될 것입니다. 오늘의 조선 민족은 외세에 짓밟히던 지난날의 약소민족이 아니라는 것을 똑똑히 알아야 합니다."

선 과거청산, 후 정상화

일본과 외교교섭을 진행하게 되는 조선 정부도 응당 이러한 국내여론을 무시하지는 못한다. 일본은 조선이 국교 정상화를 통해 얻으려는 목적이 평양선언에 명시된 '경제협력'에 있다는 관점에서 대조선정책을 추진하고 있다. 례컨대 조선 외무성 관계자들이 베이징에서 랍치문제를 론의하여 얼어붙은 조일관계의 현황타개를 모색하려 한 것도 정부간 교섭의 재개와 '경제협력'을 기대하기 때문이라는 해석이다.

평양의 여론 속에 몸담으면 일본이 큰 오산을 하고 있다는 것이 일목

료연하다. 작년 9월, 조일 평양선언 발표 1돐을 맞으며 발표된 조선 외무성 대변인의 담화는 일본이 조선 강점 시기 중대 인권피해 문제부터 해결할 것을 주장하면서 "금후 조일관계의 개선은 전적으로 이 문제의 해결 여하에 따라 결정되게 될 것"이라고 하였다. 피해자, 유가족들이 일치하게 지적하는 것처럼 평양선언의 정신이 개인들의 보상청구권리까지 념두에 둔 것이라면 정부는 일관한 립장을 견지하고 있는 셈인데 이 담화를 계기로 정부가 '선 과거청산, 후 국교정상화'의 자세를 더욱 뚜렷이 표시하게 된 점은 주목할 만한 대목이다.

사실 작년 11월 조선인강제련행 피해자, 유가족협회가 결성된 직후 조선은 일본측에 정부간 회담의 재개를 제의하면서 그 회담의 주제를 '우리나라 인권피해자들에 대한 보상문제의 토의'로 규정하였다.

민족공조에 대한 북의 기대감

조선의 외교 관계자들은 본질문제가 이미 해결된 랍치문제는 실무적 처리만이 남았다고 말하고 있다. 랍치 피해자를 "일시귀국"시키겠다고 한 약속을 위반한 일본이 적절한 조치를 취한다면 당장 풀릴 수 있다는 것이다.

조선의 진의도는 일본의 해석과는 달리 랍치문제를 정부간 회담의 재개를 위한 유인물로 쓰자는 것이 아닐 수 있다. 정부간 회담에서 일본의 과거청산문제를 토의하자는 것이 조선의 립장이라면 일본의 자세가 근본적으로 전환되지 않는 한 랍치 피해자 가족들의 귀국이 실현되여도 그 이후의 외교적 교섭이 순조롭게 진행되지 않을 수 있기 때문이다.

"낡은 대결구도를 허물고 아시아에 새로운 질서가 수립되자면 20세기의 불미스러운 과거가 말끔히 청산되여야 합니다."

강제련행 피해자들의 명예와 존엄을 회복하기 위한 협회의 활동도

'지역의 평화와 안정'을 위한 활동으로 된다는 것이 김용걸 씨의 지론이다.

"일본에서도 과거청산에 기초한 관계 정상화를 바라는 여론이 대두될 수 있었는데 랍치문제가 이를 무마시켜 버렸습니다. 대조선 적대시 감정을 부추키는 우경화 경향은 일본의 군국화 움직임과 떼여놓고 볼 수 없는 것입니다."

평양 사람들은 또한 일본의 대미추종이 조선반도의 정세를 긴장시키는 요인의 하나라고 보고 있다.

김용걸 씨는 1990년대 초의 상황과 대비하여 말한다. 당시 자민당의 실력자로 불리우던 가네마루 싱 부총재가 평양을 방문, 조일 국교 정상화 교섭이 시작되였다. 같은 시기 조선의 북과 남도 당국회담을 진행하였다. 그런데 돌연히 부상한 핵 위기가 화해의 흐름을 역전시켰다.

"오늘의 제2핵위기도 같은 구도입니다."

김용걸 씨는 평양선언 발표 후의 일본의 배신행위를 이렇게 설명한다. 미일공조의 위험성에 대한 분석은 한 로인의 독단은 아닌 듯 싶다. 조선의 외교관계자들은 조일 평양선언 발표 후 있었던 일본과의 여러 교섭에서 '경제문제'가 아니라 일본이 자주외교를 펼치라는 요구를 되풀이하고 있다.

"일본은 가해자로서의 력사를 망각하고 군국화의 길을 다시 걸으려 하고 있습니다. 온 민족이 경각성을 높이고 공동대응해야 할 때입니다."

일본의 적대 자세에 미국의 그림자를 본다. 일본의 과거청산은 북쪽 땅에 사는 사람들만의 과제가 아니다. 평양의 강제련행 피해자는 민족적 존엄의 회복을 주장하며 북남공조에 대한 기대감을 표시하고 있었다.

김지영 《조선신보》 평양특파원 2004년 4월호, 37호

어느 북 최고인민회의 대의원의 하루

"알았습니다. 시간을 내여 한번 찾아가겠습니다"

북측의 최고인민회의 대의원. 흔히 남측의 국회의원에 해당하는 신분과 역할로 알려져 있다. 그러나 《조선신보》 평양특파원이 밀착 취재해 보내온 이 글에서 드러난 이들의 행동거지는 남측의 국회의원들과 사뭇 달라보인다. 남과 북의 민중 대변인들, 무엇이 같고 다른가.

"그럼 먼저 갈래요. 수고하세요."

오후 5시, 평양시 평천도시관리소 작업반장인 최장애(35) 씨는 남은 사무를 정리하는 동료들에게 인사를 하고 직장을 떠난다.

그의 직업은 도로관리이다. 26명으로 구성된 그의 작업반은 고려호텔 가까이에 있는 평천교에서 대동강에 놓인 '충성의 다리'까지 10리 구간을 청소한다.

뙤약볕 내리쪼이는 무더운 여름날의 작업은 중로동이다.

최장애 씨는 지친 기색도 없이 동사무소를 찾는다. 여느 때는 강연원고를 준비하고 가지만 오늘은 동내 주민들의 집들을 방문하기로 하였다. 동사무장과 의논하여 대상을 고른다.

청소도구 손에 든 '인민의 대표자'

아빠트의 계단을 오르고 현관 앞에 선다. 지난달 생활용수와 관련한 문제를 진정한 로부부의 집이다. 초인종을 누르니 집안에서 대답소리가 울리는 것과 동시에 현관문이 열린다.

"야, 반갑다. 우리 대의원이 왔구나."

최장애 씨는 작년 8월에 실시된 최고인민회의 제11기 대의원선거에서 대의원으로 선출되었다. 30대 젊은 나이의 초선 의원이다.

평범한 도로관리원이 나라의 정사를 론하는 대의원이 되었다. 그 소식은 커다란 사회적 반향을 불러일으켰다. 텔레비죤에서는 그를 소개하는 특집프로가 방영되었다. 도로관리원이란 직업에 대한 사람들의 관심이 높아지고 그들의 직장에 작업복이나 청소도구를 보내주는 공장, 기업소들도 나타났다.

최장애 씨는 대의원으로 선출된 다음부터 도로관리원으로서의 본신 임무를 수행하는 한편 선거구 주민들과의 사업을 꾸준히 벌려왔다. 주에 2~3번은 주민들을 찾아가 그들의 목소리에 귀를 기울인다.

"손들어 나를 대의원으로 내세워준 주민들의 믿음에 보답해야지요. 그들의 생활상 애로를 풀어주기 위하여 헌신하는 것보다 더 큰 보람은 없습니다."

평양시 평천도시관리소 작업 반장이자 제 11기 최고인민회의 대의원인 최장애(왼쪽에서 두번째) 씨가 지역 주민들과 이야기를 나누고 있다.

도로관리원이면서 대의원. 조선의 대의원들의 특징은 '겸직'이다. 다른 나라들에서는 국회의원들이 국회에서의 립법 활동을 전문직으로 삼는 것이 기본이다. 조선에서는 최고인민회의 상임위원회 위원장, 부위원장을 제외하고는 모든 대의원들이 자기 본업을 가지고 있다. 직장생활을 하면서 대의원이라는 또 다른 임무를 수행한다.

지난해 8월에 있었던 최고인민회의 제11기 대의원선거에서 선출된 대의원은 687명. 이들 속에는 로동자, 농민, 지식인 그리고 일본에서 활동하는 재일본조선인총련합회(총련)의 활동가들도 있다.

평양일용품공장 치솔직장장 리경일(39) 씨도 작년부터 처음으로 대의원으로 활동하게 되었다.

원자재의 확보정형과 생산현장의 료해 장악, 끊임없이 찾아오는 상업부문 일군들과의 협의 등 분주한 일과이지만 시간을 내여 주에 두 번은 선거구 주민들을 찾는다.

"내가 직장에서도 존대를 받고있습니다. 선거구 주민들의 지지로 대의원의 직분을 받아 안게 되였기 때문이지요. 내가 선거주민들과의 사업을 한다고 하면 조건을 보장해줍니다. 물론 자기 맡은 본신 사업은 빈틈없이 해야지요. 대의원 활동으로 일감이 밀릴 수도 있는데 그러면 직장에 돌아와서 밤 11시까지 잔업을 하게 됩니다."

평양일용품공장의 종업원 수는 1000여 명. 치솔, 고뿌(컵), 그릇, 바가지 등의 일용품을 생산한다. 평양에서는 가장 큰 수지(플라스틱) 가공공장이다.

"직장에서 일하느라면 로동자들의 애로 되는 이야기들이 오고간단 말입니다. 그걸 잘 귀담아 듣고 경제사업의 개선방향에 대하여 연구합니다. 같이 일하는 동지들의 목소리가 귀중합니다. 그 다음에 선거구 주민들을 만난단 말입니다. 수도물이 안나온다든가 아빠트를 현대적으로 꾸리는데 자재가 부족하다는 것 등 생활상 걸리는 문제를 알아내고 해결대책을 세워나갑니다."

조선민주주의인민공화국 헌법은 "근로인민은 최고인민회의와 지방 각급 인민회의를 통해 주권을 행사한다"(제4조)고 명기하고있다. 또한 "각급 주권기관의 대의원은 선거자들과 밀접한 련계를 가지며 자기 사업에 대하여 선거자들 앞에 책임진다"(제7조)고 정하고 있다.

"최고인민회의는 조선민주주의인민공화국의 최고주권기관"(제87조) 이며 "최고인민회의 상임위원회는 최고인민회의 휴의 중의 최고주권 기관"(제106조)이다.

"다른 나라 국회의원들이 립법 활동을 하듯이 우리 대의원들도 자기 선거구에서 주민들과 정상적인 련계를 가지고 거기서 제기되는 의견에 기초하여 활동을 벌립니다. 대의원 자신이 풀 수 있는 것은 풀어주고, 정책적으로 반영해야 한다고 판단하면 필요한 조치를 취하게 됩니다. 립법사업으로부터 시작하여 법의 준수, 집행에 이르기까지를 살펴보는 사람이 바로 대의원입니다."

'인민의 충복' 지향하는 사람들

최고인민회의 상임위원회 부원인 리태진(41) 씨는 대의원들과의 사업 을 맡아 보는 부서의 성원이다. 헌법은 최고인민회의 상임위원회의 임 무와 권한(제110조)의 하나로 "최고인민회의 대의원들과의 사업을 한 다"는 것을 정하고있다.

리태진 씨는 대의원들이 선거구 주민들 속에 들어가 벌리는 활동을 "인민의 충복"이란 표현으로 설명한다.

"례컨대 물 문제 같으면 구역인민위원회 상하수도사업소가 있는데 여 러 가지 조건들이 제기되여 제때에 되지 않는 경우가 있단 말입니다. 그럴 때면 대의원들이 나서서 인민의 충복으로서 성실하게 일합니다. 우리 대의원들은 선거자들이 아파하는 문제를 해결해주는 것을 자기 임무로 간직하고 있습니다."

최고인민회의 대의원 선거는 5년에 한번씩 실시된다. 최고인민회의 상임위원회가 선거날을 결정으로 공포하고 중앙선거위원회를 조직한다.

조선민주주의인민공화국 각급 인민위원회 대의원선거법에 따르면 선거의 흐름은 이렇다.

대의원 후보자는 선거자들이 직접 추천하거나 정당, 사회단체가 공동으로 또는 단독으로 추천한다. 추천된 대의원 후보자는 100명 이상의 선거자 회의에서 '자격심의'를 거쳐야 해당 선거구의 대의원 후보자로 등록될 수 있다. 회의는 주민거주지역 혹은 기관, 기업소, 협동농장, 학교, 군부대에서 진행되며 선거자들은 후보자가 '인민의 대표자'로서의 자격을 갖추고있는가 하는 것을 심의하여야 한다. 회의 참가자들의 반수 이상의 찬성이 있어야 대의원 후보자로 등록될 수 있다.

선거법에 따르면 대의원선거에서 한 선거구에 등록될 후보자수는 제한이 없다. 선거에서는 투표한 선거자의 반수 이상의 찬성을 받은 대의원 후보자가 당선자로 된다. 등록된 후보자 가운데 당선자가 없을 경우 재선거가 실시된다.

거수나 하는 게 대의원 일 아니다

도로관리원인 최장애 씨도 일용품공장 직장장인 리경일 씨도 이러한 과정을 거쳐 '인민의 대표자'로 선출되었다. 선거 기간에 구역 주민들의 기대와 요구를 한 몸에 지니게 되니 초선이라 한들 대의원으로서의 자각이 저절로 생겨날 수밖에 없다고 이들은 말한다.

최고인민회의 대의원선거인 경우 한 선거구의 주민수는 약 3만 5000명이다.

최장애 씨와 리경일 씨가 당선 후 받게 된 《최고인민회의 대의원 활동 규정》에는 대의원들이 "선거구 주민들과 정상적인 련계를 가지고 활동한다"고 명백히 밝혀져 있었다. 퇴근길의 동사무소 방문도 주민들과의 사업도 대의원들에게 있어서는 정해진 '의무'인 셈이다.

최장애 씨와 리경일 씨가 주민들 속에서 물 문제와 관련한 진정을 받게 되는 것도 우연하지 않다. 《활동규정》에 의하면 최고인민회의 대의원들에게는 선거구 안의 교육, 문화후생사업에서 문제점이 확인되면 지방주권기관인 시, 군, 구역 인민위원회에 제기하여 대책집행을 요구할 수 있는 권한이 부여되고 있다.

"우리의 선거제도, 대의원제도에 대하여 이렇다 저렇다 시비하는 것은 실정도 잘 모르면서 하는 소리이지요. 우리가 나가면 주민들은 정말로 반가와하고 제기되는 문제들을 털어놓고 이야기합니다."

리경일 씨는 주민들의 의견들 속에 정책화해야 할 것이 있으면 그것이 작은 싹이라도 제때에 포착하여 일반화하는 것이 "대의원으로서의 나의 역할"이라고 말한다. 대의원들은 최고인민회의 휴회 중에도 자기 활동을 통해 국가정책에 반영해야 한다고 판단한 내용들을 정리하고 최고인민회의 상임위원회에 제출한다.

"대의원들이 의견을 제기하면 상임위원회의 해당 부서가 현장에서 실태를 알아보고 해당한 대책을 세웁니다. 해당한 법을 수정, 보충하거나 내각의 결정을 채택할 수도 있습니다. 물론 법을 채택할 때는 대의원들이 법안을 보고 의견을 내고 고칠 것은 고칩니다."

최고인민회의는 1년에 1~2차 정기회의를 가진다. 상임위원회에서 일하는 리태진 씨는 신문, 방송에서 보도되는 회의장면만을 보고 대의원들의 활동을 해석하지 말아야 한다고 강조한다.

"회의 때 모여서 거수나 하는 사람이 대의원이 아닙니다. 인민들의 활동은 1년 365일 동안 계속되고 있습니다."

대의원들의 활동은 최고인민회의 상임위원회와의 정상적인 련계 속에 이루어지고 있다. 상임위원회는 대의원들에게 정책적으로 제시되는 사업 분공을 짜고 들어 강습도 주고 총화사업도 한다. 대의원들이 상임위원회에서 만든 강연제강을 가지고 주민들 속에서 정책강연을 진행할 때도 있다. 그러면 주민들 속에서 강연내용과 관련한 의견들이 나온다. 대의원들은 주민들의 목소리를 정책 차원에서 정리하여 상임위원회의 론의에 상정한다.

리경일 씨도 과거에 법 수정과 관련하여 여러 번 의견을 제기하였다. 지난 1년 간의 활동을 통해 직장장과 대의원의 '겸직'에도 대체로 익숙되었다.

"대의원 활동을 처음 해보지만 로동자 대의원도 자기 임무를 원만히 수행할 수 있게 체계가 꾸려져있습니다. 나라에서 법과 정령이 채택되면 그 준수집행정형에 대하여 알아볼 수도 있고 정책상 문제에서 잘 모르는 것이 있으면 상임위원회에 의뢰하여 방향도 받습니다."

밑바닥에서 건져 올리는 정책 건의

래달, 최고인민회의 상임위원회는 대의원들의 백두산 사적지 답사를 조직한다. 이런 행사조직도 년에 2~3번씩은 있다.

"백두산 답사가 몹시 기다려집니다. 이번 답사는 지방의 대의원들과 함께 국가적으로 바로 잡고 정책화해야 할 문제들에 대하여 허심탄회하게 론하는 귀중한 마당으로 될 것입니다."

대의원들은 모두 《활동규정》에 따라 일하지만 그 방식은 각양각색이다.

도로관리원인 최장애 씨의 경우는 그야말로 '생활밀착형'이다. 아직 젊었으니 주민들이 친딸처럼 대하고 허물없이 이야기를 꺼낸다.

"직급이 있는 사람이라면 좀 말하기 힘들 수 있지 않습니까. 나의 경우는 주민들이 말하기 쉬워서 그런지 솔직히 제기되지 않는 게 없다는 정도입니다."

최장애 씨가 대의원으로 당선된 다음부터 주민들은 생활상 불편을 느끼는 문제가 발생하면 '인민의 대표'를 찾게 되었다. 도시시설관리소 동료들을 통해서도 그들이 사는 동주민들의 진정이 들어온다.

"즉시 문제를 풀라는 것입니다. 가정들에서 제기되는 것은 물 문제, 전기 문제 그리고 간장, 된장 등 1차 소비품과 관련한 문제가 많습니다. 일하는 녀성이 탁아소에 갓난아이를 맡기려 하는데 잘 되지 않아 탁아소 원장을 직접 찾아간 적도 있습니다. 나로서는 책임을 느끼니까 해당단위에 나가서 대책을 세우는데 이렇게 해서 문제가 풀리니 주민들이 좋아하지요. '역시 우리 대의원에게 이야기하니까 풀리구나' 이런 식으로 나에 대한 기대치가 계속 오르게 되는 것입니다."

최장애 씨는 자기와 같은 도로관리원이 대의원후보자로 등록되고 선거에서 당선된 것은 "직업의 귀천에 관계없이 열심히 일하면 대의원으로, 영웅으로 될 수 있는 우리나라 사회제도의 진면모를 보여주는 것"이라고 지적한다. 그리고 "청년들의 자그마한 소행도 높이 평가하고 적극 내세워주는 청년 중시의 사회적 기풍이 있기 때문입니다"라고 말했다.

최장애 씨는 '제도의 고마움'에 대하여 말하지만 그가 대의원으로 된 것은 다른 리유도 있을 것이다. 국가적 견지에서 보면 최장애 씨처럼 가장 밑바닥에서 생활의 숨결을 느끼며 일하는 대의원의 활동, 그가 제출하는 '정책적 의견'은 참으로 소중한 것이다.

"수도, 전기사용료와 관련한 의견들도 듣게 되는데 제작년에 경제관리를 개선하는 조치가 취해지고 생활비와 가격이 조정된 것을 계기로 사람들이 각성되기 시작했지요. 누구나가 생활을 간지게 꾸리게 되었고 무엇이든 아껴 쓰자고 합니다."

최장애 씨는 대의원활동을 하면서도 항상 자기 본업에 충실할 것을 명심하고있다. 선거구에 들어가 "애로되는 점이 없는가"고 물으니 "괜찮다. 당신이 자기 직업에 열성을 바쳐주면 고맙겠다"고 답하는 주민들도 많다고 한다.

제11기 최고인민회의 대위원인 리경일 평양일용품공장 치솔 직장장. 북의 대의원은 '겸직'이라 직장장 활동과 대의원 활동을 병행해야 한다.

"자기 본신 사업을 벗어난 대의원활동이란 있을 수 없습니다. 우선 도로관리사업을 잘 하는 것이 나를 선거해준 주민들의 기대에 보답하는 일입니다."

작업반 반장이 대의원으로 선출되니 다른 도로관리원들의 자각도 높아졌다.

30대 관리원이 다수를 차지하는 작업반에서 고문격으로 일하는 박옥녀(53) 씨는 최장애 씨가 직장 동료들을 잘 보살펴주는 반장이라며 "우리가 반장의 몫까지 일을 잘해야 한다"고 말한다.

"사실 도로관리사업이 힘들어요. 그러나 우리가 본때 있게 일을 해야 반장의 대의원이라는 지위가 빛나는 것이 아닙니까."

보는 눈이 넓어졌다

최장애 씨에게 있어서 가장 가까운 선거자는 직장 동료들이다. 그는 대의원으로 당선되자 도로관리사업에서 제기되는 일련의 문제들을 해결하는데 착수하였다.

동료들의 의견은 도로관리원들의 작업반에 '감독기능'을 부여해야 한다는 것이다. 도로관리원들은 청소는 하지만 길을 어지럽게 만든 사람들을 '질책'할 권한이 없다. 구역인민위원회에 소속된 '감독원'이 따로 있지만 그들이 언제나 도로를 순회하는 것은 아니다. 현장의 목격자는 도로관리원들이다.

"화물차가 물통을 싣고 달리는데 그걸 떨구어서 가면 도로관리원들이 청소를 해야 합니다. 그런데 우리는 그 차를 세울 수 없단 말입니다. 버스정류소에 쓰레기통을 설치해도 가끔 규률을 지키지 않는 사람도 있습니다. 이런 저런 문제들을 풀기 위해서는 도로관리원들의 사업범위를 새롭게 규정해야 합니다."

최장애 씨는 도로관리원들의 작업반에 '감독원'의 권한을 가진 성원을 둘 것을 해당부문에 제기하였다. 직장동료들의 의견을 수렴하여 대의원으로서 활동한 셈인데 본인은 그것이 특정집단에 리익을 유도하기 위한 행동이 아니라고 강조한다. 도로관리원들의 의견이 정확히 반영되여야 도시미화사업이 더 잘 된다는 것이다.

대의원들의 활동은 각기 현장에서 이루어지지만 그들이 최고인민회의 상임위원회에 제기하는 의견은 집단주의 견지, 국가적 차원에서 정리된 것들이 많다.

특히 경제분야에서 일하는 대의원들의 경우는 나라의 경제정책이 실효성을 발휘하기 위한 착상을 내놓을 수 있는 위치에 있다.

리경일 씨는 평양일용품공장 로동자들의 생산의욕을 높이기 위한 대책들을 세워 그것을 정책적으로 일반화하기 위한 활동들을 벌렸다. 리경일 씨의 공장에서도 국가 납부몫을 제외한 수익은 확대재생산을 위한 자금과 로동자들의 분배에 돌렸다. 그런데 처음에는 로동자들에게 주는 생활비는 일정한 수준에서 고정하고 상금을 보태주는 방식으로 수익 증가분을 환원하고 있었다.

로동자들 속에서 의견이 제기되였다. 기술개건을 하여 값비싼 제품을 만들어낸 단위와 그러지 못한 단위에 같은 수준의 생활비를 주어서는 의욕이 상실된다.

같은 금액이라도 상금이 아니라 로동의 량과 질을 정확히 평가한 생활비의 형태로 지급해야 제품의 부단한 질 향상이 이루어질 수 있다는 것이다.

"로동자들속에서는 별의별 의견들이 다 나옵니다. 일정한 몫을 국가에 납부하고 나머지는 공장이 다 먹어야 한다는 의견들도 있지요. 나도 지난날은 그렇게 생각했을 수도 있는데 대의원으로 되면서 좀 더 넓은 시야에서 사물을 보게 되였습니다."

하나의 직업을 가지고 일할 때는 자기 맡은 일만 생각하였지만 대의원의 자격으로 군중의 목소리에 귀를 기울이게 되면서 거시적인 안목을 키우게 되였다.

초선의원들의 지난 1년간의 활동경험을 통칭하면 그렇게 말할 수 있을 것이다.

리경일 씨는 국가납부계획을 넘쳐 달성하여 나라에 더 많은 리익을 주어야 경제가 빨리 발전하고 근로인민들의 생활도 그만큼 향상될수 있다는 론리로 공장의 지도일군들과 로동자들을 설득해나갔다.

"일용품을 생산하는 우리 공장은 값비싼 제품을 만들어 더 많은 수익을 올릴 수 있다고 하지만 례컨대 금속, 전력과 같은 부분은 그런 식으로 경영관리를 못하지 않습니까. 국가적 차원에서 경제의 각 부문의 균형을 이루자면 나라의 금고에 자금을 채워야 합니다."

리경일 씨의 견해는 공장이 국가납부몫을 넘쳐 달성하면 국가가 이를 평가하고 공장측에 일정한 리익을 다시 환원하는 방식으로 분배를 해야 아래 단위의 창발적 노력이 국가 경제력의 발전에 잇닿을 수 있다는 것이다.

"경제관리에서 실리를 추구하지만 사회주의원칙은 지킵니다. 우리는 앞으로도 무료교육, 무상치료제의 사회적시책을 계속 발전시켜나가야 하는데 공장, 기업소들이 자기 단위만을 생각하면 그런 좋은 제도도 유지할 수가 없지 않습니까."

리경일 씨는 공장, 기업소들에서 지배인, 기사장으로 일하는 다른 대의원들과 밀접한 련계를 취하면서 경제활동에서 불합리한 점들을 개선하기 위한 방책에 대한 협의를 계속하고 있다. 대의원들의 착상이 정리되고 최고인민회의 상임위원회에 제출되면 해당 법규가 수정, 보충될 수 있고 최고주권의 행정집행기한인 내각에서 결정이 채택될 수 있다.

심부름군으로서의 겸손함 잃지 않아

조선민주주의인민공화국 각급 인민위원회 대의원선거법은 법의 목적을 "각급 주권기관을 인민의 충복으로 꾸려 인민정권을 강화하는데 이바지한다"고 규정하였다.

최고인민회의 상임위원회에서 대의원들과의 사업을 맡아보는 리태진 씨는 선거법에 따라 선출된 일군들의 품성을 이렇게 설명한다.

"인민의 충복인 최고인민회의 대의원들은 행세하거나 세도를 쓰는 일이 없습니다. 선거자들의 심부름군으로서의 겸손한 마음을 언제나 잃지 않는다는 말이지요."

그러나 대의원들의 활동을 대중추종이라고 볼 수는 없다. '인민의 충복'은 오히려 국가의 리익을 먼저 생각한다. 그것은 아마도 그들에게 자기 나라 제도에 대한 남다른 애착이 있기 때문일 것이다.

리경일 씨는 부친이 군관이였다. 해주, 라진, 원산, 옹진, 평양…, 중학교 시절까지는 근무지가 바뀌는 아버지를 따라 전학을 여러 번 했다. 대학은 평양경공업대학을 졸업했다. 그 사이에 그의 부모들은 돈 한 푼 들이지 않고 아들을 공부시켰다.

"내가 어릴 때 사고로 죽다 살았는데 그때도 무상치료제의 혜택을 받았습니다. 우리처럼 해방 후에 태어난 세대는 오늘의 이 제도 하에서 자랐으니 그것이 제일이라는 의식이 강할 수밖에 없지요."

남이 어떻게 말하든 내 나라, 내 제도를 끝까지 옹호하고 발전시켜나간다.

조선의 대의원들은 나라의 최고주권기관의 한 일군으로서 확고한 원칙을 세운 사람들이다. 다른 나라 국회의원들이 조선의 대의원들을 만나 보면 그들의 애국심이 투철하다는 것을 확인하게 될 것이다.

최고인민회의 상임위원회에는 다른 나라 국회의원들과의 교류사업을 맡아보는 부서가 있다. 유럽, 아시아 등 지역별로 친선의원단도 구성되고 있다.

리경일 씨는 조선의 대의원들과 다른 나라 국회의원들을 대비하면 많은 차이점이 있다고 생각하지만 교류의 필요성은 인정한다.

"일본처럼 국교가 없는 나라들과도 의원들의 교류는 가능하지요."

어떻게 보면 '인민의 대표'인 대의원들은 조선의 가장 전형적인 인물들이다. 그들의 사고와 행동에는 이 나라의 력사와 가치관이 함축되여 있다.

최장애 씨의 2년째 대의원활동의 목표는 수도 평양을 시대의 새로운 요구에 맞게 더욱 화려하고 아름답게 꾸려나가는 것이다. 그는 중학교를 졸업하여 곧장 도로관리원으로 되었다. 도시시설관리소라 하면 종전에는 늙은이들의 직장이였다.

1986년, 청년들이 어렵고 힘든 부문에 진출할 데 대한 나라의 호소에 호응하여 평천구역에 있는 새마을중학교 졸업생들이 집단적으로 탄원하여 도시시설관리소 일군으로 배치를 받았다. 최장애 씨도 그들 가운데 한 사람이다.

"내가 큰 공을 세운것도 아니고 그저 묵묵히 일을 했는데 우리 제도는 그런 일군에게 나라의 정사를 맡겨주었던 것입니다. 도로관리원으로서의 경험을 가지고 나라와 인민을 위해 헌신하라는 것이겠지요."

18년간, 사람들이 오고 가는 수도의 거리를 말없이 청소해왔다. 이처럼 사람들의 기대과 관심 속에 일하게 되는 날이 오리라고는 꿈엔들 생각지 못했다.

대의원으로 당선된 날, 직장동료들과 동네사람들의 축복 속에 '인민정권' 이란 말뜻을 감회깊이 새긴 그때의 초심을 잃지 않고 열성껏 일하겠다는 것이 대의원 2년째를 맞이한 최장애 씨의 결의다짐이다.

해질 무렵, 최장애 씨는 '충성의 다리'를 건느며 작업반 성원들의 하루 작업을 점검한다. 다리 우에서 어긋나던 어느 사람이 대의원에게 말을 붙인다.

"알았습니다. 시간을 내여 한번 찾아가겠습니다."

청소도구를 손에 쥔 '충복'의 대답은 맑고 명랑하며 항상 긍지에 넘쳐있다.

김지영 《조선신보》 평양특파원 2004년 10월호, 43호

북 개건현대화 어디까지 왔나
3년간의 비약으로 보다 높은 령마루 점령, 목표는 1980년대 경제발전속도의 재현

북 경제가 천천히 기지개를 키고 있다. 1999년 이후 완만한 플러스 성장세를 이어간 북은 올해를 '비약의 해'로 만들겠다고 다짐하고 있다. 경제 성장의 배경과 2006년 북 경제 현황을 《조선신보》가 현지에서 취재했다.

"나라의 경제전반이 확고한 상승의 궤도에 들어서게 되었다."

2006년 새해벽두에 발표된 《로동신문》《조선인민군》《청년전위》 공동사설 〈원대한 포부와 신심에 넘쳐 더 높이 비약하자〉는 지난해에 이룩된 성과를 총화하면서 조선(북) 경제의 실상과 전망에 대한 견해를 밝혔다.

"상승궤도에 들어서게 되었다"는 공동사설의 구절은 근거가 없이 정치적수사의 차원에서 쉽게 꺼낼 수 있는 표현이 아니다. 지난 기간 씨를 뿌리고 가꾸어 오던 것들이 열매를 맺게 된 것이다. 경제부흥을 위하여 추진하여 온 로선과 정책의 결실에 의하여 조선의 앞길에는 새로운 전환적 국면이 열리게 되었다.

시련에 찼던 10여 년간

과거를 돌이켜보면 조선의 경제건설에서 지난 10여 년간은 "시련에 찼던 시기"였다.

세계적 판도에서 사회주의국가들이 무너지고 자본주의의 '승리'가 요란스럽게 광고되던 그때, 조선은 최대의 국상을 당하였다. 국상 이후 1994년 적대국들은 조선에 대한 고립, 압살정책의 도수를 높이면서 '조기붕괴론'을 떠들어댔다.

여기에 편승이나 하듯 대홍수와 왕가물이라는 자연재해까지 련이어 들씌워졌다. 나라의 경제는 최악의 상태에 빠져들었다. 전력이 부족되여 전국의 공장, 기업소들의 숨이 죽었다. 가혹한 식량난은 매 가정들에 아픈 상처를 남겼다. 조선은 전대미문의 그 시련을 '고난의 행군'이라고 불렀다.

조선의 경제는 1980년대 후반까지 상승의 궤도를 따라 발전하고있었다. 그런데 쏘련과 동유럽사회주의나라들의 붕괴로 조건과 환경이 일

지난해 주물생산 생산공정을 새로 갖춘 평안북도 신의주시 락원기계련합기업소는 개건현대화의 '본보기 공장'으로 떠올랐다. 전국에 흩어져 있던 주물 생산은 전부 이곳에서 도맡으며 공업구조 개선에도 기여하고 있다.

변하였다. 사회주의시장이 소멸되고 종전에는 사회주의국가들 사이에 유무상통으로 이루어진 연료와 자재의 거래가 차단되었다.

조선경제에 대한 영향과 그로 인한 후과는 피눈물을 흘리던 해인 1994년 이후에 집중적으로 나타났다. 그러나 시련 속에서도 조선의 정부와 인민은 그저 명줄을 이어가기만 하지 않았고 경제부흥의 돌파구를 적극적으로 모색하였다. 1990년대 후반에 벌써 "사회주의강성대국건설"이라는 구호가 등장했던 력사적 사실이 그것을 말해주고 있다.

조선의 경제를 추켜세우기 위한 지난 10여 년간의 로정을 몇 가지 단계로 나누어 볼 수 있을 것이다.

90년대 후반의 몇해 동안은 나라의 경제형편이 악화되였지만 1998년부터는 시련을 극복하고 '고난의 행군'을 승리적으로 결속하기 위한 국가적 대책들이 세워지고 집행되여 나갔다. 중소형발전소 건설에서 앞장선 자강도에 대한 현지지도를 계기로 도소재지의 이름을 딴 '강계정신'이 창조된 것이 바로 1998년의 일이다.

자강도사람들의 그 기상으로 전체 인민이 난관을 돌파하기 위한 강행군을 벌렸다.

2000년 10월 조선로동당창건 55돐은 "'고난의 행군', 강행군을 이겨낸 승리자의 긍지 높은 대축전"(《로동신문》)이라는 의미가 부여되였다. 1998년부터의 3년 간은 간고분투하여 경제부흥의 준비를 다그쳐나간 기간이였다고 말할 수 있다.

새 세기를 맞이한 2001년, 조선은 경제강국건설에 본격적으로 착수하였다. 시련의 시기에 구상된 경제정책들이 현실에 구현되여 나갔다.

▲인민경제의 개건현대화 ▲공업구조의 개혁 ▲농업혁명 ▲사회주의경제관리의 개선 등이 대표적인 것들이였다.

2005년 경제분야에서 이룩된 성과들은 2001년부터 5년간 추진되여온 경제정책의 실효성에 의한 것이다. 지난해 기간공업과 중요공업부문의 수많은 공장, 기업소들에서 생산적 앙양이 일어났다. 알곡생산이 늘어나 먹는 문제해결에서도 획기적인 성과가 이룩되었다.

2006년의 3지공동사설은 "엄혹한 시련에 찼던 지난 10여 년간 우리는 선군의 기치 밑에 혁명대오의 일심단결을 백방으로 강화하고…경제강국건설의 귀중한 물질적 밑천을 마련하였다"고 지적하였다. 결코 과장된 표현은 아니다. 실제로 조선은 경제강국건설에서 어제와 오늘의 계선을 뚜렷이 그었다.

다년간계획의 추진

조선의 경제는 사회주의계획경제이다. 과거에는 5개년계획, 7개년계획과 같은 중, 장기의 전망계획들을 세웠지만 시련을 겪었던 1990년대 후반부터는 해마다 단년계획을 세우고 집행해왔다.

조선은 올해부터 기간공업과 농업에서 3년련속계획을 집행하게 된다. 공업의 선행부문인 전력, 석탄, 금속공업과 철도운수부문을 결정적으로 추켜세우고 농업생산을 크게 늘이기 위한 강력한 대책들이 강구되여 나간다. 2008년까지 기간공업과 농업에서 달성해야 할 생산목표가 제시되고 그 련관부문들의 생산이 여기에 맞물리도록 계획의 일원화, 세부화가 이루어졌다. 2006년 3지공동사설에 넘치는 락관은 조선이 가까운 년간에 "경제상승의 안정기"에 들어서게 되리라는 확신의 표현일 것이다.

조선이 3년련속계획을 수행함으로써 도달하려고 하는 목표는 아마도 1980년대 후반의 경제발전수준의 재현이다. 식량난, 전력부족과 같은 '시련'을 몰랐던 시기, 조선의 경제가 가장 빠른 속도로 발전하던 시기이다. 공동사설의 마지막구절은 "우리 식 사회주의의 일대 전성기를 펼쳐나가자"는 표현으로 시련을 이겨낸 조선의 미래구상을 내외에 선언하고있다.

나라의 경제전반이 상승궤도에 들어서게 되었다는 것은 '고난의 행군' 시기에 발로된 악순환의 고리가 극복되고 경제의 각 부문이 맞물려 돌아가게 되었음을 의미한다.

1990년대 후반 나라의 경제전반이 하강선을 긋게 된 것은 경제의 선행부문이 침체상태에 빠졌기 때문이었다. 기간공업부문들인 전력, 석탄, 금속공업이 생산을 제대로 하지 못한 결과 다른 부문의 공장, 기업소들에서도 설비의 동음이 사라지게 되었다.

전력공업은 우선 자연재해의 영향을 받았다. 왕가물이 모든 것을 말려버려 수력발전소들에서는 전력생산을 정상화하지 못했다. 그만큼 화력발전의 부하률을 높이지 않으면 안 되었다. 그런데 적지 않는 화력발전소들은 설비들이 로후화된 것으로 하여 원래의 생산능력을 발휘하지 못하고있었다. 설비를 보수, 개건하려고 해도 자금이 없었다.

연료와 원료, 자재문제도 걸렸다. 사회주의시장이 존재하던 시기는 다른 나라들과 유무상통하여 필요한 것들을 조달할 수 있었다. 기간공업부문에서도 일부 원료, 자재는 수입에 의존하였다.

금속공업부문에서는 국내에 없는 콕스(코우크스)를 연료로 썼다. 콕스는 중국, 로씨야 등 주변 나라들에 널리 퍼져있지만 그것도 외화가 있어야 필요한 량을 사들일 수 있었다.

이전 쏘련과 동유럽사회주의나라들의 붕괴로 조선경제를 둘러싼 조건과 환경은 갑작스레 바뀌었다. 미국을 비롯한 적대국들은 때를 만난 듯이 조선에 대한 제재와 봉쇄를 강화하였다. 그것은 말 그대로 "총포성 없는 전쟁"이였다. 1990년대 후반의 조선은 온 나라가 통채로 적대국들의 포위환에 든 상태에 놓여있었다고 해도 과언이 아니다.

'고난의 행군' 시기, 식량문제는 최대의 시련의 하나였다. 잔인한 봉쇄 속에 사람들은 배를 곯고 지난 시기 있어보지 못한 생활난을 겪지 않으면 안 되었다. 공장, 기업소에 출근하는 것 자체가 어려운 지경에 놓였다. 농업생산의 격감 또한 경제적인 악순환의 심각한 고리로 존재하였다.

5년간에 이룩된 전변

조선은 20세기의 마지막 몇해 동안 나라의 경제가 입은 타격의 후과를 가시기 위한 노력을 기울이였다. 2000년에 '고난의 행군', 강행군의 승리적인 결속을 내외에 선언하고 21세기의 첫해, 2001년부터는 경제강국건설을 본격화하였다.

나라의 경제전반을 상승궤도에 올려세우기 위한 대책들이 강구되고 집행되였다. 그동안 조선이 중요한 정책적 요구로 내세운 ▲인민경제의 개건현대화 ▲공업구조의 개혁 ▲농업혁명 ▲사회주의경제관리의 개선 등이 바로 그것이다.

선진과학기술에 기초한 개건현대화는 특히 기간공업의 각 부문들에서 힘있게 추진되였다. 전력공업부문에서는 발전소들의 설비들을 보수하고 기술혁신과 개건현대화로 현존 설비의 발전능력을 대폭 끌어올렸다. 또한 미국이 KEDO(조선반도에네르기개발기구)를 통한 중유납입을 중단한데 대처하여 화력발전소들에서는 보조용 연료로 쓰던 중유의 소비량을 줄이기 위한 설비개조를 진행하였다.

최근년간 나라의 전력생산은 해마다 장성하고있다. 지난해의 실적은 전국의 공장, 기업소의 설비가동을 충분히 보장할 수 있는 수준에 도달했다고 한다.

공업구조도 자기 나라에 있는 원료, 자재를 가지고 생산을 정상화하는 방향으로 전환되여 나갔다. 금속공업부문은 콕스가 아니라 국내매장량이 많은 무연탄에 의한 철 생산방법을 도입해나갔다. 공장, 기업소들에서는 원료, 자재의 수입의존률을 낮추는 것과 동시에 전력소비량의 삭감 등 이미 쓰던 것도 더 절약할 수 있게 생산공정을 혁신하였다.

2002년 이후 사회주의경제관리를 개선하기 위한 일련의 조치들이 취해졌다. 일한 것만큼, 번 것만큼 분배하는 사회주의분배원칙이 철저히 관철되는 과정에 경영일군들의 일본새가 달라졌다. '실리'를 따지며

더 높은 실적을 올리기 위한 경영전략이 세워지고 로동자들의 생산의
욕도 올랐다. 경제관리의 개선은 또한 생산에 필요한 원료, 자재를 보
장하는 새로운 공간도 마련하였다. 국가계획의 수행에서 아래단위의
창발성을 발양시키는 조치들이 취해짐으로써 수익을 얻은 공장, 기업
소는 자체의 힘으로 원료와 자재를 확보하고 생산의 정상화를 실현하
게 되였다.

농업에서는 ▲적지적작, 적기적작의 주체농법 관철 ▲종자혁명 ▲두
벌농사 ▲토지정리 ▲농업기술혁명 등의 과업들이 제시되고 그 관철을
위한 조치들이 취해졌다. 특히 지난해는 국가적 차원에서 농사를 잘 짓

는데 모든 력량이 총집중, 총동원된 결과 알곡증산에서 획기적인 성과
가 이루어졌다.

모든 정책이 적절한 처방전이였다. 경제의 순환이 이처럼 짧은 기간
에 회복될 수 있은 것은 기적적인 일이다. 2001년 이후 5년간에 나라
의 기간공업과 농업의 생산적 토대는 정비되고 재구축되였다. 조선의
경제가 더 높이 비약하고 더 빨리 달려나갈 수 있는 담보는 바로 여기
에 있다.

식량증산을 위한 '총동원, 총집중'

'고난의 행군' 이라고 불리운 경제적 시련의 시기의 식량난을 상기하
면 농업증산이 나라의 경제전반을 상승궤도에 올려세우는 데서 관건적
인 문제로 나선다는 것은 만사람이 납득하는 리치이다.

지난해 2005년은 농업증산에서 최근년간 일찌기 없었던 성과가 이룩
되였다. 농업부문에서는 높은 알곡생산목표를 내걸었다. 온 나라가 떨
쳐나 농사를 잘 짓는데 모든 력량을 총집중, 총동원하였다.

지난해 알곡생산의 구체적인 통계는 발표된 것이 없지만 2006년의 3
지공동사설이 "농업생산에서 새로운 전진을 가져왔다"고 총화한 것으
로 미루어 보면 생산실적은 내걸었던 목표의 거의나 가까운 수준에 도
달했다고 볼수 있다. 공동사설이 "다시 한번 농사에 모든 력량을 총동
원, 총집중하여야 한다"고 지적했듯이 지난해의 경험과 성과를 밑천으
로 삼고 올해도 농사를 경제건설의 최우선과제로 내세웠다.

농업부문 관계자들은 이구동성으로 지난해의 증산이 우연의 산물이
아니라고 말한다. 농업성 장시필 대외협조국장도 "'총집중, 총동원' 방
침이 결정적인 요인"이였다고 강조한다.

"온 나라 전체 인민이 기어이 풍요한 가을을 안아올 비상한 각오를 가
지고 말 그대로 한사람같이 떨쳐났습니다."

사실 지난해는 모든 것을 농사에 복종시킨 류다른 한해였다. 나라의 방선을 지켜선 군인들이 '농업전선'으로 달려나갔다. 성, 중앙기관 일군들이 농장포전으로 향했고 군당위원회와 각급 당조직들의 사업거점도 협동벌이였다.

온 나라가 총동원되여 봄철영농작업을 다그칠데 대한 구호가 제시된 5월 중순부터 중앙과 지방의 일군, 로동자, 사무원, 청년학생 그리고 가정부인들까지도 로력지원에 나섰다. 모내기기간에는 매일 수백 만명이 농촌에 나갔다고 한다.

농사에 필요한 로력과 설비, 자재와 물자를 최우선적으로 보내줄데 대한 방침에 따라 련관부문의 공장, 기업소들에서도 생산설비에 만부하를 걸었다. 뜨락또르공장을 비롯한 기계공업부문에서 혁신이 일어나고 화학비료와 농약, 전기를 보장하기 위하여 화학, 전기, 석탄공업부문에서도 헌신적인 로력을 바쳐나갔다.

전반적 경제력의 표현

"농사를 잘 짓기 위한 조건은 자연기후만이 아닙니다. 공업이 농업을 지원하고 도시가 농촌을 도와주어야 생산을 늘일 수 있습니다. '고난의 행군' 시기는 그렇게 하지 못했습니다. 지난해의 알곡증산은 나라의 전반적인 경제상황이 개선되여 가고 있다는 것을 말해주고 있습니다."(장시필 국장)

지난해 농업부문에서 이룩된 성과는 경제의 각 부문에 "총집중, 총동원"의 잠재력이 있음을 실증하였다. 다시 일어난 공업이 농업을 추켜세우고 먹는 문제를 해결함으로써 경제활성화의 전제를 마련할 수 있게 되였다. 경제의 각 부문이 맞물리고 옳바른 순환이 이루어지기 시작한 것이다.

최근년간 나라에서는 농업증산을 위한 투자를 진행하여왔다. 전국적 범위에서 토지정리사업을 전개하여 규격포전을 꾸렸다. 개천-태성호, 백마-철산을 비롯한 자연흐름식물길을 건설하여 전기를 쓰지 않으면서 농사에 절실한 물문제를 해결하는 방도를 마련하였다.

종자혁명방침, 두벌농사방침 등 일련의 농업혁명방침들도 실천을 통하여 그 생활력이 확증되고있다. 지난해 영농실천을 통하여 협동농장의 농장원들은 종자가 좋아야 높은 소출을 낼 수 있다는 것을 확인하였다.

협동농장마다 남먼저 다수확품종의 종자들을 받아들이려는 열의가 높아가고 있다. 또한 지난 시기 정주(평안북도) 이남지역에서나 하는 것으로 되어 있던 두벌농사가 지난해에는 정주이북의 많은 지역들에서 벌어졌다.

각지 협동농장들에서는 지난해의 실적에 근거하여 "총동원, 총집중" 방침이 계속 관철되여 나간다면 가까운 년간에 알곡생산에서 과거 최대수확고의 수준을 달성할 수 있을 것으로 내다보고 있다. 평양시 안의 어느 협동농장의 기사장은 그것을 쏘련과 동유럽사회주의나라가 붕괴되기 전인 "80년대 후반의 수준"이라며 "지금의 힘을 가지고 달라붙으면 충분히 실현가능하다"고 가슴을 폈다. 올해부터 집행되는 3년련속계획에서는 기간공업부문과 함께 농업부문에 높은 생산목표가 제시되고있다. 나라의 경제계획도 경험과 실적 그리고 생산현장의 들끓는 열의라는 확고한 담보가 있어 수립된 것이다.

농업성 장시필 대외협조국장은 조선이 지난 10여 년간 받아온 국제기구 등으로부터의 식량원조를 중단하게 된 것은 "조선농업의 주인은 조선사람들 자신이라는 응당한 도리를 그대로 주장한 것"이라고 설명한다.

그는 국제기구나 여러 나라 정부, 비정부기구들의 '협조'는 조선의 농업생산에서 "결정적인 역할"을 하지 못했다며 앞으로는 식량지원이 아니라 "개발협조"의 방향으로 나가면서 "농업발전을 위한 주체적인

농업성 장시필 대외협조국장은 "농업의 회복은 공업의 지원에 의해 가능했다"라며 북 경제 전반이 상승세에 들어섰다고 설명했다.

노력"을 계속 기울여 나갈 것이라고 말한다.

"'쌀은 곧 사회주의'라고 하지 않습니까. 전체 인민이 농사를 자기 자신의 일로 여기는 조선과 같은 나라는 세상에 없을 것입니다."

지금 조선의 농업부문은 행정일군도 생산현장의 농장원도 모두가 자신감에 넘쳐있다.

"하나가 열, 열이 백", 현대화의 방법론

경제의 모든 부문은 호상 련관되여 있다. 식량문제를 해결하기 위한 농업의 증산도 공업의 지원이 있어야 가능하다. '고난의 행군' 시기에 타격을 받은 공업의 물질기술적 토대를 재구축하는 사업도 2001년 이후 본격적으로 추진되였다. 방도는 개건현대화와 공업구조의 개혁이였다.

조선에서는 공업을 기술적으로 개건하는 사업을 선후차를 가려 실정에 맞게 하나하나 착실하게 하지 않으면 안 되였다. 로후화된 생산설비를 갱신해야 한다는 것은 누구나가 인정하였지만 개건현대화에는 많은 자금과 자재, 설비와 로력이 요구되였기 때문이다.

"개건현대화를 한꺼번에 다하기는 어렵고 그렇다 하여 오늘은 이것을 하고 래일은 저것을 하는 방법으로 하여서도 안됩니다. 방법론을 옳게 세워야 합니다."

개건현대화에는 다른 나라에서 선진기술에 기초한 설비를 사들이는 방법과 현존 설비를 개건하여 그 능력을 제고하는 방법이 있지만 하여간 중심고리를 틀어쥐고 선후차를 가려야 한다. 기계공업성 오준식 기술국장은 공작기계공업을 실례로 들고 다음과 같이 설명한다.

공작기계공업이 개건현대화 되면 성능이 높은 공작기계들의 생산이 늘어나고 그 생산원가가 저하된다. 그러면 공작기계를 가지고 진행되는 다른 부문들의 개건현대화도 그만큼 촉진될수 있다. 이처럼 생산소비적으로나 기술경제적으로 호상 밀접히 련관되여 있는 경제의 각 부문, 단위들 가운데 "전반적인 생산과 기술의 발전을 위한 기초로, 토대로 되는 부문과 단위들"에 먼저 투자를 집중하여야 한다는 것이다.

"말하자면 하나가 열, 열이 백, 백이 천을 개건현대화하는 방법으로 인민경제의 전반적 기술장비수준을 높여나가야 한다는 것입니다."

오준식 국장이 말하는 "하나가 열, 열이 백, 백이 천을 개건현대화하는 방법"은 본보기를 창조하고 그것을 일반화하는 방법이라는 측면도 있다. 기계공업부문에서는 지난 몇해 동안 본보기공장을 내세워 그 모범을 다른 단위들이 본받도록 하는 사업들이 추진되여 왔다. 대표적인 단위가 평안북도에 있는 구성공작기계공장이다.

이곳 공장에서는 종전의 설비들을 콤퓨터조종장치를 갖춘 최신형공작기계로 일신하여 유연생산체계를 확립하였다. 최고령도자의 현지지도를 계기로 개건현대화가 성과적으로 진행된 이곳 공장을 그후 당과 국가의 지도간부들이 련달아 참관하였다.

기계공업성에서는 본보기공장의 경험을 희천공작기계공장이나 락원기계련합기업소에서도 살려나가기 위한 대책들을 강구하였다.

그 결과 락원기계련합기업소(평안북도 신의주시)는 지난해 개건현대화에서 큰 전진을 이룩하였다. 건설기계를 주로 생산하는 기업소에서는 이미 유압공정과 열처리공정의 현대화가 추진되여 왔는데 지난해 1월 최고령도자의 현지지도를 계기로 기계공업의 기초라고 할수 있는 주물생산을 현대화, 과학화할데 대한 과업이 새롭게 제시되였다.

"공사착수가 3월입니다. 종업원들이 한덩어리가 되여 낡은 건물을 헐어버리고 새로운 직장을 일떠세웠습니다. 수입한 새 설비의 조립도 짧은 기간에 해내였습니다. 받아안은 과업은 무조건 관철하는것이 우리 로동계급의 기질입니다."

이곳 기업소 권명건 부기사장에 의하면 반년 남짓한 기간에 완공된 주물생산기지, '신포향주철직장'의 흐름식생산공정은 종전에 비해 전력소비를 대폭 줄이면서 질높은 주물품을 대량적으로 생산할 수 있다. 또한 항상 깨끗한 생산환경을 보장하여 로동자들이 맑은 공기가 넘쳐 흐르는 작업장에서 일할수 있게 되였다.

지난 시기 국내에서는 주물생산이 전문화되지 못하고 공장, 기업소마다에서 생산이 진행되였다. 수공업적인 주물생산은 로동자들이 땀투성이, 먼지투성이가 되여 달라붙어야 할 "어렵고 힘든 일"의 대명사로 인식되여 왔다. 그리고 이 부문은 전력소비도 많았다. 공장, 기업소에서 제각기 만든 주물제품은 생산원가가 실정에 맞지 않았다.

"주물생산의 전문화는 오래 전부터 상정되였던 현안인데 나라의 전반 경제가 그것을 해결할 수준에 이르지 못했던 것입니다. 그런데 이제는 나라에서 대담하게 투자하여 세계적인 추세에 맞게 주물생산을 할수 있게 되였습니다."

집단주의원칙에 기초

지난해 12월 완공된 신포향주철직장에 대한 현지지도가 있었다. 경제 발전의 중심고리로 지목된 주물생산에서 변혁을 일으킴으로서 ‘락원 기계’는 "개건현대화의 또 하나의 본보기"로 떠오르게 된것이다.

생산능력이 큰 신포향주철직장은 앞으로 나라의 서부지구에 있는 모든 공장, 기업소들의 주문을 받아 여러가지 주물품들을 생산하게 된다. 다른 공장, 기업소들에서 실리가 나지 않는 주물생산기지를 없애고 국가적 차원에서는 많은 량의 전력을 절약할수 있게 되였다. 이처럼 개건현대화는 나라의 공업구조를 합리적으로 개조해나가는 계기로 되고있다.

오준식국장은 ‘락원기계’의 성공사례를 들면서 "국가차원에서 긴요하고 실리가 나는 대상을 중심고리로 틀어쥐고 하나씩, 하나씩 개건현대화할수 있는 것은 우리가 사회주의계획경제를 하기 때문"이라고 지적한다. 지난해 나라의 모든 력량이 총집중, 총동원되어 농업의 증산이 이루어진 것처럼 조선에서는 경제의 개건현대화도 "집단주의의 원칙에 철저히 기초하기 때문에 빠른 속도로 추진되어 나갈 수 있다"는 설명이다.

나라의 경제를 발전시키는데서 긴요하고 실리가 있는 대상부터 갱신하고 그에 토대하여 다른 대상들을 갱신한다는 개건현대화의 방법론은 경공업부문의 생산공정을 일신시키는 것을 중요한 과제의 하나로 제기한다. 생활소비품을 생산하는 경공업부문의 개건현대화는 인민생활과 직접 잇닿아 있기 때문이다. 국가적 견지에서는 경제발전을 짊어지는 근로자들이 실지로 느낄 수 있는 '실리'에 마땅히 관심을 돌려야 한다.

경공업 부문의 설비갱신, 정보산업시대의 요구

경공업성 한청수 생산부국장에 의하면 성에서는 인민생활에 긴요한 '1차소비품'을 우선적으로 해결하는 원칙에 따라 개건현대화를 추진해 왔다. '1차소비품'에는 된장, 간장과 같은 기초식품, 비누, 치약, 치솔 등 15가지 품목들이 지정되여 있다.

"경공업부문의 개건현대화도 역시 국가의 선행투자가 있어야 합니다. 생산공정을 현대적인 설비로 갱신하고 제품생산에 필요한 원료, 자재를 보장하기 위한 자금은 처음에는 나라에서 대주어야 합니다. 그러나 생산을 정상화하고 자금을 마련할수 있게 된 다음부터는 공장들이 제 발로 걸어나가게 됩니다."

독립채산제에 의한 확대재생산의 성공사례는 기초식품의 분야에서 찾아볼 수 있다.

지난 몇해 동안 전국의 기초식품공장들에서는 생산공정의 현대화가 추진되였다. 지방의 원료원천을 효과적으로 리용할 수 있는 물질기술적 토대도 구축되였다. 질높은 된장, 간장들이 생산되고 짧은 기간에 공장의 운영이 정상궤도에 오르게 되였다.

한청수 부국장에 의하면 지난해 2005년의 기초식품생산량은 2000년에 비해 150%로 장성하였다고 한다.

"경공업부문에서는 조건이 어려워도 현대적 설비들로 공장들을 새로 꾸리기 위한 통이 큰 작전을 펼쳤습니다. 방직공업과 신발공업, 비단공업에서도 많은 일을 해놓았습니다."

한청수 부국장이 지난해 경공업부문의 개건현대화에서 이룩된 성과의 하나로 꼽는 대상이 평양방직공장에 새로 꾸려진 편직사직장이다.

공장에서는 모든 공정을 현대화하였다. 이 생산공정들은 하나로 종합된 자동흐름선으로 되여 한 명의 기대공에 의해 조종된다. 다만 몇 명의 로동자들이 설비의 정상운영상태를 감시하고 있을 뿐이다.

평양방직공장은 1만 여명의 종업원들이 일하는 전국에서도 우수한 대규모 방직공업기지이다. 직장의 수도 55개나 된다.

이곳 공장에서 생산설비를 갱신한것은 30년만의 일이다. 현시점에서 낡은 설비를 붙들고 단지 생산의 정상화를 실현하는 수준이라면 세계적인 추세를 도저히 따라잡을수 없다.

조선은 시간을 주름잡아 달리고있다. 평양방직공장의 리광명 기사장은 현 방직설비의 특징에 대하여 한마디로 "콤퓨터의 도입으로 생산공정의 자동화, 고속화가 실현되였다"고 설명한다.

현대화된 정방설비의 생산능력은 종전에 비해 2배나 높다고 한다. 그런데 리광명 기사장은 "량보다 거기에서 가공된 실의 질이 더 중요하다"고 지적한다.

원래 평양방직공장의 방직설비갱신은 국내 인민들에게 질높은 속옷을 더 많이 공급하는데 목적이 있었다. 큰 능력의 편직사직장이 조업함으로써 국내의 속옷수요를 충족시킬수 있는 전망이 섰다고 한다. 그리고 공장에서는 최신설비에서 가공된 실의 질이 "국제적인 수준"에 도달했다고 판단하고 제품수출도 추진해나갈 계획을 세우고있다.

"방직공업도 원료, 자재의 일부를 수입에 의존하고있습니다. 개건현
대화의 첫발은 국가투자로 뗐지만 생산정상화의 조건은 자체의 힘으로
갖추어나가야 합니다. 새로 꾸려진 편직사직장이 소기의 성과를 거둘
수만 있다면 우리 공장의 모든 직장들에서도 생산의 동음을 높이 울릴
수 있습니다."

경공업성 한청수 부국장은 "우리가 인민생활향상에 대한 신심이 있는
것은 지난 몇해 동안에 생산기지의 토대를 튼튼히 닦아놓았기 때문"이
라고 말한다. 생산공정을 개건현대화한 경공업부문의 공장, 기업소 책
임일군들도 이구동성으로 자신의 경영전략을 설명하면서 "조선사람의
뛰여난 재간"에 대하여 말하군 한다.

더 높이 비약할수 있는 근거와 담보

나라의 전반경제가 확고한 상승의 궤도에 들어서게 된 오늘의 시점에
서 지난 10여년간을 돌이켜 보노라면 확실히 "기적과 전변"(2006년 3
지공동사설)이 경제분야에서 일어났다고 이야기할만하다.

조선이 '고난의 행군'이라 불리운 최악의 시련을 극복하고 경제부흥
의 밑천을 마련할 수 있었던 가장 큰 요인은 아마도 국가령도자의 수완
과 실력에서 찾아볼 수 있을 것이다.

조선경제는 1990년대 후반에 하강선을 긋게 되었지만 나라에서는 결
코 굼때는 방법으로 대응하지 않았다. 그 과정을 개괄한다면 나라에 들
씌워진 경제적 시련의 후과를 가시기 위한 대책들을 강구해 나간 것이
1998년부터이다. 3년후인 2000년에는 '고난의 행군'의 승리적인 결
속을 내외에 선포하였다. 그리고 2001년부터는 경제강국건설에 본격
적으로 착수하고 지난해 2005년에는 나라의 경제전반이 상승의 궤도
에 들어서게 하였다.

해마다 년초에 발표된 3지공동사설은 그러한 로정도를 정확히 명시

락원기계련합기업소 권명건
부기사장.

하고있었다.

국내의 해당부문 일군들은 인민경제의 개건현대화가 "경제발전의 중심고리를 틀어쥐고 본보기단위의 경험을 일반화하는 방법"으로 추진되여 왔다고 말한다. 정책집행과정에 일관하게 적용하여온 방법론이다.

례컨대 1998년 정초의 자강도 강계시에 대한 현지지도는 이 해의 공동사설에서 호소한 "총진군"의 방향을 제시하는 것이였다. 북방의 도시 강계에서 중소형발전소를 건설하여 전력문제를 자체로 해결한 경험이 그후 전국으로 번져나갔다. 전력난과 원료자재의 부족으로 시작된 경제적 악순환의 고리를 차단하는 대중적 혁신은 그렇게 시작되였다.

일심단결의 위력

현지지도를 받은 '본보기단위'들에서는 '선견지명'에 대한 증언을 듣게 된다. 지난해 기계공업의 기초라고 할수 있는 주물생산의 공정을 현대화한 락원기계련합기업소도 례외가 아니다. 권명건 부기사장은 '고난의 행군' 시기에 생산을 제대로 하지 못했던 이곳 기업소가 "현지지도를 계기로 동면에서 깨여났다"고 말했다. 세기와 세기의 교체기인 2000년 1월의 일이다.

그후 현지지도가 여러 번 있었다. 그때마다 유압공정, 열처리공정의 현대화 등 새로운 과업이 제시되였다.

"당시는 이처럼 빠른 속도로 우리 기업소가 일어설줄 몰랐습니다. 앞으로 몇 해 동안에 나라가 막대한 투자를 하여 주물생산공정을 현대화할 수 있을 만큼 전반경제가 개선되리라고 생각한 사람은 많지 않았을 것입니다."

경제분야에 대한 현지지도는 정확한 타산에 기초한 것이였다. 그리고 현장에서는 제시된 과업을 관철하기 위하여 말 그대로 간고분투하였

다. 이러한 '일심단결'의 위력이 경제부흥의 밑천을 마련한 또 하나의
요인이였다.

경제적인 측면에서 그것은 사회주의계획경제의 우월성이 발휘된 것
이였다. 공업부문의 개건현대화도 만약 공장, 기업소들이 각기 자기 식
으로 생산공정을 갱신한다면 많은 투자를 전제로 한 최신과학기술의
도입에서 사회적 랑비를 가져올 수 있었다.

경제부흥의 밑천을 마련할 수 있었던 요인은 또한 수십 년간에 걸쳐
다져온 자립적 민족경제의 토대가 존재했다는 것이다. 비록 한때 시련
을 겪었지만 조선에는 남들의 도움이 없어도 다시 일어설 수 있는 전제
조건이 있었다.

자기 힘을 믿고

마지막으로 조선인민의 높은 교육문화수준을 들수 있다. 새로운 과학
기술이 도입되면 그것을 자기 실정에 맞게 구현해 나갈 수 있는 능력을

희천공작기계공장 노동자들이 기
계를 생산하고 있다.

가진 인민들이 있었다.

쏘련과 동유럽사회주의나라들의 붕괴는 조선경제를 둘러싼 환경을 급변시켰지만 적극적인 외교전략에 의하여 오늘은 유리한 조건들이 갖추어져나가고 있다. 2000년대에 들어 중국, 로씨야를 비롯한 주변나라들과의 친선협조관계는 새로운 높이에서 발전하고있다. 남조선과의 관계에서도 화해, 협력의 시대를 열어놓았다.

미국의 대조선적대시와 제재, 봉쇄는 여전하지만 건국 이래 조선은 그것을 전제로 경제건설을 추진하여왔다. 일본과의 관계에서도 과거청산과 경제협력이라는 새로운 국면이 예상될 수 있지만 해당부문 일군들은 "남들이 주는 돈을 믿고 경제부흥계획을 세우는 것과 같은 어리석을 일을 하지 않는다"고 말한다. 실제로 올해부터 시작되는 '3년련속계획'은 일본의 경제협력 따위는 애당초 계산도 없이 수립되었다.

조선은 주체적인 력량을 가지고 충분히 경제부흥을 이루어낼 수 있다. 시련을 이겨내여 경제의 상승을 실현할 수 있었던 요인 다시 말하여 ▲국가지도자의 비범한 령도 ▲일심단결의 위력 ▲자립적 민족경제의 토대 ▲인민들의 높은 자질은 곧 조선경제가 앞으로 더 발전할 수 있는 담보이기도 하다. 더우기 시련에 찼던 10여 년간을 통해 지도자의 령도술은 보다 세련되고 조선의 일심단결은 더더욱 강화되였다.

'원대한 포부와 신심에 넘쳐 더 높이 비약하자'. 올해의 3지 공동사설의 제목이다. 령도자는 타산없이 호소하지 않았을 것이다. 그리고 벌써 "기적과 전변"을 체험한 조선인민은 제시된 목표가 반드시 현실로 된다는 것을 확신하고 있다.

김지영 《조선신보》 평양특파원 2006년 5월호, 62호

북녘의 문화 예술 인사와 만나다

교향악으로 본 북의 어제, 오늘 그리고 내일

〈청산벌〉에서 〈선군〉까지…
시대를 비추는 '안삼불'의 비밀

조선에서 가장 력사가 오랜 예술단체인 국립교향악단이 년초부터 평양에서 련속공연을 진행하였다. 공연회장인 인민문화궁전은 련일 대성황을 이루었다. 애호가들은 물론 일상시 음악과는 좀 멀다고 생각하는 사람들의 마음도 끌어당긴 교향악단 공연은 '2005년 조선예술계의 중대사변'의 하나로 꼽힐만한 현상이였다.

조선국립교향악단의 원로 지휘자 김병화 씨. 국립교향악단의 수석지휘자다.

국립교향악단은 이번 공연에서 새로운 작품을 연주하였다.

건국 이래 가장 시련에 찬 나날이였던 지난 10년 간의 로정을 관혁악의 폭넓고 깊이 있는 음악형상으로 펼친 교향조곡 〈선군장정의 길〉이다.

또한 인민들의 사랑을 받는 관현악 〈아리랑〉 〈그네뛰는 처녀〉 〈문경고개〉도 연주되었다. 〈백조의 호수〉 〈푸른 도나우〉와 같은 외국곡도 연목에 끼웠다.

노장과 신진, 두 지휘자

장기간에 걸친 공연이였기 때문에 연주곡은 수시로 변경 되었지만 마지막 연목 만큼은 고정되었다. 〈청산벌에 풍년이 왔네〉. 조선의 교향악 작품 가운데 최고의 인기곡이다.

〈청산벌에 풍년이 왔네〉는 평안남도 강서지방 청산벌에서 만풍년을 맞이한 농업근로자들의 기쁨을 노래한 1960년의 작품이다. 곡조는 강서지방의 민요와 농악가락을 바탕으로 한 밝고 경쾌하며 락천적인 선률로 형상되였다.

조선적인 선률로 일관된 〈청산벌〉은 발표된 당시부터 시대의 정신을 반영한 걸작으로 평가되여왔다. 지금도 관중들은 이 곡을 들으면 저도 모르게 장단에 맞추어 률동을 새기며 민족적 감정을 분출하군 한다.

〈청산벌〉은 원래 합창곡으로 창작된 작품이다. 가사는 이렇다.

"아 풍년이 왔네 풍년이 왔네 평안도 강서땅 청산리벌에 풍년이 왔네… 아 금물결 금실 춤을 추어라 아 두루미 쌍쌍이 날아든다 베여라 어서 베여 풍년의 주인들 어서들 베여라…"

작품은 1970년에 교향악으로 새로 창작되였다. 물론 가사는 없다. 악기 연주만으로 만풍년의 광경을 펼쳐 보인다.

조선국립교향악단의 새 세대 지휘자 김호윤 씨. 40대의 젊은 지휘자다.

교향악 〈청산벌에 풍년이 왔네〉를 높은 예술적 경지에서 형상하여 최고의 인기곡으로 만들었던 중심인물이 국립교향악단의 수석지휘자 김병화(69) 씨이다. 그는 지난 40여 년간 지휘자로 일해왔다. 2005년의 공연에서는 〈선군장정의 길〉을 지휘하였다.

〈청산벌〉은 신진지휘자 김호윤(40) 씨가 연주를 지휘하였다. 두 지휘자의 각이한 작품형상도 이번 공연의 볼만한 대목이었다.

훌륭한 공연의 막 뒤에는 진지한 인간 드라마가 있다. 교향악단 성원들과 나눈 대화를 엮으면 그 자체가 하나의 안삼불(앙상블–편집자)을 형성한다.

김호윤 씨는 1983년부터 지휘를 배웠다. 평양음악무용대학에서는 로를 전공하였다. 그후 지휘자로 전향하여 5년 간 당시 동부독일에 류학을 갔다.

본인은 "교수를 잘 만났다"고 류학시절을 회고한다. 베를린음악대학 총장이 직접 지휘를 배워주었다. 어느 악단의 수석지휘자였던 총장의 배려로 해마다 진행되는 헨델음악축전에서 연주를 지휘하는 경험도 쌓았다.

김호윤 씨는 외국 류학에서 배운 가장 중요한 것이 '음악언어'라고 말한다.

"베를린에서 습득한 음악언어가 지금도 지휘도식에 가장 정확히 활용될 수 있는 재산입니다. 나는 지휘의 기본은 호흡이라고 배웠습니다. 모든 사람들이 격할 때는 숨을 빨리 쉬고 느슨할 때는 천천히 쉽니다. 음악도 인간생활을 표현한 예술인 것만큼 호흡이 중요합니다."

20대 나이에 교향악의 세계적인 추세를 배운 김호윤 씨의 목표는 국립교향악단의 연주를 빠른 시일 안에 세계 일류급의 수준으로 끌어올리는 것이다. 유럽의 것이라 한들 아시아 사람들이 위축할 필요는 없다는 것이 김호윤 씨의 주장이다. 그는 세계적 판도에서 활약하는 일본의 지휘자 오자와 세이지를 성공 사례의 하나로 꼽는다. 그가 가장 뛰어난 세계적 지휘자의 한 사람으로 보는 레너드 반스타인도 차세대 지휘자였던 오자와 세이지의 재능에 주목하였다.

"내가 알고있기에는 뉴욕 휠 하모니오케스트라를 지휘하는 만년의 반슈타인이 오자와 세이지를 찾았다고 합니다. 사실 80년대 이후의 오자와 세이지는 연주지휘의 폭과 심도에서 큰 발전을 가져왔다는 것이 알립니다."

세계적인 작곡가로 명성을 떨친 고 윤이상 선생도 김호윤 씨의 재능에 지목한 한 사람이었다. 그는 평양에 있는 윤이상음악단에서 지휘자로 활동한바 있다. 젊은 시절부터 세계 일류급의 음악세계를 들여다본 신진지휘자가 국립교향악단에 새로운 바람을 일으킨 것만은 사실이다.

단원 124명 직접 부른 김 위원장

그러나 그것은 일방적 작용이 아니라 호상작용이였던것 같다. 국립교향악단의 악장(제1바이올린) 최기혁(55) 씨는 지휘자로서의 김호윤 씨를 다음과 같이 평한다.

"김호윤 지휘자가 우리 악단의 지휘를 본격적으로 맡아서 아직 몇 년 되지 않았어요. 내가 김병화 지휘자와 35년 간 같이 일한 사람인데 김호윤 지휘자와 대비해보니까 차이는 있어요. 김병화 지휘자는 조선에서 지휘를 배웠지만 김호윤 지휘자는 외국에서 배웠고 그렇게 보니 벌써 지휘의 손놀림이 다릅니다. 음악형상으로 말하면 외국곡 경우에는 김호윤 지휘자가 배운 기술을 발휘한다는 것을 알 수가 있습니다. 그런데 조선곡의 경우 처음부터 그렇게 할 수는 없었지요."

국립교향악단이 조선의 명곡들을 교향악으로 옮겨 연주하기 시작한 것은 1970년대부터이다.

광복 직후인 1946년 8월 8일, 전국 방방곡곡에 널려있던 창작가, 예술인들을 모여 결성된 국립교향악단은 60년대에 해산될 위험에 처하게 되었다. 최기혁 씨에 의하면 "사대주의, 교조주의에 물 젖어 인민들이 리해하지 못한 외국곡들을 많이 연주하였기 때문"이라고 한다.

1969년, 당시 조선로동당 중앙위원회에서 문화예술부문을 지도하고

조선국립교향악단 연주자들의 모습. 김 위원장은 문학예술부문 지도시 교향악작품을 지시한 바 있다.

있었던 김정일 국방위원회 위원장이 책임일군들에게 민요와 조선의 가요명곡을 편곡하여 교향악작품을 창작할 데 대한 방침을 제시한 것이 큰 전환점으로 되었다. 이듬해 1월에는 악단 성원들이 대폭 교체되어 3관 편성 관혁악단이 새로 구성되었다. 김정일 국방위원장이 극장에 나와서 직접 124명의 명단을 불렀다고 한다. 현재 악장의 중임을 지니는 최기혁 씨도 그때 이름을 불리운 한 사람이다.

"우리 악단의 편성이 다른 악단과 다릅니다. 양악기만 가지고 하는 것이 일반적이지만 우리가 유럽의 코대를 꺾자면 양악기만 가지고서는 안된단 말입니다. 유럽 나라 사람들이 흉을 못내는 민족죽관악기를 배합해야 유럽을 릉가할수 있습니다."

민족악기 배합한 국립교향악단

1970년 이후 국립교향악단은 민요나 조선의 가요명곡을 편곡한 교향악 연주에서 민족악기를 효과적으로 쓰게 되었다. 다른 나라 교향악단에도 민족악기를 도입하는 경우가 있기는 하지만 그것은 특정한 곡에 부분적으로 연주되는 것이다. 국립교향악단은 대표적인 연주곡에 거의나 민족악기를 배합하였다. 〈청산벌〉은 새납(태평소, 날라리 등을 의미-편집자)소리가 울린다. 언젠가 로므니아(루마니아-편집자)교향악단이 평양에 와서 같은 곡을 연주했는데 새납의 파트를 트람팩트(트럼펫-편집자)로 연주하니 "민족적 향취가 나지 않는듯"며 관중들의 호평을 받지 못한 일이 있었다.

국립교향악단의 연주가들은 민족적인 맛을 내기 위한 연주기법도 연구하였다. 례컨대 민요를 편곡한 〈그네 뛰는 처녀〉는 가야금이라면 형상이 쉽다. 가야금 줄 우로 춤추듯이 오락가락하며 롱현하면 된다. 최기혁 씨를 비롯한 바이올린 연주가들은 양악기에서 같은 연주법을 쓰기 위한 노력을 기울였다.

2004년 12월 조선국립교향악단의 공연을 관람하기 위해 공연장을 찾은 김정일 국방위원장.

국립교양악단은 안삼불이 뛰여난 악단이라는 평가를 받고 있다. 안삼불의 비결에 관한 연주가들의 견해는 "조선곡을 연주할 때면 저절로 마음이 일치된다"는 것이다.

최기혁 씨는 국립교향악단의 안삼불을 성립시키는 요인은 "기술보다 정신적인 측면이 많다"고 지적한다.

"조선곡의 연주는 사상적으로는 민족제일주의를 주장하는 것이지만 음악적 견지에서는 선률제일주의라고 말할 수 있습니다. 다른 나라 교향곡을 보면 물론 표제가 있는 교향곡이 있기는 하지만 작품 창작의 동기 자체가 모찌브(모티브-편집자)에 의한 발전, 전개형식입니다. 그런데 민요, 가요명곡을 편곡한 우리의 작품들은 선율 위주로 나갑니다. 선률에 우리 인민의 사상이 있고 감정이 있습니다."

국립교향악단이 조선곡을 연주할 때에는 연주가들이 먼저 곡에 담겨진 노래 가사에 대한 학습을 한다. 선률을 단순히 소리표의 련결이 아니라 가사로 리해하고 형상한다.

신진 지휘자도 조선의 교향악단이 조선곡을 연주하는 의미를 긍정한
다. 그런데 음악적 견지에서는 선행 세대 연주가들과 다른 관점에서도
사색을 깊이고 있다.

악장이 보는 세대 교체

김호윤 씨의 견해는 이렇다.

"조선곡에 한해서 우리가 다른 나라 사람들보다 연주에서 효과를 가
져올 수 있는 것은 노래 자체가 명곡들이고 사람들이 가사내용을 체득
한 토대 우에서 연주되기 때문입니다. 지휘자가 별로 품을 넣지 않아도
연주가들은 일정한 형상수준에 도달합니다. 반면 유럽의 곡들은 품이
갑니다. 리해가 공통되지 않으면 그럴 수밖에 없습니다."

음악가들 사이에도 견해의 대립, 충돌이 있을 수 있다. 그리고 그 어
떤 집단에도 세대격차라는 것이 있기 마련이다.

1970년, 3관 편성 관현악단을 구성한 124명 가운데 오늘도 현역으로
연주하는 것은 최기혁 씨를 포함하여 네 사람뿐이다. 1980년대 이후

조선국립교향악단의 바이올린
주자들. 맨 앞이 악장 최기혁
씨이다. 교향악단의 역사를 증
언하고 있다.

국립교향악단에서도 세대교체의 과제가 오르게 되었다. 낡은 세대가 물러나고 젊은 세대가 두각을 나타내는 것은 하나의 법칙이지만 악단은 여느 집단과 다르다.

'1970년' 의 증언자의 한 사람인 최기혁 씨는 35년 간에 걸치는 자기 악단의 변천과정도 '안삼불' 의 개념을 가지고 설명한다.

"안삼불이란 게 아주 예민합니다. 새로 들어온 사람이 내 옆에 앉아서 다른 연주를 하게 되면 벌써 영향을 받게 됩니다. 연주가들의 음향감각은 자기 주변에서 연주하는 사람들과의 조화로 이루어지는 것입니다. 이러한 집단주의의 결실은 단번에 세대교체가 이루어지게 되면 깨집니다."

국립교향악단은 제한된 인원을 인입하고 이들을 책임적으로 키우는 방법으로 점차적으로 세대교체를 이루어냈다. 교향악단의 연주가는 같은 악기를 다루어도 다른 여느 악단의 연주가들과 음색, 주법들이 다르다. 합창반주, 무용반주는 남들을 내세우는 연주이지만 교향악단은 연주 그 자체가 공연이다. 교향악단에서는 음악대학을 졸업한 신입단원들을 대상으로 조직적으로 혹은 개별적으로 기술적인 전습을 주었다.

"말하자면 '교향악단 사람' 으로 키우는 과정입니다."

"지휘자가 확고하면 다른 길 못가"

지난 기간, 수십 명의 바이올린 연주가를 키웠지만 최기혁 씨는 기술보다 정신적인 측면을 중시하는 인물이다. 그는 세대교체의 핵심이 '교향악단의 전통을 계승해나가는데 있다' 는 관점에서 후대들을 육성해왔다.

"우리 교향악단이 어떻게 새 출발을 하였으며 무엇을 지향하는 악단인가, 신입단원에게는 그것부터 먼저 심어줍니다. 자기 악단의 전통을 알게 되면 연주가들은 긍지를 가지게 됩니다. 바로 그러한 단원들이 합심하니 우리 교향악단이 높은 수준의 안삼불을 형상할 수 있는 것입니다.”

최기혁 씨는 조선식 교향악을 창조하여 벌써 35년 세월이 흘렀지만 유리했던 측면은 김병화 지휘자가 그 출발점에 충실하게 일해왔던 것이라고 지적한다.

“지휘자가 확고하면 악단이 다른 길로 나갈 수 없습니다.”

최기혁 씨는 35년간 고락을 같이하여 온 김병화 씨를 “아주 정확하고 침착한 지휘자”라고 평가한다.

“그는 총악보를 완전히 통달한 다음에야 지휘대에 오릅니다. 작품 파악이 완전무결하단 말이지요. 총악보를 놓고 작업할 때에는 남의 말소리도 듣지 못합니다. 그만큼 음악에 미쳤다고 할까. 량심적이고 고지식하고 그저 그것밖에 모른 사람이지요.”

김병화 씨는 재일귀국동포의 한 사람이다. 일본에서 민족교육을 받았다. 음악가로 되고 싶은 희망이 있었지만 일본의 음악대학은 조선고등학교 졸업생의 수험자격을 인정하지 않았다. 5년간 개인교수를 받은 그는 조국에서 자기의 꿈을 실현하는 길을 선택하였다.

김병화 씨는 1960년대부터 국립교향악단에서 지휘자로 일해왔다. 1970년부터는 수석지휘자의 위치에서 책임적인 역할을 수행하여왔다. 국립교향악단이 조선곡을 교향악으로 형상하기 위한 노력을 기울이고 있을 때 그 모든 과정에 몸을 담은 인물의 한 사람이다.

김병화 씨는 그 당시를 감회깊이 돌이켜보군 한다. 특히 칠순에 가까운 나이가 되면서 자기 예술의 원점을 확인하는 기회가 더 많아졌다.

특히 〈청산벌에 풍년의 왔네〉의 창작과정은 잊을 수 없는 장면들의 련속이였다.

“〈청산벌〉이란 게 원래 합창곡입니다. 혼성합창과 아동합창, 2관 편성 관현악이 유기적으로 결합된 작품인데 가사의 도움도 없이 순수 기악적인 수단으로 원래 작품이 가지고 있던 음악적 표현에 도달할 수 있

2005년 새해 열린 교향악단의 공연 장면. 교향악곡 〈선군장정의 길〉과 〈청산벌에 풍년이 왔네〉 등이 큰 호응을 받았다.

겠는가. 창작가들도 처음에는 주저하였고 나도 솔직히 반신반의했습니다."

김병화 씨의 지적은 〈청산벌〉의 원곡을 아는 사람이라면 리해할 만한 것들이다.

"아 풍년이 왔네 풍년이 왔네"로 시작되는 합창가사에는 선률이 있지만 류창한 느낌이 별로 없다. 중간부분에 등장하는 아동합창의 선률도 아주 단순한 것이다. 가사내용은 좋은데 노래와 반주가 밀착되어 있다. 성악적인 수단으로서 효과를 낼 수 있어도 기악연주로서는 승산이 없다고 생각하는 것도 당연한 일이다.

〈청산벌〉의 교향악편곡은 당시 문학예술부분을 지도하던 김정일 국방위원장의 착상이였다고 한다. 당시는 현지지도가 여러 번 있었다.

"처음에는 원곡에서 합창만 빼놓고 반주만 가지고 관현악을 하는 것과 같았습니다. 우리는 창작가나 지휘자가 좁은 테두리에서 맴돌지 말고 연주가들 그리고 음악을 즐기는 인민들의 지혜를 발동하는 것이 중요하다고 보았습니다. 관현악에서는 조성이 중요한데 이것도 군중토의에 붙였습니다. 〈청산벌〉은 중간에 〈풍년가〉의 선률이 흐르는데 우리는 연주를 고조시키다가 도중에서 뚝 끊어놓고 '쿵 기닥, 기둥둥기닥, 기둥 기닥 기둥닥…' 이런 식으로 느린 흐름으로 전환시키고 말았습니다."

창작가들은 군중들의 의견을 받아들이고 이 부분을 민족음악 장단의 빠른 리듬 우에서 전개하기로 하였다. 군중 토의에서는 전문예술인들도 생각치도 못한 문제들이 제기되였다.

"영화에서 화면이 2중으로 겹치는 오버라프(오버랩—편집자)라는 게 있지 않습니까. 그런 식으로 〈청산벌〉의 기본선률을 연주하면서 그 한편에서 우리의 농촌현실에 대한 송가와도 같은 합창곡의 종결부분을 동시에 연주하면 좋겠다는 의견이였습니다."

'인민들과 밀착된 음악'

국립교향악단은 창작된 교향악을 가지고 작품의 무대로 된 강서지방의 로동계급을 찾았다. 강선제강소의 로동자들 앞에서 연주회를 진행하였다. 그런데 반응은 그다지 시원치 않았다.

"작품의 조성을 다시 짜고 들었습니다. 중간에 있는 〈풍년가〉 연주부분을 악기편성을 여러번 바꾸어가며 오래 동안 끌었던 것을 시대적 호흡에 맞지 않는 걸로 판단하고 급격전조 시키기로 하였습니다."

국립교향악단은 다음으로 함경북도의 성진제강소에 가서 공연을 했다. 그때는 말 그대로 폭풍 같은 반향이 일어났다. 로동자들이 무대 우에 올라와서 연주가들을 부둥켜안고 더 한번 해달라며 조르기도 하였다.

민족적 정서에 넘친 교향악의 창작, 새 음악에 대한 군중들의 열광적인 호응은 사회주의경제건설의 앙양으로 밝은 미래를 내다볼 수 있었던 1970년대의 숨결이였다.

그때, 〈청산벌〉의 교향악편곡이라는 어려운 과제가 상정되지 않았더

라면 이 작품은 오늘까지도 합창곡으로만 남아있을지도 모른다. 국립
교향악단의 성원들은 그 난제를 군중들 속에 들어가는 방법으로 풀어
나갔다. 그것은 '인민들과 유리된 음악을 해서는 안된다' 는 국립교향
악단의 새 출발을 확인하는 과정이기도 하였다.

수석지휘자로 활동하는 김병화 씨의 포부는 '조선의 교향악' 을 발전
시켜 나가는 것이었다. 이국땅에서 살다가 조국에서 지휘를 본격적으
로 배우게 된 사람으로서는 무얼 하나 해도 서양 사람들을 얼마나 잘
흉내내는가에 따라 평가되는 경향을 인정할 수 없었다. 어디까지나 조선
사람들의 솔직한 감정과 정서에 맞는 음색을 찾고 싶었다. "베트벤을
한다 해도 우리의 감성을 담을 수 있는 그런 베트벤을 하면 좋겠다"는
민족사랑, 동포사랑이 그의 예술의 밑바닥에 깔려있다.

"김병화 지휘자가 최고인민회의 대의원이고 인민예술가이지만 그런
격식을 차리지 않고 연주가들과 매우 가깝게 지냅니다. 우리 악단은 창
작가, 지휘자, 연주가가 동지적으로 결합된 집단입니다. 서로 돕고 이
끌면서 함께 가는 사람들입니다. 어떻게 보면 여기에 지난 35년간 전
통을 고스란히 계승하여온 비결이 있을지도 모릅니다."

최기혁 씨는 예술에 대한 열성만 가지고서는 국립교향악단을 오늘과
같은 수준에서 유지하지 못했을 것이라고 강조한다. 악단의 다른 성원
들도 류사한 소감을 말하군 한다. 그들의 념두에 있는 것은 '고난의 행
군' 이라 불리운 1990년대 후반의 경제적 시련의 시기에 겪었던 쓰라린
체험이다.

"죽어도 악기를 베고 죽겠다"

식량난과 전기난은 '국립' 의 명칭이 새겨진 예술가집단도 례외가 아
니였다. 악단 성원들은 대다수가 세대주들이다. 생활고에 시달리는 가
족들의 형편을 보살필수가 없어 피눈물을 흘리는 나날이 계속되었다.

교향조곡 〈선군장정의 길〉 연주 지휘봉을 잡은 김병화 지휘자와 교향악단.

그러나 악기를 버리고 다른 길을 찾는 '락오자'는 한 사람도 없었다.

"굶으면 굶었지, 죽어도 악기를 베고 죽겠다는 심정이었습니다."

최기혁 씨는 만약 교향악단에 대한 '기대'와 '믿음'에 끝까지 보답하겠다는 전통이 고수되지 못했더라면 그 어려움을 극복하지 못해 쓰러지고 말았을 것이라고 말한다.

지금 국립교향악단은 그 력사에서 가장 중요한 세대교체의 시기를 맞이하였다고 해도 과언이 아니다.

100여 명의 연주가들은 35년의 세월을 걸쳐서 서서히 교대가 이루어졌지만 이제는 후대 지휘자가 선대 지휘자에게서 계주봉을 넘겨받는 시기가 닥쳐온다.

신진지휘자 김호윤 씨는 '조선곡과 외국곡의 연주에서 나타나는 차이'를 해소해야 한다는 견해를 가지고있다. 다시 말하여 선률위주의 조선곡의 형상에 그치지 않고 모찌브에 의한 발전, 전개형식인 유럽의 교향곡들에서도 뛰여난 안삼불을 형상할 수 있어야 한다는 것이다. 그는 과거의 실적을 인정하면서도 정신력으로서는 보충할 수 없는 기술적인 문제에 보다 관심을 돌리고있다.

"바록크, 원나클라식('빈 고전파'를 의미, 모차르트 등—편집자), 랑만, 후기랑만… 유럽의 고전음악들도 력사적으로 자기 발전의 길을 걸어왔습니다. 그 특징을 파악하고 자기의 것으로 만들어나가야 합니다. 앞으로 우리 교향악단의 공연에서도 조선곡과 외국곡을 5 대 2의 비률로 연주하게 되는데 이것도 안삼불의 수준을 한 단계 더 높이는데서 필요한 공정이라고 봅니다."

의견교환 속에 영그는 세대교체

외국곡 습득이 조선곡 연주에도 영향을 미친다는 신진지휘자의 견해와 주장을 오랜 경험을 가진 연주가들은 거절하지는 않는다. 그렇다고 해서 무조건 접수하지도 않는다. 그 미묘한 관계를 연주가의 대표자 최기혁 씨는 다음과 같이 설명한다.

"음악적 견지에서는 지휘자들의 미학관이 서로 다르기 때문에 전체적인 작품양상은 같아도 대목마다에서 특기적인 것이 나타날 수 있습니다. 그런데 또 다른 문제가 있어요. 악단도 인간집단입니다. 연주가들이 김호윤 지휘자를 보는 자세와 김병화 지휘자를 보는 자세가 똑 같지 않아요. 사실은 나이가 어리다고 깔보면 안되고 류학 갔다고 환상을 가져도 안됩니다. 엄연한 현실을 놓고 평가해야 하는데 지난 시기는 이러저러한 편향들이 없지 않았어요."

최기혁 씨는 연주가들 속에서 제기된 의견을 종합하고 지휘자에게 전달한다. 그것이 세월의 흐름 속에 정착된 악장의 역할이였다. 한편 김호윤 씨는 연주가들 속에서 제기된 모든 일들을 악장에게 내맡기고 싶지 않다. 그는 교향악단이 외국곡의 습득이라는 안삼불 형상의 새로운 과제를 안게 된 것만큼 일정한 기간 지휘자가 연주가들을 한 손아귀에 틀어쥐어야 한다는 각오를 다지고있다. 외국곡의 연주가 일정한 수준에 도달하면 그때 가서 악장에게 더 많은 일감을 위임하겠다는 것이다.

새로운 비약을 준비하는 과정에는 갈등이 있기 마련이다.

"접수할 것은 접수하고 내밀 것은 내밀고. 이것 또한 집체적인 지혜를 합쳐가는 과정입니다."

최기혁 씨는 국립교향악단의 전통은 지휘자의 세대교체라는 국면에서도 조금도 훼손되는 일이 없다고 보고있다. 다른 나라에서는 지휘가가 모든 것을 결정할 수 있어도 조선에서는 의견교환이 있다. 작품창작도 마찬가지이다. 작품도 연주해보면 우결함(장점과 단점－편집자)이 알린다. 창작가, 지휘자, 연주가의 3위1체가 국립교향악단의 강점이다.

"물론 지휘자는 음악사령관이기 때문에 지휘단 우에서는 절대적인 존재이지만 완성된 사람이란 없지 않습니까. 호상 방조가 필요합니다. 그 사람의 리론, 지어는 사업작풍까지도 의견을 줍니다. 지휘자는 손만 흔들어서 120명을 틀어쥐는 것이 아닙니다. 자기 인격과 수양과 지식으로서 연주가를 틀어 쥐여야만 연주도 잘 되는 법입니다."

"오늘밤 잠 못 자겠습니다"

신진지휘자 역시 '교향악단 사람'이다. 최기혁 씨는 '손놀림이 날쌔고 맵시나는 지휘자'로 평가받는 김호윤 씨를 보면서 "외국에 가서 헛되지 않게 배웠다"고 느낄 때가 많다고 한다. 그는 신진지휘자의 음악적 재간을 인정하고 젊은 재능을 더 큰 활(동)무대에서 꽃피울 수 있도록 함께 노력하는 것이 교향악단 연주가로서의 본분이라고 생각하고있다.

"최근에 우리 공연을 관람하고 극장 밖에서 김호윤 지휘자를 기다리는 녀성들이 있어요. 종전에는 볼 수 없었던 광경이지 않습니까. '김호윤 지휘자를 꼭 만나야 합니다', '오늘 밤 잠 못자겠습니다'고 하는 녀성들을 만나게 되니 나도 '반했던 모양이구만'이라고 롱담을 던지기도 하는데 우리들이야 언제나 군중들의 지지를 중시해야 할 사람들이지 않습니까.”

　신진자휘자도 교향악단 성원들의 ‘동지애’를 느끼고 있을 것이다. 그의 선대인 수석지휘자 김병화 씨는 “지휘자의 공부라는 건 지휘자에게서 배울 수도 있지만 실지 관현악단을 놓고 지휘하는 것보다 더 효과적인 공부가 없다”고 말한다. 이국땅에서 고생하던 김병화 씨 자신이 조국이 마련해준 음악적 환경 속에서 지휘자로 성장하였다. 그는 자기 자신을 ‘행운아’라고 부른다. 그리고 지금은 후대 지휘자에게 연주가들과 함께 할 수 있는 기회를 마련해주고 그의 성장을 지켜보고 있다.

　김호윤 씨는 ‘말없는 스승’의 모습에서 배우고 있다. 창조와 함께 계승이 있다. 그는 김병화 씨에 대하여 말할 때 반슈타인에 대한 객관적인 평가와 달리 육친에 대한 정과도 같은 친근감을 나타낸다.

　“정말 우리 악단의 력사와도 같은 지휘자입니다. 총악보의 모든 음을 완전히 머리 속에 잡아넣은 상태에서 지휘단에 오르는 모습, 음악에 대한 진지한 태도를 볼 때마다 머리가 수그러집니다. 다음 세대가 허심하게 배우고 이어나가야 할 산모범이라고 생각합니다.”

　공연을 관람하는 사람들은 국립교향악단의 내막에서 벌어지는 갈등과 조화의 장면들을 모른다. 그러나 관중들은 악단이 연주하는 관현악의 울림새 속에 조국의 풍치를 그려보고 나라가 걸어온 길을 더듬어본다.

　‘1970년’의 원점을 한 치의 드팀(흔들림–편집자)도 없이 고수해나가려는 창작가, 지휘자, 연주가들의 노력은 시대와 더불어 위력을 발휘하는 ‘인민의 예술’을 창조하는데 집중되어 왔다.

“조선도 세계 속에 있다”

2005년 공연은 그것을 집약적으로 보여주는 무대였다.

평양시 안의 청년학생들과 공장, 기업소 근로자들, 각 계층 시민들의

교향악단의 새납 연주자. '조
선식' 교향악단은 민족악기의
배합을 중요시한다.

열기 속에 지휘자와 연주가의 한마음이 힘찬 선률과 아름다운 안삼불
을 형상하였다. 절찬에 휩쌓인 원로예술단체의 무대는 단순한 음악공
연의 범주를 벗어난 조선의 어제와 오늘, 그리고 래일을 비추는 축제와
도 같았다.

공연에서 연주된 교향조곡 〈선군장정의 길〉은 원곡이 공훈국가합창
단의 합창조곡이다.

작품은 김일성 주석의 서거라는 대국상을 당한 1994년의 나날들과
그 이후의 사변들을 형상하였다. 1995년 적대국들의 보위 속에 있던
조선은 '선군' 이라고 불리우는 군 선행, 군 중시의 국가로선을 선포하
고 힘에는 힘으로 대응하는 길을 택하였다. 선군정치의 관철은 인민생
활의 희생도 무릅쓰고 나가야 할 가혹한 로정이었다. '고난의 행군' 의
시기에는 적지 않는 인명피해도 있었다.

국립교향악단이 합창조곡을 교향조곡으로 다시 태여나게 하는 작업
은 예술창작이면서 동시에 간고했던 전통계승의 나날들을 회고하는 과
정이였을 것이다. 새로 창작된 교향조곡은 같은 시대를 살았던 관중들
의 심장을 사로잡았다.

교향조곡 〈선군장정의 길〉은 김병화 씨가 연주를 지휘하였다. 그의 관중은 로동자, 청년학생들뿐이 아니였다. 김정일 국방위원장은 작년 12월과 올해 2월, 국립교향악단의 공연을 관람하였다. 교향조곡의 창작에서도 중심적 역할을 놀았던 김병화 씨는 나라의 수뇌부와 발걸음을 맞추는 심정으로 "작품을 완성하고 지휘단에 올랐다"고 한다.

2005년, 조선의 선군정치는 미국과의 핵대결전 속에 핵무기 보유를 공식선언하는데 이르렀다. 국제사회계는 김정일 국방위원장과 조선 정부의 진의도를 분석하고 나름대로의 해석을 내놓았다.

대결에 종지부를 찍기 위한 조선의 최후결단이 어떤 결말을 가져다주는가 하는 것은 아직 가늠하지 못하지만 인민들에게는 벌써 예감이 있는 듯 싶다.

그들은 참을 만큼 참아왔다. 이제는 누구나 다 군 선행, 군 중시의 로선을 받들어온 보람을 절감하게 될 사변들이 일어나기를 기대하고 있다.

"조선이라는 나라도 세계 속에 있습니다. 조선의 교향악단도 세계 일류급 악단의 실력을 가지고 세계적 판도에서 활동을 벌려나가야 할 것입니다."

신진지휘자 김호윤 씨는 눈앞의 험한 고비를 넘기기만 하면 국립교향악단에도 보다 큰 활무대가 펼쳐지게 될 것으로 내다보고있다. 전통을 꿋꿋이 지켜오면서 새로운 비약과 전진을 위한 밑천을 든든히 닦아놓았다. 그것은 미국과 '총포성 없는 전쟁'을 치르었던 조선의 경험, '선군 10년'의 축도였을지도 모른다.

공연장을 찾은 각 계층 시민들의 표정은 신심에 넘쳐있었다. 핵무기 보유를 선언한 조선외무성 성명의 발표를 전후한 시기에도 인민문화궁전에서는 변함 없이 국립교향악단의 공연이 진행되였다.

마지막 연목인 〈청산벌에 풍년이 왔네〉를 김호윤 씨가 지휘하였다. 군중들 속에서는 지난 35년간 김병화 씨의 지휘로 익숙된 명곡이다.

신진지휘자의 패기와 열정에 넘친 지휘는 객석을 꽉 메운 군중들을 매혹하였다. 공연장이 떠나갈듯 그칠 줄 모르는 박수갈채 속에 재청을 받았다. 교향악의 종결부분이 다시 연주되였다. 지난 시기 교향악단 공연에서는 없었던 일이다.

"한아삭 한알도 흘리지 말아라 /아 해 우리의 행복을 거뒤들이세"

시련을 이겨낸 사람들의 가슴에 앞날에 대한 희망이 움트고있다. 조선 외무성 성명이 국제사회를 진감시킨 2005년 겨울, 평양에서는 농악가락을 바탕으로 한 민족음악장단이 장쾌하게 울려 퍼지고 있었다.

김지영 《조선신보》 기자 2005년 4월호, 49호

《조선신보》가 추적한 최승희 숙청설

애국열사릉에 돌아온 최승희, 1967년, 그녀는 왜 사라졌나?

무용가 최승희의 예술적 업적은 현재 남북 모두가 인정하고 있다. 한때 잊혀진 존재였던 최승희였지만 냉전 이데올로기가 사라져가고 남북 화해가 진작되면서 그의 이름 석 자가 뚜렷이 부상하고 있다. 남쪽 무용계는 말할 것도 없고 덩달아 그의 파란만장한 인생 행로에 대한 대중의 관심도 부쩍 늘었다.

북측 내각 기관지 《민주조선》은 지난 2월 최승희에 대한 특집기사를 게재한데 이어 애국렬사릉으로 최승희의 묘를 이장했다는 사실을 공개했다. 최승희가 정치적으로 완전 복권됐다는 사실을 의미하는 것으로 보인다. 이에 따라 최승희의 말년행적에 관한 관심이 크게 고조되고 있다.

《조선신보》 김지영 평양특파원은 이런 흐름에서 최승희의 제자들과 혈육을 직접 인터뷰한 결과 그의 말년행적에 대해 남쪽에 알려진 기존의 설과는 다르다는 것을 느끼고 새로운 추론을 조심스럽게 개진했다.

이 글에서 추론하고 있는 최승희 말년행적의 가장 큰 특징은 기존의 '1958, 1967년 숙청설'과는 달리 이 시기 북의 '부르죠아분자, 수정주의분자'들에 의해 '거꾸로 화를 입었을' 가능성을 제기하고 있다는 점이다.

최승희 자신의 과오에 의해 숙청 당한 것이 아니라 일종의 모함에 따른 결과라는 강한 암시다. 그 근거를 최근의 애국렬사릉 이장으로 들고

'조선의 무희' 최승희. 2003
년 애국렬사릉으로 묘가 이장
되어 북에서 재평가되고 있음
을 시사해 준다.

281

있는 것이다. 북의 최근 조치와 남쪽의 최승희에 대한 뜨거운 관심으로 인해 최승희의 말년행적에 대한 논란은 이 글을 통해 또 한번 불붙을 전망이다.

그동안 남쪽에 시각은 최승희가 북의 사회주의를 반대해 자유를 추구하다가 숙청됐다는 것이다.

남북의 무용예술계에서 최승희는 늘 화두 같은 존재이다. 이제는 예술계 차원을 넘어서 그의 삶을 통해 북의 현대사 한 단면을 엿보는 것도 가능할지 모른다. 이 글은 이런 차원에서 대단히 시사적이다.

2003년 2월 평양시 형제산구역 신미리에 있는 애국렬사릉에 오래 전에 세상을 떠난 무용가 최승희의 유해가 안치되었다.

'조선의 무희 최승희'. 일제 식민통치하에서 민족의 존엄과 얼을 지켜 조선의 멋과 맛이 나는 무용으로 력사에 지울 수 없는 흔적을 남긴 인물이다. 극악한 민족말살정책으로 창씨개명이 강요되는 엄혹한 시절, 조선과 일본은 물론 'KOREAN DANCER'의 소개판을 내걸고 멀리 미

일제시기의 최승희 공연포스터들.

국, 유럽까지 해외순회공연을 단행하여 폭풍 같은 반향을 일으킨 그는 망국노의 설움 안고 살았던 동포들의 밝은 등대, 영원한 우상이였다.

최승희는 광복 후 분단된 나라의 북측 땅에서 민족무용의 무대화, 현대화를 위한 활동을 벌였다. 하지만 그의 노년은 오래동안 베일에 싸여 있었다. 잡다한 풍문이 나돌았다. 이른바 '숙청설'이다. 북에서 각 파벌간의 정치적 헤게모니싸움에서 당의 요직에 있던 남편이 밀려나 여기에 련루되였다 혹은 사회주의예술에 끝내 동조하지 못한 최승희가 비판의 대상이 되어 제거되였다 등등.

일제강점기의 '민족적 자부심'이 '공산정권'에 의하여 '숙청되였다'는 줄거리는 일견 그럴듯하지만 그의 유해가 애국렬사릉에 안치되였다는 현실과는 모순된다. 애국렬사릉은 말그대로 북측 사회가 '애국자'로 인정한 사람들이 영면하는 곳이다.

력사의 뒤안으로 갇혀진 최승희의 삶과 예술은 어떤 것이였는가. 마침내 해명의 열쇠를 찾는 기회가 마련되였다. 애국렬사릉에 유해가 안치된 것을 계기로 연고자들의 닫혔던 입이 열리기 시작한 것이다.

"우리 스승이 조선무용의 기초를 닦았습니다"

중국 베이징에서 광복을 맞이한 최승희는 1946년 6월 딸 안성희와 아들 안문철을 데리고 서울로 들어갔다. 광복직후 먼저 북으로 들어갔던 남편 안막이 이때 서울로 내려왔다. 부부는 밀선을 타고 가야 할 위험한 북행길에 올랐다. 그들은 어린 자식들을 서울에 두고 떠났다.

평양 도착은 1946년 7월, 한 달이란 짧은 기간에 인생의 갈림길을 선택한 셈이다. 이 때 최승희의 나이는 35세. 이듬해에는 자식들도 유모와 함께 평양으로 들어오게 된다.

북은 최승희를 각별한 대우로 맞이하였다. 오늘의 평양 옥류관 자리에 '최승희무용연구소'를 설립하였다. 평양음악무용대학 무용학부 안

1952년 최승희의 중국 베이징 공연을 보도한 중국신문. 최승희는 전쟁시기에도 중국으로 거점을 옮겨 창작활동을 계속했다.

무강좌장인 인민배우 김락영(69) 씨와 교재창작실 안무가인 오영옥(71) 씨는 1940년대 이곳 연구소에서 최승희의 지도를 받으며 무용을 배웠다.

"우리 스승의 최대의 공적은 식민지시기도 해방 이후도 무용에서 민족의 존엄과 얼을 꿋꿋이 지켰다는 데 있습니다."

김락영 씨는 바깥 세상에 퍼져있는 스승에 대한 풍문을 의식하듯 "최 선생이 오늘의 무용예술의 기초를 닦아놓았다"고 힘주어 말한다.

만수대예술단이나 피바다가극단에서 김락영 씨의 제자들이 펼쳐보이는 화려한 춤세계도 그 원점은 해방직후 자기 스승이 대동강반의 연구소에서 시작한 활동에 있다는 지적이다.

"아직 나라도 일떠서지 않았는데 막대한 자금을 풀어 연구소를 꾸렸지요. 지금으로서는 상상을 못할 것입니다. 마음대로 일을 할수 있는 환경이였습니다. 한 무용가가 령도자의 집무실에도 마음대로 찾아갈 수 있었으니까요. 아마도 어느 간부도 우리 스승처럼 배려를 받지 못했을 것입니다."

연구소에서 배웠던 제자들이 최승희에게 돌려진 '배려'에 대하여 말하면서 가장 강조하는 대목은 1950년부터 52년까지의 '외국소개'이다. 전쟁시기 최승희는 중국 베이징에 활동의 거점을 옮겨 창작활동을 중단 없이 계속할 수 있었다. 당시 상황으로서는 그것은 완전한 특례조치였다.

전쟁시기에는 예술인들도 문화선전대 성원이 되어 전선에 달려나가지 않으면 안되였다.

　주은래 수상 등 중국 측의 지원 속에 베이징에 있는 중앙희극학원에 '최승희무용반'이 꾸려졌다. 평양에서 배우던 연구생들의 일부가 이곳에 모였다. 최승희는 이들을 지도하는 한편 중국의 소수민족에서 선발된 학생들에게 무용을 가르쳤다. 조선민족무용의 기본과 중국무용(경극)의 기본에 대한 정리작업에도 달라붙었다.

　1952년 5월에는 베이징대극장에서 공연을 진행하였다. 최승희는 공연에서 중국에서의 활동을 총화하였다. 동부전선에서 문화선전대로 활동하던 오영옥 씨도 다른 국내 예술인들과 함께 이 공연에 참가하였다.

　"베이징공연은 대성황리에 진행되였습니다. 최승희 선생은 그해 독일에서 진행된 제3차 세계청년학생축전에서 〈조선의 어머니〉를 상연하였습니다. 전쟁의 포화속에 자식을 잃은 녀인을 형상한 작품인데 '세계평화상'을 수여받았습니다. 다음해 로무니아에서 진행된 4차 축전에는 당시 모스크바에서 류학을 하던 딸 안성희가 나갔는데 장고춤, 북춤으로 큰 반향을 일으켰습니다."

　광복 후 짧은 기간에 최승희가 개화발전시킨 조선의 무용은 국제콩쿨에서 메달을 독점하였다. 안영옥 씨는 이 사실을 두고 "조선의 황금예

2003년 2월 평양 형제산구역 애국렬사릉에 안치된 최승희의 묘비 앞에서 추도식 모임을 거행한 참가자들.

최승희의 제자 김락영 씨(왼쪽)과 제자 오영옥 씨(오른쪽).

술은 무용분야에서 그 력사가 시작되었다"고 강조한다.

1958년 해임, 이듬해 복귀

1952년 7월 최승희는 평양으로 돌아온다. 이해 국립최승희무용극장이 창설되고 부속학교로서 오늘의 평양음악무용대학의 전신인 최승희무용학교가 꾸려진다. 최승희는 무용극장 총장 그리고 조선무용가동맹 위원장 등의 직책을 지니면서 창작활동에 변함없이 정열을 쏟아 부었다.

"최승희 선생은 해방된 조국땅에서도 민족의 얼이 깃든 춤체를 부단히 연구하고 그것을 무대화, 현대화해나갔습니다. 세간에 특수한 가락을 가진 로인들이 있다는 소문만 들으면 초청하여 며칠간 붙들어서 술을 먹이고 그 동작을 배우느라 숱한 신경을 쓰고…. 인민들 속에서 가락을 찾는 것이 선생의 수법이였습니다. 쓸것, 못 쓸것 가리지 않고 모두 흡수하려 하였지요. 제자들에게는 욕 한 번 한 적 없는 스승이였지만 예술창작에서는 정말 타협이 없었습니다.”

“조선의 멋과 맛!” “민족적인 특색!”

그것이 제자들을 지도하면서 춤체를 바로 잡을 때의 스승의 입버릇이였다고 김락영 씨는 회고한다.

“그만한 권위를 가지고 큰 소리하는 사람이 지금은 없습니다.”

오영옥 씨에게는 잊을 수 없는 스승의 말이 있다고 한다.

“제자들의 노력을 촉구하기 위한 롱담인데 이렇게 말했지요. 무릎을 탁 치고 손을 앞으로 내밀며 ‘이건 30년 짜리야, 너네 암만 해도 나의 춤량에 못간다’ 라고 말이지요. 진짜 명담이지요.”

최승희는 무용가활동 30돐을 맞이하는 해에 자신의 예술을 집대성하는 작업에 헌신하였다. 모란봉극장에서 기념공연을 진행하는 한편 그가 찾아낸 춤가락을 과학적으로 정리한 저서 《조선민족무용기본》(1, 2권)을 출판하였다. 1958년의 일이다.

최승희 ‘숙청설’ 이 지목하는 년대가 바로 1958년이다. 이때를 경계로 하여 최승희의 눈에 띤 활동이 사라지게 되었다는 것이 그 리유이다.

김락영, 오영옥 씨에 의하면 그럴만한 사연이 있었다고 한다. 당시 최승희의 중국공연이 계획에 올라 있었는데 상층부에서는 악단을 거느리고 종합공연으로 나갈 것을 요구하였다. 무용의 단독공연을 준비하고 있었던 최승희는 반발하여 ‘지도자의 집무실’ 까지 찾아가 직접 상소하였다고 한다. 그의 행동은 사업규률에 어긋나는 것이였다.

김일성 주석(당시 수상)은 1958년 10월 14일 작가, 예술인들 앞에서 한 연설속에서 “ ‘무용대가’ 라고 자처하는 한 예술인”의 행동을 문제삼아 비판하였다. 이날을 계기로 최승희는 모든 직위에서 해임되고 자신의 사상을 수양하는 나날을 보내게 된다.

“그때 최 선생은 무용학교의 평안무가로 있었는데 그것도 오랜 기간은 아니였지요. 이듬해에는 다시 무용가동맹위원장으로 활동하게 되었습니다.”

최승희의 제자이자 현 북의 원로무용가 장추화 씨. 최승희의 가장 오랜 제자 중 하나다(왼쪽). 장추화 씨의 젊은시절 모습(오른쪽).

한 완벽주의자의 독단

김락영 씨는 스승이 일시적이나마 활동의 제일선에서 물러나게 된 것은 그 무슨 정치적인 문제 때문이 아니라 순전히 사업작품, 생활태도에서 나타난 결함 때문이었다고 지적한다.

"최 선생은 욕을 하는 분이 아니였지만 연구소에서 배울 때, 우리가 말을 잘 안 들으면 강한 어조로 말했지요. '나는 망국노의 처지에 있을 때도 민족의 얼을 지켰다, 너희들은 행복하다, 그런데 왜 이 꼴이냐' 그러면서 가슴을 치면서 우는 거예요. 오로지 자기 일 외에는 안중에 없는 분이었지요."

제자들의 증언에 의하면 최승희는 자기가 받은 배려에 대하여 잘 알고 있었다. 북측의 수뇌부와도 친밀한 관계를 유지하고 있었다. 여기서 한 가지 의문이 생긴다. 그처럼 혜택 많은 환경에 있었음에도 불구하고 어째서 최승희는 비판의 대상으로 되는 돌발적인 행동을 일으켰는가. 그 비밀을 풀기 위해서는 '인간 최승희'를 좀 더 깊이 파고들어야 한다.

일제시기부터의 그녀의 제자로서 1958년 국립최승희무용극장 안무가로 일할 때까지 최승희의 곁에 있었던 북의 원로무용가 장추화(본명 장선애, 85) 씨. 장추화 씨는 최승희의 가장 오랜 제자들 중 한 사람이다.

장 씨는 1936년 10대 처녀의 몸으로 '무용가가 되고 싶어' 고향을 떠나 당시 도꾜에 있었던 최승희무용연구소를 찾아갔다. 연구소 현관에서 그녀를 맞이한 것은 한 단발머리의 녀인. 장추화 씨에게 동경의 대상이었던 최승희 바로 그 사람이었다.

"부모들이 무엇을 하며 어느 학교를 다녔는가, 허물없이 물어보기도 하고 키가 크니 무대에 서면 좋을 것이라며 힘을 북돋아주기도 하였습니다."

그후 장추화 씨는 최승희의 연구소에서 배우면서 그의 가족들과 친혈육처럼 한 지붕 아래서 살았다. 자택을 겸한 연구소에는 나어린 딸 안성희와 최승희의 시어머니, 시누이가 있었다.

"일본에서는 '반도의 무희'라 불리워 인기가 대단했지만 생활형편은 어려웠습니다. 도꾜의 한복판에 위치한 공연장까지 가는데도 연구소에서 멀리 떨어져 있는 뻐스 정거장까지 걸어야 했습니다. 편안한 운동화로 가다가 정거장에서 가죽신으로 갈아 신는 그런 생활이었습니다."

장추화 씨는 1930년대 후반기 최승희가 3년간의 해외순회공연으로 나갔을 때는 일본에 남아 연구소를 지키며 가족들을 돌보았다. 미국공연 중 최승희가 현지에서 반일운동을 벌렸다는 소문이 나돌고 연구소 성원들이 경찰에 끌려간 일도 있었다. 연구소는 해산되고 장추화 씨는 무대에서 '자기 생각에 맞지 않은' 라인 댄스를 추며 생계를 유지하지 않으면 안되였다.

1940년대는 일본에 돌아온 최승희와 행동을 같이 하였다. 중국에도 함께 갔다. 1945년에는 임신 중이였던 최승희를 대신하여 공연단을 이끌고 베이징을 떠나 서울로 나갔다. 현지에서 공연준비를 하는 도중에 조국광복의 소식을 접하였다.

장추화의 공연 모습(위). 서울 활동 시절의 장추화. 장추화 씨는 최승희 및 그의 가족과 오랜 인연을 맺어 왔다(아래).

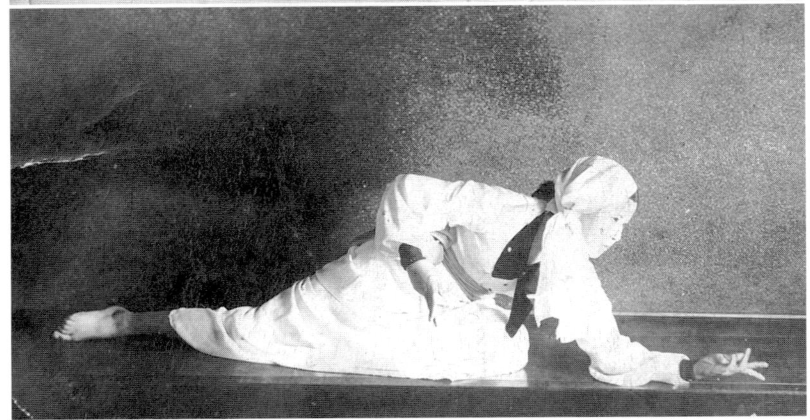

그들은 력사의 소용돌이속에서 리별과 상봉을 거듭하였다. 광복 후 최승희는 서울을 거쳐 평양을 향하였다. 장추화 씨는 서울에 남아 남측의 무용가동맹 부위원장으로 활동하다가 1950년 전쟁을 맞이하였다.

각지 전선에서 문화선전대 활동을 벌리던 예술인들은 후퇴시기 최고 사령부가 있었던 자강도에 집결하였다. 중국과의 국경지대에 꾸려진 만포국립예술극장이 장추화 씨를 비롯한 예술인들의 활동거점이었다. 1952년 당시 중국에서 활동하던 최승희가 베이징대극장에서 공연을 진행하였다. 여기에는 국내의 예술인들도 참가하게 되였는데 자강도를 출발한 공연단에는 장추화 씨도 망라되었다.

"오래간만의 상봉이였는데 그는 자기가 북에 넘어 온 다음부터 민족무용의 기본을 정립하고 완성하는데 힘쓰고 있다는데 대하여 말하였습니다. 그리고 무용예술은 특권층의 독점물이 되여서는 안되며 역사에 이바지하는 것으로 되여야 한다는 이야기도 하였습니다. 패기에 넘친 모습이였습니다."

일제식민지시기 카프(조선프로레타리아문학예술동맹)에서 활동하던 오빠 최승일과 남편 안막의 영향을 받으며 무용활동을 벌인 최승희가 그같이 말하는 것은 별로 이상한 일이 아니였지만 장추화 씨에게는 마음에 걸리는 문제가 따로 있었다고 한다.

"내가 보니까 많이 달라진 것 같았습니다. 일제 때 그렇게 고생하던 사람이 부유한 생활을 하니까 변할 수도 있었겠지요. 공연장까지 뻐스로 이동하지 않으면 안 되였던 무용가가 승용차를 타고 다니며 돈걱정 없이 창작에 전념할 수 있게 되였으니까요."

장추화 씨는 무대에서 공연을 준비하는 스승의 언행에서 '변화'를 느꼈다고 한다.

"무슨 일이든 자기가 나서서 지휘봉을 흔들지 않으면 마음이 놓이지 않는 것 같았습니다. 남의 이야기를 듣자고 하지 않았어요. 원래 그런 경향이 없지는 않았는데 독점물이 생기니 두드러지게 나타난 것 같애요."

전선에서 병사들과 생사고락을 같이 한 장추화 씨는 최승희의 독단주의는 "혹독한 전쟁을 겪어보지 못한 것이 큰 요인이였을 것"이라고 지적한다.

"'너 살아 있었구나' 그것이 전쟁시기 우리들의 인사였는데 그는 별세계에 살았지요. 그에게는 자기 예술에만 몰두할 수 있는 환경이 마련돼 있었습니다."

전쟁 후 장추화 씨는 국립최승희무용극장에서 안무가로 활동하였다.

서울 활동 시절의 장추화 씨.
남자는 당시 남측 무용가동맹
위원장.

1958년 그 '사건'이 일어난 후 극장에 보이지 않았던 최승희를 오래간만에 만났을 때 그는 "그동안 어디에 있었는가" 하고 물어보았다고 한다. "집에 있었지 뭐" 최승희는 그렇게 대답하였다.

당시 무용극장에서는 '낡은 사상잔재'를 퇴치하기 위한 사상투쟁이 벌어지고 있었지만 그것은 모든 예술인들이 참가하는 호상 비판의 형식이었다. 최승희를 세워놓고 집단적으로 비판을 가하는 일은 없었다고 한다. 본인은 자택에서 '개별총화'를 하고 있었던 셈이다.

1959년 봄 공연단의 성원으로 자강도 강계시로 갔던 장추화 씨는 거기서 함경북도 가무단의 안무가로 부서를 옮길 데 대한 사령을 받는다.

지방가무단을 강화할 데 대한 문제가 강조되던 시기였다. 무용극장에서도 많은 무용가들이 지방으로 진출하였는데 최승희와 인연이 깊은 사람들이 적지 않았다. 장추화 씨는 그때로부터 1978년까지 약 20년간 지방가무단에서 활동을 하였다.

광복 후 서울에 있으면서 무용가동맹 부위원장의 역직도 맡은바 있는 장추화 씨는 남측에도 연고자들이 많다. 20년간의 '공백기'는 최승희와 가까운 관계에 있었던 그가 무슨 사건에 련루되어 '숙청' 되였다는 풍문까지 나돌게 하였다고 한다.

"1958년 이후의 공백기를 마음대로 해석하는 사람들이 있다고 하는데 이제는 '최승희의 진실' 에 대하여 말할 때가 되였다고 생각합니다."

최승희는 1960년대에도 무용가동맹위원장 이외에 조국평화통일위원회 중앙위원 등 여러 직함을 가지고 활동하였다. 1961년에는 《조선민족무용기본》(3권 아동무용편)을 출판하고 무용예술과 관련한 론문도 계속 집필하였다. 1967년까지는 최승희와 그의 가족이 평양에 살았다는 사실이 확인되고 있다. 애국렬사릉의 묘비에는 그의 사망날자가 1969년 8월 8일로 되였다.

그 시기 함경북도에서 활동했던 장추화 씨는 최승희의 만년에 대하여 자세히 알지 못한다. 스승이 사망했다는 소식을 들은 다음부터는 도꾜, 베이징 그리고 평양에서 함께 활동하던 과거를 떠올리는 나날이였다고 한다.

애국렬사릉의 묘비에 새겨진 최승희의 초상은 장추화 씨가 수십년간 간직해온 사진을 돌사진으로 옮긴 것이다. 그는 지난 2월 애국렬사릉에서 진행된 추도모임에도 참가하였다.

"애국렬사릉에서 죽어도 살아있는 스승의 초상을 보니 가슴에 맺힌 한이 순간에 풀린 것만 같았습니다."

'민족파' 대 '현대파' 의 대립구도

"최승희의 진실을 알려면 혈육들의 이야기를 들어야 합니다."

기자가 최승희에 대해 취재한다는 소식을 듣고 찾아온 인물이 있다. 최효섭(65) 씨. 최승희의 오빠인 최승일의 아들이다. 현재 만수대예술단 안무가로 활동하는 그는 "조카가 본 고모는 진실하며 한평생 민족사랑을 실천한 사람이였다"고 했다.

최승희의 조카 최효섭 씨가 고모에 대해 이야기하고 있다(왼쪽).
최승희와 딸 안성희. 그는 안막과의 사이에 딸 하나를 두었다(오른쪽).

최효섭 씨와 그의 누이 최로사 씨를 비롯한 가족들이 북으로 간 것은 1948년 4월이었다.

"누이는 김일성종합대학에 다녔지만 아직 소학교 학생이었던 나는 대동강반의 무용연구소 합숙(기숙사)에서 생활했습니다. 거기서 본의 아니게 무용을 배우게 되었지요. 고모가 말하기에 '집안에 남자 무용수가 하나 있어야 한다'는 것이었습니다."

최효섭 씨는 1948년 이후 무용연구소를 찾아 온 김일성 주석을 "딱 한번 보았다"고 한다.

"연구소가 오늘의 옥류관 건물인데 2층까지가 합숙이고 3층이 사무실, 4층이 종합련습장이었습니다. 어느날 고모가 '수상님께서 나오시니 너는 4층에 올라 오지 말라'고 다짐을 두는 것이었습니다. 2층 계단에 신을 벗는 자리가 있었는데 내가 가서 보니까 하얀 장화가 있었거든요. 류별난 신발이었으니 장난질을 한 것입니다. 계단을 내려 온 고모가 나를 보고 얼마나 성을 내시는지, 지금도 그 장면이 눈에 선합니다."

최효섭 씨에 의하면 최승희는 무용창작에서 결함이 지적되면 밤을 새가며 궁리를 하고 작품이 평가되면 가족들 앞에서 그 기쁨을 표시하군 하였다.

"고모는 중앙의 지도를 따르려 하였지만 그러지 않는 사람들도 있었고 그자들이 높은 벼슬자리를 차지하고 있는 경우도 있었단 말이지요. 쏘련파, 중국파 여하튼 복잡했습니다."

최승희의 활동현장에서는 여러 대립과 갈등이 있었던 것 같다. 다른 나라의 풍을 따르는 간부들이 최승희의 무용을 '복고주의'로 몰아붙이고 그의 활동을 음으로 양으로 방해해 나섰다고 한다.

"50년대에 서양발레를 전문으로 하는 예술학원이 있었는데 여기 무용수들에게는 나라의 자금을 풀어서 사탕, 바타를 푸짐히 공급하는데 민족무용을 하는 최승희무용학교에는 그런 것이 없었습니다. 1958년에 공화국창건 10돐 기념공연 〈영광스러운 우리 조국〉이 창작되었는데 고모는 공화국에서 처음 시도되는 이 대음악무용서사시의 총안무가를 맡았습니다. 그런데 간부란 사람들이 출연자들을 모아놓고 우리 맑스주의자들은 이렇다, 저렇다 하면서 쏘련식을 강조하는 판이었습니다."

최승희는 이같은 간부들의 지도방식에 불만이 많았다. 축적된 울분이 1958년의 그 '사건'을 촉발했다는 것이 최효섭 씨의 견해다.

"고모로서는 무용수만으로 강력한 집단을 꾸리고 중국공연을 떠나고 싶었던 것입니다. 물론 개인적인 욕망도 어느 정도 작용했겠지요. 그런데 간부들은 고모가 준비한 시연회를 비판하면서 악단을 동반한 콘체르토로 나가라고 하는 것입니다. 고모로서는 간부들의 총애를 받는 악단 성원들을 보고 외국의 것을 따르는 오합지졸들과 함께 민족의 간판을 걸고 공연을 할 수 없다고 생각했을지도 모릅니다."

최효섭 씨는 그러나 최승희의 행동은 너무 경솔했다고 지적한다.

"무용계에서 책임적인 지위에 있는 것만큼 심사숙고해야 했습니다. 일부 간부들이 마음에 들지 않는다고 최고지도자 집무실을 곧장 찾아가 '내 못하겠습니다'라고 하면 됩니까. 어느 사회든 지켜야 할 규률이 젊은 시절의 최승희.

란 게 있지 않습니까. 혜택만 받으며 살다보니 교만해졌다고 비판 받을 만 했습니다."

최승희는 자택에 있을 때 독서를 하며 하루하루를 보냈다고 한다. 최효섭 씨는 자기 고모가 비판을 겸허하게 받아들이는 모습이었다고 말한다. 그런데 그때 쏘련파의 간부들은 모스크바 류학에서 갓 돌아온 딸 안성희를 내세우려 하였다고 한다.

"모녀간의 관계를 '민족파' 대 '현대파'의 대립구도로 몰아가려 했던 거지요. 고모는 자기 딸을 보고 조선사람은 조선춤을 해야 한다고 자주 말했는데 주변에서는 두 사람을 떼 놓으려고 하였습니다."

그러나 1958년 이후에도 최승희의 예술활동은 계속되었다. 북의 건국력사를 형상한 대음악무용서사시 〈영광스러운 우리 조국〉은 이듬해인 1959년에도 다시 상연되었다. 공연에는 오늘날 북의 무용작품의 원형으로 되는 작품들이 많은데 대부분을 최승희가 창작하였다.

공연의 서장은 최승희가 일제식민지시기에 창작한 작품 〈쫓겨나는 무리〉가 바탕으로 된 작품이었다. 두만강을 건너 이역 땅으로 떠나가는 동포들의 설음을 형상하였다. 〈삼색춤〉도 최승희의 창작이었다. 그후 수십 년간에 걸쳐 북의 집단체조에 단골메뉴로 등장하게 되는 작품이다.

최효섭 씨에 의하면 일부 간부들은 그러한 최승희의 창작활동에 대하여 "예술을 그런 식으로 정치화해서는 안된다"면서 시비를 걸었다고 한다. 최승희는 끄덕하지 않았다.

〈영광스러운 우리 조국〉의 성공에는 최승희의 공로가 컸지만 1959년의 재연에서는 딸 안성희가 총안무가로 나서고 최승희는 리면에서 작품의 완성도를 높이기 위한 지도사업을 맡았다고 한다.

1959년 말 김일성 주석이 참석한 가운데 〈영광스러운 우리 조국〉의 공연이 있었다. 공연이 끝난 다음 김 주석은 최승희를 무대의 한 가운데에 불러내게 했고 그녀는 그 자리에 서서 만장의 갈채를 받았다. 이 사건은 1958년의 '비판' 이후에도 그가 여전히 무용가 최승희를 신임하고 있었음을 보여준다.

최효섭 씨는 "고모가 새 출발의 마음으로 60년대를 살았다"고 말한다. 그의 증언에 따르면 이제는 자기만 잘난 것처럼 하고 돌아다니지 않았고 오히려 모든 일에서 소심해졌다고 한다. 1960년대 무용가로서 눈에 띈 활동이 많지 않았던 것은 그가 이미 50대에 접어들었다는 리유 이외에 이러한 마음의 변화가 작용했을 수 있다.

최효섭 씨의 증언은 1967년으로 끝이 난다. 최효섭 씨와 재능 있는 작가로 이름난 그의 누이 최로사 씨는 이 해 량강도와 함경북도로 각각 이주해야 했기 때문이다.

"어느날 갑자기 일어난 일이였습니다. 고모와 그의 가족들도 행처를 알 수가 없었습니다. 그러나 58년 이후의 경위를 알고 있는 우리들은 고모의 잘못으로 이런 일이 일어났다고 생각하지 않았습니다."

베일에 싸인 만년의 비밀

최승희의 말년은 어떤 것이였던가. 유감스럽게도 기자는 1967년부터 그가 세상을 떠난 1969년까지의 행적을 잘 아는 사람을 평양에서 찾지 못했다. 그의 조카도 확고한 사실에 대하여 말하지 않았다. 무슨 일이 있었을까. 이 부분만큼은 력사적 사실에 의거할 수밖에 없을 것 같다.

북의 문헌들에 따르면 1960년대 후반, 양 체제간의 대결이 더욱 첨예화되고 외부로부터 수정주의적 사상조류가 침습해 들어오게 되자 북에서는 부르죠아, 수정주의의 여독을 뿌리뽑기 위한 결정적인 대책을 세울 방침이 강력히 제시되었다.

과연 최승희는 청산대상이였던 부르죠아분자, 수정주의분자로 락인 찍혀 자취를 감추었던가, 아니면 역으로 그들의 책동에 걸려 '지방 이주' 라는 화를 입었던 것일까.

연고자들을 집중취재한 결과 기자의 추론은 후자에 가깝다. 1958년의 비판은 정치적 과오가 아니라 순전히 사업작풍에 대한 것이었고 그렇기 때문에 1959년 이후 1967년까지 무용가 최승희는 건재했다. 그러면 1967년의 사건은 무엇인가.

1967년 지방 이주를 강요받은 최효섭 씨와 그의 누이 최로사 씨는 1980년대 후반 평양으로 소환되었다. 평양을 떠나 살지 않으면 안되였던 그들의 경위를 료해한 김정일 국방위원장이 직접 조치를 취했다고 한다. 최로사 씨는 1987년과 1989년 김정일 국방위원장의 접견도 받고 있다.

최효섭 씨는 고모의 유해가 애국렬사릉에 안치된 의미를 묻는 기자의 질문에 이렇게 대답하였다.

"어느날 갑자기 자기의 생활도 사회적인 지위도 빼앗기고 지방으로 가지 않으면 안되였던 우리가 10년도 아닌 20년이란 오랜 세월을 동요 없이 생활할 수 있었던 것은 우리 고모에게 아무런 죄가 없다는 것을 굳게 믿었기 때문입니다. 모든 것이 밝혀지는 날이 꼭 온다, 그 신념으로 하루하루를 살았습니다."

'조선의 무희' 최승희의 말년은 어떤 것이었는가. 가장 결정적인 열쇠는 그가 애국렬사릉에서 영면한다는 그 사실 속에 있을런지도 모른다. 바로 그것이 파란만장의 인생길을 걸었던 무용가에 대한 최종 평가일 것이기 때문이다.

지난 2월 애국렬사릉에서 진행된 추모모임은 바로 잡은 력사를 확인하는 자리였다. 제자들이 말하듯이 이제는 현대조선무용의 뿌리가 최승희에 있으며 그가 발전의 기초를 닦았다는 사실을 부정할 사람은 없다. 묘비를 앞에 둔 참가자들 속에 엄숙한 분위기가 감돌고, 하늘을 찌르는 듯한 힘찬 목소리가 울렸다고 한다.

"고모여, 최승희여! 이제는 땅을 차고 일어나라!"

조카 최로사 씨가 추모사를 통해 세상에 고하는 말이였다.

김지영 《조선신보》 기자 2003년 6월호, 27호

6 · 25 참전해 이산가족 된 북녘 시인 오영재의 '전쟁과 평화'
"나는 평화를 사랑한다. 허나 구걸하지는 않노라"

전남 강진이 고향인 북의 대표적 시인 오영재. 김일성상계관인이자 노력영웅인 그는 6 · 25 당시 의용군으로 참전 후 북에 남았다. 2000년 8월 첫 이산가족 상봉단으로 서울 땅을 밟기도 했던 그를 《조선신보》 평양특파원이 만났다. 정전 50년을 맞은 북의 참전 시인 오영재의 절절한 '전쟁과 평화론'.

2003년은 정전협정이 체결되여 50주년이 되는 해이다.

북의 저명한 시인 오영재 씨는 올해 들어 '전쟁과 평화' 를 주제로 한 시작품을 여러 편 썼다.

"전쟁참병으로서의 사명감입니다."

시인을 만나 작품창작에 대한 이야기를 들었다. 작품에 반영된 전쟁 체험에 대하여 말하는 로시인도 흘러간 과거를 회고하면서 오늘의 조선반도 정세를 론하고 있었다.

한 여병사에 대한 추억

소년의 때를 채 벗지 못한
열여섯 어린 시절에 나는
남해바다가에서

2003년 평양 8·15 행사에
참가한 북의 오영재 시인.

총을 메고
어려운 싸움길에 들어 섰던 몸
진공과 적후의 준엄한 불비속에서
언제 한번 제 얼굴 비쳐 본적 있었던가
그런 짬인들 없었고
나에겐 또한 한쪼각 거울도 없었으니

〈작별〉이란 작품의 한 구절이다. 오영재 씨의 고향은 전라남도 강진군. 어린 시절에는 마을의 뒤동산에 자주 올라 제주도 한나산을 보았다.

인민군이 진격해 왔을 때는 중학생이였다. 의용군으로 참전, 락동강 계선에서 전투를 벌렸다. 미군이 인천에 상륙하자 북녘 땅으로 일시적으로 후퇴, 1950년 12월 평양으로 들어갔다. 거기서 며칠간 휴식을 얻게 되였다. 그때에야 그는 폭풍에 반나마 깨여 진 쪽거울에 자기의 얼굴을 처음 비춰 보았다.

솜털이 보시시했던
내 얼굴은 어디 가고
웬 낯 선 청년이 넌 누구냐듯
의문을 가득 품고
나를 물끄러미 바라보고 있었다
어느새 돋아 났는가
거밋거밋한 수염들
없어야 할것이 생겨 난듯
그 수염을 허거프게 쓸어 보며
나는 잠시 생각에 잠겼나니
아 이젠 가버렸구나 영영

"전쟁터에서는 자기가 이 전쟁에서 승리하는 날을 살아서 보리라고 생각하는 사람은 없습니다. 하나의 전투가 치르어지면 동지가 희생되고 피를 보게 되고. 내가 래일이면 이런 희생을 당하지 않을지. 적의 탄알이 사람을 가려서 맞추는 것도 아니지 않습니까."

오영재 씨는 전투에 참가하여 힘들었던 기억은 없다고 한다. 생사의 갈림길에 섰던 사람들에게 있어서 육체적인 고통은 가장 큰 문제가 아니였다.

"죽느냐 사느냐의 문제 이외에 더 첨예한 문제가 있습니까. 물론 행군을 하면 피곤하고 상처를 입으면 아픈 것도 있어요. 그러나 막상 전투에 들어가서 고지를 오르 내리면 힘이 든다라기 보다 총소리가 들리지 않으면 나는 죽은 사람이다, 그렇게 생각하게 되는 법입니다."

병영의 '꼬마시인'

그의 첫 전투는 진주 함안 계선에서의 전투였다. 〈첫 전투〉라는 작품은 그때의 상황을 묘사하였다.

포사격이 멎자 총탄을 쏘아대며 그에게로 향해 오는 검은 물체들이 있었다. '무섭다.' 가슴이 후두둑 뛰였다. 총소리가 들리지 않게 되면 그는 이미 죽은 몸이다. 소대장의 사격 구령소리가 울리자 그는 달려드는 검은 물체를 조성 우에 놓고 방아쇠를 당겼다.

"내가 작품에 썼던 것처럼 그것은 어린 시절 패를 갈라 벌리는 전쟁유희도 아니고 무대에서 쓰러진 배우가 막이 닫히면 털고 일어 나는 그런 연극도 영화도 아니였단 말입니다. 적이 나를 죽이려 달려 들기에 내가 먼저 적을 쏜다. 죽으면 지고 살면 이기는 판가리 결전의 소용돌이. 바로 그것이 전쟁이었습니다."

죽음과 삶이 엉켜서 딩구는 전쟁터에서 그는 수많은 희생을 목격하였다. 〈녀병사들〉은 희생된 한 녀병사에 대한 그의 추억을 담은 작품이다.

격전이 벌어 진 고지우
부상병을 응급처치하던
위생병처녀
적탄이 그의 가슴을 뚫었다
다섯 번째로 적들을 물리친 고지우에
그는 자는듯이 누워 있었고
우리는 공병삽으로 땅을 팠다
전호에서 전호로
제비처럼 날아 다니며
부상병들을 찾던 처녀
서울의 숙명고녀를 다니다 나왔다는
말씨도 상냥하고 부드럽던 처녀

병사들 누구 하나 말이 없었고
피발이 선 눈들은 묻고 있었다
누가 죽였느냐
누가 죽였느냐

오영재 시인은 병사 시절부터 시를 쓰기 시작했다. 고향에서 학교를 다닐 때는 리상으로 삼은 직업은 없었다고 한다.

"평범한 날에는 감정변화가 별로 없어도 전쟁시기는 분노와 슬픔, 눈물과 증오, 그러한 감정이 교차하는 나날입니다. 무엇인가 웨치고 싶고 무엇인가 호소하고 싶은 감정이 자꾸만 치밀어 올라 시를 쓰게 된 것입니다."

당시는 작가가 되자는 생각은 없었다고 한다. 정열이 북받치는대로 글을 적어 나갔다. 부대에서는 나이가 어린 그를 '꼬마시인'이라고 불렀다.

"전쟁시기 시를 쓰는 병사들이 많았어요. 정신적으로 앙양되니까 평범한 젊은이들이 시를 쓰고 시 랑송도 했어요. 그게 아주 큰 힘이 되였습니다. 어려운 행군길에서 걸음을 떼지 못할 때는 병사들이 시를 랑송하면서 일어섰습니다. 그런 장면들을 보면서 후날 시인이 될 결심을 가다듬게 된 것 같습니다. 작품으로 인민들의 마음을 대변하고 작품으로 그들을 고무하는 역할을 놀아야 되겠다고 생각한 것입니다."

정전에 의하여 총포탄 소리가 멈춘 이후도 오영재 씨는 군사복무를 계속하였다. 그는 부대에서 자체로 작가수업을 하였다. 시집과 소설책을 닥치는 대로 읽고 자기가 쓴 작품을 《인민군신문》이나 《인민전사》와 같은 잡지에 투고하였다.

"동족상잔의 비극을 부추긴 게 누구냐"

1957년, 22살 나이에 제대되였을 때는 확고하게 작가의 희망을 품고 있었지만 그는 처음에 건설현장에 배치되여 로동을 하였다.

"전후복구건설시기였으니까요. 내가 1950년 12월에 평양에서 본 광경이 생생합니다. 나는 처음 보는 평양이였는데 도시의 폭격피해란 말이 아니였습니다. 어디를 가나 재더미요, 남은 게 오늘의 제1백화점 자리에 일제시기에 세운 건물 하나뿐이였습니다."

수도의 주택건설에 종사한 후 오영재 씨는 조선작가동맹 직속의 작가학원에서 2년간 배웠다. 학원을 졸업하고 출판사에서 기자활동을 하다

제1차 이산가족 상봉단으로 고향 땅을 밟은 오영재 시인이 50년 만에 헤어진 가족, 친척들을 만나 부둥켜 안고 있다.

가 1965년부터 전문작가로서 시를 쓰기 시작하였다. 그리고 김일성상 계관인, 로력영웅의 칭호를 지닌 유명작가로 성장하였다.

병사시절에도 전쟁에 대한 시 작품을 썼지만 "당시의 작품은 너무 어린 것이었다"고 본인은 평가한다. 정전협정체결 50주년을 맞으며 그는 전쟁 로병의 한 사람으로서 작품을 썼다. 작품은 《조선문학》 2003년 4월호에 실렸다.

오늘의 시점에서, 전문작가의 관점에서 그 전쟁에 대하여 어떻게 생각하는가에 대한 질문에 로시인은 이렇게 대답하였다.

"그 3년간의 전쟁은 동족상쟁이였습니다. 사실 우리는 미국과 맞서 싸웠지만 적지 않는 전투력량이 남측의 군대였습니다. 조국이 광복되여 5년밖에 지나지 않아서 전쟁이 일어났는데 당시는 우리 민족의 각성 정도가 높지 못했고 조그마한 차이점을 문제삼아 서로 다투는 우를 범했지요. 전쟁 시기는 남측 군대를 직접 대상하면서 내가 너를 죽이지 않으면 네가 나를 죽인다는 관계로 적대의식을 가졌지만 지금 돌이켜 생각하면 다른 결론이 나와요. 이런 동족상잔의 비극을 부추긴 게 누구냐는 거지요.”

정전 50주년을 맞으며 창작한 작품에서 로시인은 희생된 한 녀병사를 땅속에 묻은 그날을 회고하였다. 병사들은 말이 없었지만 피발이 선 눈물은 묻고 있었다고 그는 썼다.

“누가 죽였느냐”

작품에는 병사들의 물음에 대답을 주는 직접적인 표현은 없다. 그러나 로시인이 제시하려던 대답은 총을 겨누고 싸운 남측의 동족이 아니였다.

“북과 남은 제도, 사상에서 차이가 있지만 무엇보다 서로 죽이는 전쟁을 했기 때문에 대립관계가 더욱 심화될 수 밖에 없었다고 봅니다. 그런데 50년이란 세월이 흘렀습니다. 적지 않는 전쟁 체험자들이 돌아갔을 것입니다. 북에도 전쟁 로병이란 사람이 많지 않습니다. 나처럼 제일 어린 나이에 총을 맨 사람이 지금 겨우 사회활동하는 정도인데. 물론 전쟁에서 직접적으로 가족들이 희생된 사람들이야 감정이 다를 수 있지요. 상대방에 대하여 나쁜 감정을 가진 사람이 남측에도 있고 북이라 해서 없는 것은 아니지만 이제는 모두 함께 새출발을 해야 합니다. 우리야 피줄이 같고 언어가 같고 문화가 같은데 왜 계속 반목하고 싸워야 합니까.”

서울에서 얻은 확신

오늘 일치할 수 있다면 과거를 백지화하여야 한다. 6·15공동선언이 그 전제를 마련했다는 것이 오영재 씨의 신조이다. 우리 민족끼리, 그 리념대로 하면 평화와 통일을 성취할 수 있다. 오영재 씨의 경우 그것은 단순한 정치술어가 아니라 실체험에 기초한 말이다.

그는 6 · 15공동선언이 발표된 두 달 후, 제1차 흩어진 가족, 친척 교환방문단의 한 성원으로 서울을 방문, 친형제들과 반세기만의 상봉을 이루었다.

고향을 떠난 그때로부터 오영재 씨는 부모들과 두고 온 여섯 형제자매들의 생사여부조차 알 길 없이 괴로운 나날을 보내지 않으면 안 되었다. 그런데 10여 년전에 해외에 사는 친척을 통해 뜻밖에도 남에 있는 혈육들의 소식을 접하게 되었다.

팔순이 넘은 어머니의 편지도 받아 보았다. 어머니는 편지에 네가 북에서 살아 있고 시인이 되었다니 꿈인지 생시인지 모르겠다, 너를 만날 때까지 나는 죽지 않고 너를 기다리겠다고 적어 보내 왔었다.

그러나 세월은 무정했다. 1995년 4월 친척이 보내온 편지는 어머니가

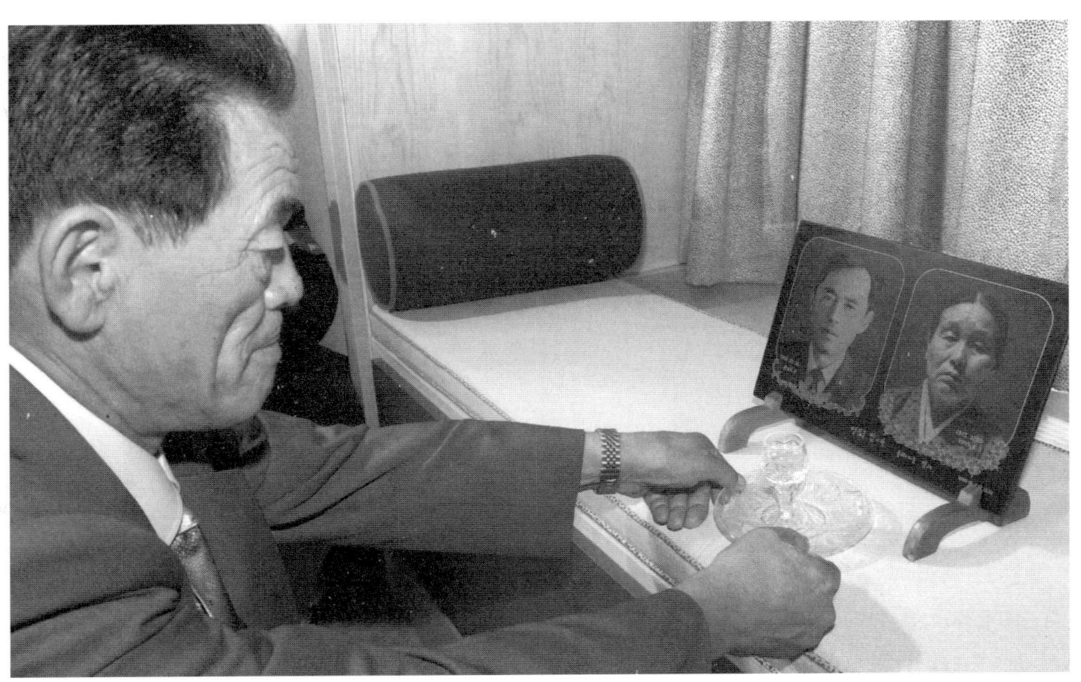

오영재 시인이 2000년 이산 가족 상봉 당시 서울 워커힐 호텔에서 북에서 만든 부모님 영정 돌사진을 앞에 두고, 김정일 국방위원장에게 선물로 받은 술잔에 술을 따라 올리고 있다.

세상을 떠났다는 비보를 전했다.

2000년 8월, 서울을 방문한 오영재 씨는 반세기 만에 만나게 된 형제들과 얼싸안고 왜 어머니는 이 자리에 없는가고 눈물을 터뜨렸다. 곁에 있던 삼촌이 어머니는 안 계셔도 형제들이 이렇게 다 살아 있지 않는가고 오영재 씨를 달래여 줄 때 그는 말했다. 수백개의 별을 다 모은들 어떻게 해를 대신할 수 있는가고.

"나는 서울 쉐라톤 호텔 앞마당에서 형제들과 다시 헤여질 때 말했습니다. 눈물을 보이지 말자, 우리는 다시 만나게 될것이라고. 나는 서울에서 우리 민족이 화해하고 하나가 될수 있다는 확신을 얻었습니다. 그런 변화를 많이 느꼈어요. 형제들은 물론이고 나를 취재하러 온 남측 기자들도 모두 전후 세대인데 월북한 나에 대하여 그 어떤 적대의식을 가지고 대하는 일이 없었습니다."

북에서 내려 온 가족들을 태운 뻐스가 서울 시내를 달릴 때면 시민들이 손을 흔들어 환영의 뜻을 표시해주었다. 오영재 씨는 한 피줄기를 확인한 감격의 정에 휩싸이면서 50년 전의 그 광경을 떠올리고 있었다고 한다.

희생된 녀병사에 대하여 쓴 작품에 그 내용이 있다. 시인은 그때의 심정을 이렇게 적었다.

내 흩어진 가족친척방문단으로
서울에 가서
뻐스에 몸을 싣고 거리를 달릴 때
문득 그 처녀의 얼굴이 떠올랐거니
어디냐
그가 어린 시절 뛰놀던 그 골목은
녀학생교복을 입고
동무들과 천진하게 웃으며 걷던 그 길은

그렇게 부드럽고 곱던
아 50여 년전 녀병사
전쟁은
그를 어디에 묻히게 하였는가

우리가 반전평화문학 하지 못하는 이유

전쟁을 겪어본 로시인은 또다시 이 땅에 전쟁의 참화가 들씌워지는 것을 바라지 않는다. 그가 정전 50주년을 맞으며 작품을 쓰게 된 동기이다. 〈나는 평화를 사랑한다〉는 제목의 작품이 있다.

얼마나 많은 생명을
전쟁은 앗아갔던가
얼마나 많은 집을 불 태우고
아름다운 이 강토를 파헤쳐 놓았던가
50여년 세월이 흘러

눈에 보이는 그 흔적은 지워 졌다 해도
사람들 가슴에 남은 보이지 않은 그 상처는
그 무엇으로 지울수 있을것인가

작품이 이채를 띠는 것은 평화를 주제로 삼으면서 전쟁에 대한 각오를 동시에 부각시키고 있기 때문이다.

바라지 않노라
이 땅에 또다시
전쟁의 참화가 들씌워 지는것을

나는 평화를 사랑한다
허나 구걸하지는 않노라

　평화을 위해서는 전쟁도 불사할 각오를 가져야 한다는 작품의 사상은 제3자들에게는 선뜻 리해되지 않는 부분일지도 모른다. 그것은 북의 핵 억제력 주장에 대한 비난과도 일맥상통하는 부분이다. 그들의 의문에 대한 로시인의 해명은 이렇다.

　"대체로 제2차 세계대전 이후 여러 나라 작가들이 반전문학이라 불리우는 작품을 썼는데 우리는 그들과 놓여 있는 환경이 다릅니다. 우리의 전쟁은 끝나지 않았고 일시 중단됐을 뿐입니다. 우리의 전후문학이 반전문학이 될수 없는 것은 만약 정전상태가 깨진다면 전쟁을 하지 않으면 안되기 때문입니다. 우리는 평화를 사랑하지만 평화가 실현되자면 전쟁의 근원이 제거되여야 하며 그를 위해서는 마지막 결판을 내야 되겠다는 립장입니다."

　북에서는 유럽이나 구쏘련에서 있었던 전쟁 그 자체를 반대하는 문학을 찾아 볼 수 없다. 그는 전쟁이 고통과 불행을 가져왔다는 인식에는 공감하지만 덮어놓고 전쟁을 반대한다는 립장에는 동의할 수 없다고 한다.

　"우리는 전쟁을 취급한 소설이나 시에서 평화지향적인 것을 별로 장려하지 않습니다. 상대가 우리를 고립, 압살하기 위하여 갖은 책동을 벌리는데 우리가 평화란 말을 다른 나라가 쓰는 식대로 쓰지 못하지 않습니까. 내 생각은 그렇습니다. 덮어놓고 평화, 그건 바라지 않는다. 공고하고 항구적인 평화를 우리는 바란다. 이건 오늘의 정세 속에서 우리 인민들이 간직하는 감정의 표출입니다."

　사실 북측 인민들은 정전후 50년간 미국이란 대국과 군사적으로 대립하는 고도의 긴장감 속에 살아 왔다.

　"항상 긴장 속에서 살아 가는 우리 인민들의 사상의식구조가 다른 나라 사람들과 같을 수 없지요. 나는 중국에도 쏘련에도 가보았는데 아주 평화로운 기분을 맛보게 됩니다. 하지만 우리 인민들은 준전시상태, 언제든 전쟁에 림할 수 있는 그런 비상사태에 놓여 있는 것입니다."

워싱턴에 조선대사관 서는 날

북측 인민들에게 있어서 오늘의 조미 핵대결은 조선전쟁 이래의 대결 구도가 격화되어 산생된 하나의 극한점이다.

"우리 인민들도 힘듭니다. 다른 나라 사람들은 우리가 안고 있는 경제적, 정신적 부담을 다는 리해하지 못할 것입니다. 50년간이나 긴장상태를 유지한다는 게 사람으로서는 감당하기 어려운 일입니다. 이런 고통은 하루 빨리 끝장내야 합니다."

오영재 씨도 북측 인민들이 다 그러하듯이 대화를 통한 핵문제의 해결에 기대를 걸고 있다. 6자회담의 추이와 유관국들의 움직임에도 관심을 돌리고 있다.

그러나 평화를 구걸하지 않는다고 한 것처럼 대화 역시 덮어놓고 대화를 하여야 한다는 립장은 아닌 것 같다. 조미 대결에 종지부를 찍을 수 있는가 어떤가가 보다 중요하다는 것이다.

"미국은 평화에 대하여 말하지만 조선반도에서 전쟁이 일시적으로 중단되어 있는 오늘의 상황을 바꾸어야 한다는 말을 왜 못합니까."

북의 인민들은 50년간 지속되어 온 '총포성 없는 전쟁'의 종결을 바라고 있다. 전쟁의 위험을 느끼며 사는 긴장감에서의 해방이다. 너희들 체제를 인정해 줄 수 있다는 구두 약속이 아니라 '검증가능하며 다시는 되돌릴 수 없는 방법'으로 미국의 적대시정책 포기를 확인할 수 있어야 한다는 것이 북측 인민들에게 있어서의 최대의 초점이다.

로시인과 대화를 나누는 동안 호실의 창문 밖에서는 륜전기계의 동음이 울리고 있었다. 평양에서는 작년부터 시내 주요거리의 대대적인 보수, 개건공사가 진행되고 있다. 전후복구건설시기에 세워진 건물들을 50년 만에 새로 단장하고 있는 것이다. '먼 후날에도 손색이 없이'. 공사장에는 그런 글발이 새겨진 구호판이 걸려있다.

변모되는 수도의 모습은 북이 긴장과 대결을 더는 바라지 않는다는 확고한 증거가 아닌가 싶다. 재더미가 된 평양을 기억하는 로작가도 기계의 동음을 들으니 전후복구건설시기 땀 흘린 나날이 생각난다고 하였다.

"이제는 력사에 매듭을 지울 때가 되었습니다."

흘러간 50년이 되풀이되여서는 안된다. 바로 그것이 북측 인민들의 한결같은 마음이라고 한다.

로작가는 '핵대결전'의 결말이 가져다 주는 앞날을 이렇게 내다보았다.

"조미국교가 수립되면 평양에 미국대사관, 워싱톤에 조선대사관이 일떠서는 것이 아니겠습니까. 대결의 청산, 자주권의 고수. 그것이 공고하고 완전한 평화, 갈라진 민족이 하나되는 길이라고 우리는 믿고 있습니다."

김지영 《조선신보》 평양특파원 2003년 11월호, 32호

북 천재 소녀 화가 오은별을 기억하십니까?
23살 평양미술대학 박사원생으로 자라,
"인간 내면세계 그리고 싶어"

1980년대 말부터 북의 신동 화가로 남녘에 널리 알려진 오은별. 자기 팔뚝만한 붓을 들고 '조선화'를 그리던 똘똘한 눈망울의 오은별 어린이가 그 사이 훌쩍 자랐다. 인간의 정신세계를 그림에 담고 싶다는 오은별 어린이, 아니 오은별 씨를 《통일신보》가 만났다.

(…)
나는 별
은하수속의 별
희망으로 빛나고 열정으로 불타네
(…)

– 오은별의 자작시 중에서 –

"오은별 자료집 먼저 보라"

천재 소녀 화가로 세상에 널리 알려진 오은별(23)이 대학을 졸업했다는 소식을 듣고 평양미술대학 박사원으로 그를 찾아갔다.

팽팽한 긴장이 도는 넓은 화실에서는 큼직큼직한 그림들을 마주한 미술가들이 마지막 완성작업을 하고 있었다.

자기 키보다 더 큰 화폭 앞에 붓을 들고 서 있는 오은별이 첫눈에 띄

조선화 〈자화상〉.
오은별은 인간의 정신세계를
자기 그림에 표현하고 싶어한
다.

315

〈처녀돌격대원 명희 언니〉
(2001). 2002년 대학미술전
람회에 출품한 그림이다.

였다. 필자는 방해하지 않을 양으로 조용히 서서 그를 지켜보았다.

여운이 긴 눈초리. 한번 가까이 들여다보고 싶은 눈. 사색 깊은 그 눈길로부터 온몸으로 음악의 선율이 흐르는 듯한 정서가 파도치더니 열정과 흥분을 모아 감정과 호흡을 조절해 화필을 달리는 그 모습.

"휘점을 많이 주지말고 묻어주어야지. 자 이렇게… 여긴 이렇게. 이젠 색을 밀고 들어가면서. 보라구, 투명해지지 않았나."

머리 희슥한 지도교원이 다가와 그에게 조언을 준다.

필자는 인사를 하고 전영삼 강좌장 선생에게 이야기를 청했다. 그는 이야기에 앞서 은별에 대한 자료집을 보라고 내놓았다.

거기에는 국내전람회 입선 8차, 로씨야, 타이, 싱가포르, 인도네시아, 미국, 중국, 일본 등의 국제전람회 입선 14차의 전적이 구체적으로 기록되어 있었다.

화첩 《은별소녀》, 여러 편의 기록영화며 〈다섯살난 미술가 오은별〉을 비롯한 텔레비죤소개 영화들, 지어 그의 그림에 대한 우표와 봉투에 이르기까지. 자료집은 오은별의 생의 축도로, 성장의 로정도로 안겨왔다.

스승은 말한다.

"예술교육은 본질에 있어서 수재교육입니다. 오늘의 시대정신이 맥

박치고 사상예술적으로 원숙한 예술은 폭넓은 시야와 높은 실력을 가지고 세계를 굽어보면서 끊임없이 새것을 개척해나가는 뛰여난 예술인재들에 의해서만 창조될 수 있습니다. 좋은 종자를 심고 잘 가꾸어야 알찬 열매를 거둘 수 있는 것처럼 천성적으로 예술적 소질을 가진 학생들에게 훌륭한 교육을 주어야 특출한 인재가 나옵니다."

오은별의 대학생활은 처음부터 남달랐다. 1학년에 있은 대학적인 방학간관제총화전시회에서 제일 어린 은별이가 1등을 하였다. 그는 석고소묘 과제를 남들보다 4배나 큰 소묘지에 기가 막히게 그려왔던 것이다.

"그림종이 1cm 크기 차이가 그림에서는 간단한 것이 아닙니다. 그가 자기 키만 하게 그린 소묘는 뚫고, 파고…. 선 하나하나에 실로 그의 넋이 스며있었다고 해야할 것입니다. 그 소묘의 크기는 곧 그의 결심의 크기이고 노력의 크기이며 목적의 크기였습니다."

부드러움, 대담성, 철학적 깊이 갖춰

강좌장 선생은 수십 년 동안 교육사업을 해오면서 보니 한 10년 만에 마음에 드는 인재가 나오는데 은별이 같은 학생은 정말 드물다고 하였다.

그의 특기는 무엇입니까?

"그에게는 녀성적인 부드러움과 함께 남자들을 릉가하는 대담성이 있고 철학적 깊이가 있습니다."

은별은 조선화의 기본 기법인 몰골의 기교를 터득하였다고 한다.

몰골은 서정적 중심에 대한 집중적인 선제타격이며 린접부문에 대한 련결전이며 화면 전체에 대한 홍취전이라고 자기 식의 견해를 토로하는 로교수.

은별은 판단이 정확하며 감각하고 재현하는데서 특이한 능력을 가지고 있다. 구체적이고 정서적이면서도 창작적 충동이 강한 대담성이 그의 특기이다. 사실 이런 특기를 다 갖춘다는 것은 어려운 일이라고 한다.

2002년 대학미술전람회에서 출품했던 은별의 단색소묘 〈처녀돌격대원 명희 언니〉를 재미동포들이 와서 보고 미국의 미술학교 교재로 삼겠다고 하면서 가져갔다고 한다.

강좌장 선생은 조선화는 그리는 시간보다 사색의 시간이 더 요구된다면서 일단 사색이 무르익었을 때 형상의 시작부터 끝까지 긴장한 흥취전을 배합한 종합적인 작전으로 마무리해야 한다고 어마어마하게 표현하였다. 수재를 키운 스승의 말은 뜻이 깊다.

은별은 정신적 깊이와 정서적 감수성, 조형회화적 안목을 합치시키기 위한 내적 수양을 통하여 자신을 완성시키려 한다. 스스로 성공이라고 인정하기 전에는 창작품을 내놓지 않는 자신에 대한 엄격한 요구성, 제 자랑을 모르는 소박성에서 그의 내면세계를 찾아내기 바란다고, 집에 꼭 가보라고, 가정에 가면 더 잘 알게 될 것이라고 스승은 말했다.

"다정다감한 애여서 집에선 피아노를 치며 노래도 잘 부른답니다."

저, 한가지 더 물읍시다. 학우들과의 관계는 어떤지요?

"함께 잘 어울리지만 역시 남다릅니다."

졸업을 앞두고 송년모임을 누구네 집에서 하면 좋겠는가고 했을 때(그의 학급은 11명 중 여자가 2명이었다) 그는 선뜻 자기 집으로 학급 동무들을 청했다.

설맞이 소나무도 동심을 담아 만들고 큰 잔치처럼 잘 준비했더란다. 은별은 하얀 앞치마를 산뜻하게 두르고 생글거리며 알뜰살뜰 접대를 하였다고 한다. 기지 있는 유모아도 많고 웃음도 넘쳐나는 그를 누구나 좋아한다고. 그러나 지도교원인 자기가 찾아가면 웬걸.

은별이 어머니는 손님준비에 바쁘고 아버지는 손님과 즐겁게 마주앉지만 새침떼기 은별이는 반갑게 인사를 하고는 제방에 들어박혀 얼굴

〈따뜻한 봄〉(모스크바국제어
린이그림전시회에서 1등.
1987)
〈이 세상 고운 별 모두 대동
강에 내렸어요〉(제13차 세계
청년학생축전 '행복상' 쟁취
를 위한 솜씨전람회에서 특등
한 작품. 1989)

도 안 내민다는 것이다. 머리 희슥한 스승과 갓 봉오리를 터친 제자는
함께 로씨야에서 2003년 9월에 열린 개인미술전에 각각 수십 점의 그
림을 출품하였다.

목표는 "무엇이든 다 알고 배우자"

은별이와 마주 앉았다.

"박사원생이 되고 보니 학생 때와는 무엇인가 다릅니다. 대학기간과
또 어린 시절도 돌이켜보면 느껴지는 것이 많습니다. 미술가는 그림으
로써 자기를 웨칩니다. 시대를 어떻게 보는가, 어떤 철학적 견해를 가
지는가에 따라 미술가의 단수가 달라진다고 봅니다. 재간 있는 미술가
는 많지만 시대와 역사에 남는 미술가는 적지 않습니까. 이런 생각은
어제오늘에 시작된 것은 아닙니다. 그래서 공부를 더 해야겠다는 결심
으로 박사원에 들어온 것입니다."

그는 지금 인민대학습당의 외국어전문강습(야간)을 다닌다고 한다.

영어, 일어, 중어를 완전히 소유하자고. 자기 것에 투철하다는 것은 자기 것만 고집하는 것이 아니며 세상을 굽어보면서 속속들이 알고 릉가해야 자기 것을 더 훌륭히 발전시킬 수 있지 않으냐는 은별이.

그래서 세계문학선집을 비롯한 많은 책들을 보고 여러 나라 영화를 보아도 현상이 아니라 채로 쳐서 갈라본다고. 목표는 무엇이든 다 알고 다 배우자는 것이라고 말하며 그는 살짝 웃는다.

"좀 엉터리죠?"

박사원 기간 목표가 무엇이예요?

"조선화의 전통계승과 현대화에 대한 종자로 론문을 쓰는 것이 우선 목표입니다."

그래서 오은별은 조선화의 고유한 특성을 살리면서 그를 더욱 발전시키기 위하여 모지름을 쓰고 있다. 아름답고 고상한 조선화의 특징을 어떻게 발전시킬 것인가. 선을 많이 쓰는 조선화의 특성을 선과 색채를 잘 배합하여 어떻게 더 잘 형상화할 것인가. 그는 고민하고 탐구하고 있다.

그와 함께 그림 그리기는 계속된다. 스승은 그에게 박사원 기간에 3000장의 그림을 그리라는 높은 요구성을 제기했다. 그는 인간의 정신세계, 내면세계를 자기 그림에 표현하고 싶어한다.

"인간심리를 그림에 담고 싶은 생각은 대학 2학년 때부터 품어왔습니다. 실례로 그림 속의 저 녀성은 왜 우는가. 그는 어머니를 잃고 슬퍼한다는 것이 화폭에서 우러나오게 그리고 싶습니다."

그리고 보니 그가 그린 친할머니의 모습이나 그의 자화상에서 어딘가 주인공의 감정과 정신세계가 느껴지던 것이 떠올랐다.

그는 조선 녀성의 전형을 그리고 싶어한다.

"조선 녀성은 예로부터 '외유내강'이 미덕이 아닙니까. 저는 강인하면서도 헌신적이고 아름다운 조선 녀성을 형상하고 싶습니다."

그의 말을 듣는 필자에게는 신비의 미소로 널리 알려진 〈몬나리자〉가 떠올랐다. 세계 명화 〈몬나리자〉를 릉가하는 그림을 그리려는 것이 그의 속대사인 것이다. 하긴 오은별의 불타는 투지와 창작에 대한 진지한 탐구, 예술적 기질은 어려서 벌써 세상 사람들을 놀래우지 않았던가.

"미술을 통하여 제 자신의 인간적 수양도 쌓으렵니다. 세상에 어느 직업이 제일인가고 물으면 저는 미술가라고 말하고 싶습니다."

마주 선 할머니가 알아보기 쉽게

남녘 동포들에게 하고 싶은 말은?

"1989년에 남조선의 《말》 잡지에 저에 대한 글이 실리였어요. 그때로부터 15년 세월이 지나서 남녘 동포들에게 저의 모습을 다시 보여주게 된다니 감회가 깊습니다. 남녘의 형제자매들과 힘을 합쳐 통일을 이루고 민족의 자랑을 떨치는 그림을 더 많이 그리고 싶습니다."

필자가 집을 방문할 의향을 비치자 그는 기꺼이 청했다. 그이 집에서는 단정하고 눈 정기가 빛나는 할머니(윤복금, 83)가 반겨주었다. 할머니는 손녀 자랑 보따리를 풀었다.

두 살 때 미술가인 아버지(오광호, 54)에게 떼를 써서 그림 그리기를 시작한 이야기로부터 '신동'이 났다고 소문이 나 미술대학과 만수대창작사에 가서 선보이던 이야기. 은별이가 그림 종이 우에 댕그랗게 올라앉아 해바라기며 참대를 그리는 것을 보고 '아니 젖먹이가?… 손에 붓이 아니라 비자루를 쥔 것 같구나' 하고 미술대학 학장 선생이 혀를 찼다는 이야기. 온 동네가 아껴주고 성원해준 이야기들.

유치원생인 은별을 세 살을 뛰여 넘어 소학교에 입학시켰을 때 동네 할머니가 "네가 학생이라니? 어디 이름을 써봐라"고 했다.

은별은 나무꼬챙이로 쓰기 시작했다. 옆의 아이가 "아니, 저 애는 선생님이 O자는 우에서 시작해서 오른쪽으로 돌려쓰라고 했는데 아래서부터 왼쪽으로?" 하고 눈이 둥그래졌다. 그러나 그가 쓴 글을 보고 모두가 탄성을 질렀다.

은별은 마주선 할머니가 알아보기 쉽게 거꾸로 "오은별"이라고 썼던 것이다. 그가 쓴 일기장들을 보니 거기엔 장난꾸러기이며 환상가이며 담차고 다정다감한 아이가 살아있었다.

"1988년 2월 22일

선생님이 공부를 잘 못하는 아이들 때문에 속상해하신다. 나는 작전계획을 세웠다.

첫째, 공부 잘하는 아이들이 공부 못하는 아이들을 한 명씩 맡는다. 둘째, 공부 못하는 아이들 어머니한테 편지를 쓴다. 셋째, 그 아이들한테 공부 잘해야 우리나라를 빛내일 수 있다고 말해준다."

이것은 자기보다 세살 우인 동무들을 통솔한 학급장 오은별의 8살 때 일기이다. 일기의 절반은 시로도, 가사로도 씌어 있었다. 생활을 시로 노래로 표현하였다.

국가미술전람회에서 입선한 기쁨을 안고. 직접 그린 그림 앞에 서 있다.

은별의 자작시집들

저녁 어둠이 깃들 무렵, 아버지가 먼저 집에 들어섰다. 은별의 첫 스승, 그의 말을 빌면 인자한 아버지이다. 내가 일기장에 심취되어 있는 것을 보고 독서일지를 내놓는다. 아버지의 글씨로부터 시작된 독서일지에는 처음 보는 책제목도 많다. 은별은 지금도 밥 먹으면서 책을 읽어 꾸중을 듣는다고 한다. 은별의 자작시집들도 보았다. 1994년 7월부터 100일 동안은 매일 한편씩 썼다.

"시가 고도의 함축이듯이 그림도 역시 같습니다. 시에서 종자, 형식, 세부가 중요하듯이 그림도 마찬가지입니다."

아버지와 시 짓기 경연을 했는데 심사자인 할머니가 "비겼다"고 평가했다는 은별의 일기가 떠올랐다.

'기마훈련'에 대한 아버지의 이야기가 인상 깊다.

6살 때부터 동물원의 말을 타기 시작하여 9살에는 예술영화촬영에 동원되였던 군마도 탔다.

조련사가 부축해주려고 하면 혼자 타게 해달라고 한 그여서인가, 말 그리기가 그의 특기이다. 그의 도담한 기질은 대학 때 남자들 속에 끼여 한 걸음도 떨어지지 않고 백두산에 올랐을 때도 나타났다. 강의한 투지를 키워가면서 그는 답사행군의 천리길을 걸었다. 일필휘지로 달리는 말을 그리는 그의 담은 이렇게 키워졌다.

"저녁식사를 합시다."

은별이와 동생 옥별이가 상을 차리였다. 열네살 옥별이도 언니 못지 않게 그림 그리기에 이악을 부린다. 그는 올해에 평양미술대학 전문부 학생이 되었다.

단란한 식탁에서 은별이 어머니(변춘녀, 49)와 이야기를 나누었다.

"처녀를 보려면 어머니를 보고 더 구체적으로 보려면 할머니를 보라는 말이 있는데…."

은별이가 엄격하고 용서가 없는 '책'이라고 했던 어머니는 미소를 머금고 말했다. 시간은 빨리도 흘러 밤은 깊었다. 은하수 흐르는 밤하늘, 저 은빛을 은은히 뿌리는 별이 은별이인가.

박단희 《통일신보》 기자 2004년 5월, 38호

〈아리랑〉 배경대의 북녘아이들
"15kg 배경책, 18000분지 1의 책임감으로 버텨요"

다시 연장공연에 들어간 〈아리랑〉. 글씨와 그림은 물론, 환상적인 동영상까지 자유자재로 연출했던 〈아리랑〉 배경대의 출연 인원은 무려 1만 8000명. 모두 평양시내 고등중학교 학생들이다. 이들은 100여 일에 달하는 기간을 어떻게 보낼까. 학교 공부는 전폐?《조선신보》 평양특파원이 이들의 하루를 현장취재했다.

1만 8000명이 하나가 되어
〈아리랑〉 배경대를 완성한다.

6월의 평양 오후 1시, 지하철 황금벌역을 향하는 학생들의 행렬. 그들의 힘찬 노래소리로 시민들이 오가는 거리길은 활기를 띤다.

"하나 민족도 하나 / 하나 피줄도 하나…"

모두가 네모난 파란색 배낭을 메고 있다. 속에는 '배경책'이 들었다. 여느 때는 경기장 창고에 보관하는데 어제는 '색지 작업'이 있어 집에 가지고 들어온 것이다.

보통강구역에 위치한 평양 경흥고등중학교 4, 5, 6학년생 450명이 대렬을 짓고 가는 목적지는 릉라도 5·1경기장이다. 대집단체조와 예술공연 〈아리랑〉이 상연되고 있는 바로 그 곳이다.

〈아리랑〉에는 이름난 예술인들과 각 계층 근로자들 그리고 청년학생들 등 총 10만명이 출연한다. 집단체조와 예술공연의 배경으로, 살아 움직이는 영화의 화면처럼 변화무쌍한 신비경이 펼쳐지는 '배경대'의 출연자들은 바로 평양시내 고등중학교에서 배우는 18000여명의 학생들이다.

"1시간 30분 축구경기 뛰기 보다 힘들다"

평양 경흥고등중학교 6학년 박은주(15) 학생은 어제 밤에 같은 학교에서 배우는 녀동생 박은정(14) 학생과 함께 집에서 배경책에 색종이를 바르는 작업을 하였다. 집단체조는 상연기간에도 배경대의 일부 장면이 수시로 변경된다. 그러면 컴퓨터가 각자의 배경책에 필요한 새로운 색깔을 계산한다. 교원들이 해당하는 색종이를 주면 책에 바르는 것은 학생들이다. 이른바 '색지 작업'이다.

"밤에 공연을 하니 아이들이 집에 들어오는 시간이 11시를 넘는데 '색지 작업'이 제기되면 야단이지요. 물론 작업의 주인은 아이들이지만 아무래도 부모들이 같이 도와 주어야 하지 않습니까."

두 학생의 어머니 윤화순(46) 씨는 매일 자기 딸이 공연을 마치고 집에 들어오는 것을 기다린다. 〈아리랑〉이 시작되면서부터 가정의 일과는 완전히 '출연자 중심' 으로 돌아가고 있다. 새벽 5시 30분이면 딸을 깨운다. 자기와 남편의 출근시간 전까지 아이들이 공연 출연 준비를 다 갖추었나 하나하나 점검해야 하기 때문이다.

"우리 인민 모두가 관심을 가지고 지켜보는 공연인데 조그만 실수도 있어서는 안된다고 강조합니다. 본인들이 우선 그런 정신상태가 되어 있어요. 책상머리에서 공부만 하던 아이들이 과연 해낼 수 있을가, 처음에는 걱정도 했지만 집단체조에 참가하면서 사실 아이들이 조직성, 규율성을 배우고 많이 단련되는 것 같애요."

2년 전 이 집의 맏딸이 처음으로 집단체조에 참가하였다. 당시 고등중학교 4학년. 어머니는 가정에서 딸의 공연준비를 보장할 뿐 아니라 다른 학부모들과 함께 훈련장에 나가 후방사업도 맡아 하였다. 륜번제로 음식을 장만하고 학생들에게 공급해 준 것이다.

"집단체조 기간에는 아이들의 영양보충에 신경을 많이 쓰지요. 집안에서는 푸짐히 먹지 못해도 아이들의 곽밥(도시락)은 더 잘 싸주자는 것이 부모들의 심정이지 않습니까. 주변 사람들도 도와줍니다. 우리 아파트의 주민들도 그 무슨 잔치가 있으면 자기들이 마련한 특별한 음식을 아이들이 수고한다며 가지고 와요. 그리고 자동차 운전수들은 후방사업을 맡은 어머니들이 길을 가는 것을 보면 알아서 경기장까지 실어다 주기도 합니다."

〈아리랑〉 기간에는 학생들이 집에서 점심을 먹고 등교한다. 오후에는 경기장에 도착하여 4시 반부터 관통훈련(리허설)을 한다. 저녁식사를 한 다음 학생들은 경기장의 여러 곳에서 학습장을 펼치며 공부를 한다. 경기장에는 매 과목의 교원들이 나와 있다. 이처럼 공연기간 경기장에서 짬시간에 하는 수업을 학생들은' 유격대식 학습' 이라 부른다.

휴식할 때나 학습할 때나 학생들의 곁에는 두툼한 배경책이 있다. 1시간 20분짜리 작품인 〈아리랑〉의 배경대 장면은 115개. 각 페지마다 표

식번호가 달려 있고 무게는 15kg이나 된다.

"배경책을 들고 계속 앉아 있는 일이 결코 쉽지 않습니다. 팔이 저리고 허리가 쓰려서 휴식시간에는 동무들과 률동체조를 해서 몸을 풀거나 서로 안마를 해줍니다."

박은주 학생은 2년 전부터 과외시간에 태권도를 배우고 있다. 남보다 육체훈련을 많이 하는 편이지만 그래도 집단체조 출연이 끝나면 지쳐서 나른해 진다고 한다. 남학생들도 배경대는 "1시간 30분간 축구경기를 뛰는 것보다 더 힘들다"고 말한다. 그 리유를 들어보면 "축구는 자기 판단에 따라 움직일 수 있지만 배경대는 그렇지 않다"고 대답하군 한다.

배경대는 출연자들이 초긴장 상태를 유지할 것을 요구한다. 지휘부에서 신호가 나오면 18000명이 일사불란한 모습으로 장면을 펼쳐야 한다. 단 한 명의 실수가 있어도 작품에 흠이 갈 수 있다.

"정신적인 피로를 풀자고 출연을 앞두고서도 시간을 짜 내여 오락회를 합니다. 배경대 위에서 노래를 부르며 즐겁게 지냅니다."

배경대에 출연하는 학생들은 '18000분의 1'의 중요성을 똑똑히 인식하고 있다.

〈아리랑〉은 장기간에 걸쳐 상연되는 작품이다. 병을 무릅쓰고 경기장에 나온 학생들도 있다. 어느 학생은 가정에 여간한 일이 생겼는데도 입을 다물고 공연을 보장했다. 교원들도 훗날에야 그 사실을 알았다고 한다.

박은주 학생은 배경대를 맡은 사람으로서 응당 그러한 책임감을 지녀야 한다고 말한다.

"내가 나오지 못하면 누가 그 빈자리를 메워주겠습니까. 숙련되지 않은 사람이 앉으면 실수가 있을 수 있는데 내 혼자 탓으로 작품을 망칠 수 없습니다."

북에서는 광복 직후로부터 주요 기념일을 계기로 집단체조를 창작, 상연해 왔다. 〈아리랑〉은 1946년 5월에 상연된 〈소년들의 련합체조〉부터 헤아려 85번째의 작품이다.

배경대를 확인하는 〈아리랑〉 스탭들. 집단체조창작단만 300명이 넘는다.

강냉이 곽밥을 나눠먹으며

　나라가 경제적 시련을 겪었던 1990년대 후반에도 집단체조의 창작사업은 중단 없이 진행되었다. 1995년에는 세 개의 작품, 1996년에는 한 개의 작품, 1997년과 1998년에는 각각 두 개의 작품을 창작하였다.

　모든 것이 어렵고 부족하였다. 특히 식량공급이 제대로 되지 않아 누구나 례외 없이 자기 살림을 유지하는데 급급해 하던 상황에서 수만 명이 동원되는 작품을 완성시키는 것은 여간 힘든 일이 아니였다.

　북에서 집단체조의 창작과 보급을 통일적으로 주관하는 기관이 집단체조창작단이다. 기술부단장 김정호(58) 씨는 집단체조의 력사는 오래되지만 북에서 '고난의 행군'이라 불리우는 그 시련의 시기만큼 "출연자와 창작가가 하나가 되어 작품완성을 위해 힘쓰던 경험은 일찍이 없었다"고 회고한다.

　"가장 걸렸던 것이 아이들의 식량문제였습니다. 각자가 집에서 곽밥을 가져오는데 그땐 아이들이 정말로 빵 하나, 죽 한 그릇으로 끼니를 에우면서 련습에 참가했어요. 나라의 식량사정, 가정의 생활고는 아이들이 어쩔 수 없는 일입니다. 어른들이 그들의 힘이 되어주어야 합니다. 아이들의 심리란 그렇잖습니까. 밥곽에 강냉이밥밖에 없으면 창피해서 동무들 앞에서 내놓으려 하지 않습니다. 그럴 때면 교원이나 기술지도원들이 강냉이를 먹으면 사람의 몸에 얼마나 좋은가를 해설하고 강냉이 농사에 대한 이야기도 들려주면서 화목한 마당의 분위기를 끌어내기도 하였습니다."

　집안 형편이 몹시 어려운 아이들은 집단적으로 도와주었다. 당시는 박은주 학생의 어머니 윤화순 씨도 곽밥을 싸지 못한 가정이 있으면 다른 학부모들과 협력하여 식량을 마련하여 찾아가군 했다고 한다.

　어른들은 생활의 어려움을 느끼는 아이들의 동심세계에 대하여 항상 생각하고 속을 태웠지만, 남을 헤아리는 아이들의 마음은 교실에서 공부할 때보다 훈련장에 나가니 더 잘 표현되었다. 아이들은 죽을 싸온 학급동무들과 곽밥을 함께 나누어 먹고 각자가 가져온 음식들이 맛있다고 서로 평가도 해주었다.

이러한 아이들의 모습에 힘 입어 창작가들도 정열적으로 일할 수 있었다고 한다. 집단체조창작단의 총인원은 300명이 넘는다. 이들은 살림살이에서 제기되는 일이 한두 가지가 아니었지만 한 번의 결근도 없이 직장에 나와 자기 맡은 사업을 수행하였다.

"전기도 모자랐고 자재 보장도 요구대로 되지 않았지요. 최악의 조건에서 창작을 하지 않으면 안 되였지만 창작에서 타협은 없었습니다. 오히려 종전보다 더 규모가 크고 훌륭한 작품을 내놓으려고 애썼지요."

창작가들은 집단체조라는 형상 양식의 특징을 누구보다 깊이 인식하고 있었고 '고난의 행군' 시기 대규모 인원이 동원되는 작품 창작에 어떤 의의가 있는가를 리해하고 있었다.

"서방나라들은 이제 얼마 없이(얼마 안 가서) 조선이 무너질 것이라고 하였지만 절대로 그럴 수 없다는 것을 주장하고 싶었던 것입니다."

북의 집단체조는 작품의 째마(테마)를 두드러지게 나타낼 수 있는 독특한 형식을 갖추고 있다. 바로 배경대와 체조대의 배합이다. 북의 집단체조에 배경대가 도입된 것은 1955년. 세계적으로도 처음 가는 시도였다고 한다. 초기에는 배경대에 각종 구호 등 글발만이 새겨졌지만 후에는 그림도 등장하였다. 작품의 호소내용을 직관적으로 보여주는 배경대 그리고 하나와 같이 움직이는 체조대와 경쾌하고 힘찬 음악이 유기적으로 결합되어 집단체조는 심오한 째마와 장대한 줄거리를 형상하는 것이다.

'고난의 행군' 시기에 창작된 집단체조는 오늘의 시련을 맞받아 나가는 각오와 반드시 밝은 전망이 열린다는 락관으로 일관되였다. 당시 가혹한 생활고에 시달리던 인민들이 경기장 관람석에서 혹은 텔레비죤 화면에서 그 작품들을 보았다.

　"'고난의 행군'에서 가장 힘들었던 시기가 1996년입니다. 그 때 우리에 대한 군사위협과 경제봉쇄가 끈질기게 진행되고 있었는데 그 작품의 내용은 바로 전대미문의 시련을 참고 견디여 내고 있었던 인민들의 심정이었을 것입니다."

　당시 김정일 국방위원장도 당과 국가의 지도간부들과 함께 그 작품을 보았다.

　'고난의 행군' 시기 창작된 집단체조 작품의 집대성이 2000년 10월 조선로동당 창건 55돐 기념행사에서 상연된 〈백전백승 조선로동당〉이다. 이 작품에서 처음으로 집단체조와 예술공연이 융합되는 새로운 형상양식이 창조되었다. 출연자는 사상 최대의 10만명. 종래의 김일성경기장이나 평양체육관보다 수용능력이 더 큰 5·1경기장을 리용, 작품을 밤에 상연함으로써 조명효과를 주요한 형상수법으로 활용하는 등 새로운 기술과 형식이 대대적으로 도입되었다.

　"세상사람들을 한번 크게 놀랬다 놓자(놀라게 하자). 새로운 형식으로 최대규모의 작품을 창작하려는 목적이 바로 그것이었습니다."

　집단체조창작단에서는 작품과제를 받으면 창작팀을 구성하고 설정된 째마에 따라 작품에 담아야 할 내용들을 검토한다. 말하자면 대본의 작성이다. 작품의 구성체제가 갖추어지면 이에 따라 체조대와 배경대, 음악과 조명 등의 구성요소를 구체화해 나간다.

"골랐던 째마를 작품에서 어떻게 구현하겠는가, 거기에 창작가들의 고심이 어리어 있습니다. 〈백전백승〉은 조선로동당의 55년 력사를 보여주는 것이었지만 우리는 주된 관심을 6년간의 '고난의 행군'을 함축과 비약이라는 수법으로 집약적으로 형상하는 데 돌렸습니다."

〈백전백승〉에는 보는 사람들에게 강렬하고 선명한 인상을 심어준 '명장면'이 있다. 바로 제2장 1경. 사나운 파도를 형상한 집단체조 률동과 군인건설자들이 붉은 기를 들고 전진하는 춤 률동을 드넓은 경기장에 펼쳐 6년간의 시련을 단 10분간으로 형상하였다. 체조와 예술이 융합된 그 장면은 집단체조에 익숙된 평양사람들까지도 대단히 놀라게 하였다.

〈백전백승〉은 반세기에 걸쳐 집단체조 창작의 경륜을 쌓아온 북이 총력을 기울인 작품이었다. 창작단에서는 1999년에 다른 작품을 새로 기획하지 않았다. 2000년 10월을 향해 1년 이상의 기간동안 모든 힘을 오로지 백전백승의 준비에 쏟았다.

창작 조건은 여전히 어려웠다. 배경대의 골조를 세우는데 자재가 없었다. 창작단은 천리마제강련합기업소에 협조를 부탁하였다. 창작단 일군들은 제강소 로동자들에게 식량지원을 하면서 어렵사리 강재를 마련하였다. 골조 다음엔 판자를 깔아야 했다. 숱한 나무가 필요했다. 여러 기관, 단위를 돌아서 예비를 찾아내여 보장했다. 공연 당일까지 난제는 계속 들이닥쳤다.

출연자들의 훈련과정도 간고하였다. 여름철의 훈련은 기온이 30도 후반까지 오르는 무더위 속에서 진행되었다. 학생들이 기진맥진하여 쓰러질 수도 있었다. 훈련장에는 항상 의료집단이 대기하였다. 후방사업을 맡은 어머니들은 매일 오이랭국을 만들어 학생들의 훈련장을 찾았다.

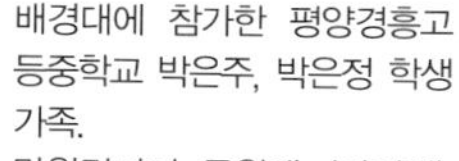

배경대에 참가한 평양경흥고
등중학교 박은주, 박은정 학생
가족.
망원경까지 동원해 〈아리랑〉
공연을 관람하고 있는 북, 해
외 참관인들

"아이들이 대견했습니다. 훈련의 강도가 높은데 절대로 약한 소리 하
지 않았지요."

집단체조창작단 자료실장인 송옥선(53) 씨는 "집단체조에 한 번 출연
하고 나면 아이들이 몰라보게 달라진다"고 지적했다. 한 사람이라도
빠지거나 제대로 뛰지 못하면 작품이 성립되지 않는 것이 집단체조이
기 때문이다.

"작품의 호소내용을 선참으로 체득하는 것은 출연자들입니다. 미래
를 걸머질 주인공들이 그 시련의 시기 집단체조 창작에 참가했던 의의
는 자못 크다고 생각합니다."

2000년 10월 10일 조선로동당 창건 55돐을 맞으며 북은 '고난의 행군'을 결속지었음을 내외에 선언하였다. 이틀 후 대집단체조와 예술공연이 개막되었다. 이 날 '조미공동코뮤니케'가 발표되어 조선과 미국이 쌍무관계를 근본적으로 개선할 데 대하여 천명하였다는 소식이 전 세계에 전해졌다.

"솔직히 그토록 극적인 정세변화가 이루어지는 가운데 작품이 상연되리라고는 미처 생각하지 못했습니다."

하지만 집단체조창작단 연출창작부장 최기태(63) 씨는 백전백승은 발전하는 현실에 충분히 대답을 줄 수 있는 작품으로 완성될 수 있었다고 자부한다.

"집단체조는 사실주의입니다. 허구란 게 없고 시대의 산물이지요. 어떻게 현실을 포착하고 어떤 방법으로 시대의 주도적인 감정을 전달하겠는가, 그것을 예술적으로 기술적으로 탐구하는 사람이 우리 창작가들입니다."

작품이 현실을 있는 그대로 반영해야 인민들이 받아들인다는 것이다.

종전에는 북의 집단체조 작품에 만풍년을 경축하는 '농악무'의 장면들이 많았다. '고난의 행군' 시기 창작가들은 그런 장면을 아예 상정하지 않았다.

"거짓말을 꾸며 내여도 인민들은 꿰뚫어 봅니다. 〈백전백승〉의 호소가 바로 그래요. 현실이 작품의 진실성을 증명해주는 것이니까요."

전세계 앞에서 외친 〈우리는 하나〉

〈아리랑〉은 〈백전백승〉이 달성한 성과에 기초하여 창작된 작품이다. 집단체조와 예술공연이라는 형상 양식이 계승되고 보다 완성되었다. 출연자들도 〈백전백승〉의 경험자들이 많다. 특히 배경대는 대다수가 〈백전백승〉에 출연했던 학생들이다.

체육예술적 형상 방식은 두 작품의 공통점이지만 작품의 째마와 내용의 측면에서는 차이나는 점이 있다.

〈백전백승〉은 '고난의 행군' 시기의 작품들을 두고 말할 때 그 상징으로 거론되지만 〈아리랑〉은 세계에 공개할 것을 념두에 두고 창작된 작품이다. 실제로 세계 여러 나라에서 평양을 방문한 외국인들, 해외동포들이 5·1경기장 관람석에 앉아 이 작품을 보았다. 이들 앞에서 북측은 '우리는 하나'라는 목소리를 한껏 높였다. 집단체조 창작가들과 출연 학생들 그리고 학부모와 수많은 시민들이 이 거창한 잔치를 위해 떨쳐 나선 것은 그 때문이다.

관람자들의 박수갈채 속에 〈아리랑〉 공연의 막이 내리면 시계바늘은 밤 10시를 가리킨다. 박은주 학생과 학급 동무들은 배경책을 경기장 창고 안에 소중히 건사해두고 경기장을 나선다.

집으로 가는 길. 배경대 측에서 바라본 관람자들의 모습과 그들의 반향을 화제로 동무들과 이야기꽃을 피운다. 지하철을 타면 시민들이 학생들에게 소리를 건다.

"학생들이 수고가 많겠다. 어른들은 다 일어서니 어서 좌석에 앉거라."

아파트의 등불은 아직도 켜있다. 접수에 앉은 경비원도 승강기 운전수도 아무리 시간이 늦어도 미소를 지으며 학생들이 돌아오기를 기다리고 있다.

"출연자들에 대한 사람들의 기대를 느낍니다. 그럴 때면 정말 기쁘고 힘든 줄 모릅니다."

하루 일과를 마친 나어린 출연자의 표정에는 새시대의 숨결이 비껴있다.

김지영 《조선신보》 평양특파원, 사진 문광선 《조선신보》 기자, 2002년 8월호, 17호

북의 웃음 미학
'유럽식' 부정한 북녘 코미디 창작법
"사람을 머저리 만들어 웃기는 건 반칙"

북녘에도 코미디가 있을까? 코미디는 없지만 '희극'은 있다. 북녘 동포들은 어떤 대목에서 웃음을 터뜨릴까. 북녘 희극배우들의 창작 철학은? 《조선신보》 평양특파원이 북의 '웃음 미학'을 심층 취재했다.

평양교예단 막간극의 한 장면. 아슬아슬한 작품 사이에서 관객의 긴장을 풀어주는 역할을 한다.

북의 교예무대에는 어리광대가 등장하지 않는다. 대신 손에 땀을 쥐게 하는 아슬아슬한 연목(작품)들 사이에 출연하여 웃음으로 관객들의 긴장을 풀어주는 '막간배우'들이 있다. 그들은 북의 막간극의 특징을 한마디로 이렇게 말한다.

"웃음을 자아내는데 특별한 분장은 필요없다."

'조선의 채플린'을 지향한다

평양교예단의 막간배우 윤광섭(70) 씨는 북에서 자타가 인정하는 희극의 제일인자다. 인민들은 그를 '채플린'이라 부른다. 후즐근한 양복, 중산모, 투박한 구두 그리고 등지팽이. 세계적인 희극배우의 등록상표를 모방해서가 아니다.

'그의 얼굴을 보기만 하여도 웃음이 난다'는 평가가 정착되고 있다. 북에서 '채플린'은 희극배우의 대명사로 쓰인다. 바로 그 이름이 지난 수십년간 윤광섭 씨의 별명으로 되어 왔다.

이처럼 인민들의 사랑을 받는 로련한 막간배우도 독자적인 웃음의 세계를 확립할 때까지는 시행착오의 련속이었다.

"난 유럽식 웃음을 반대하는 사람입니다. 대개 보면 유럽 교예의 막간극에는 키다리나 난쟁이 같은 걸 골라서 장난을 시키는데 사람을 머저리로 만들어 웃기는 것은 반칙이지요."

윤광섭 씨 혼자의 의견이 아니라고 한다. 평양교예단은 외국공연에 자주 나간다. 국제적인 교예축전에도 참가한다. 윤광섭 씨를 비롯한 단원들은 어리광대가 출연하는 다른 나라의 교예를 많이 보았다.

"코에 방울을 걸거나 얼굴의 절반을 흰색, 다른 절반을 검색으로 화장한다 할가. 그건 배우를 사람이 아닌 것으로 만드는 일인데 희극배우는 비속화, 기형화 돼야 관객을 웃길 수 있다는 발상이 마음에 들지 않아요. 그런 건 엉터리 웃음이지. 우리는 항상 똑바른 웃음을 지향하고 있

평양교예단 막간배우 윤광섭 씨. 그는 '사람을 머저리로 만들어 웃기는' 유럽식 웃음을 반대한다.

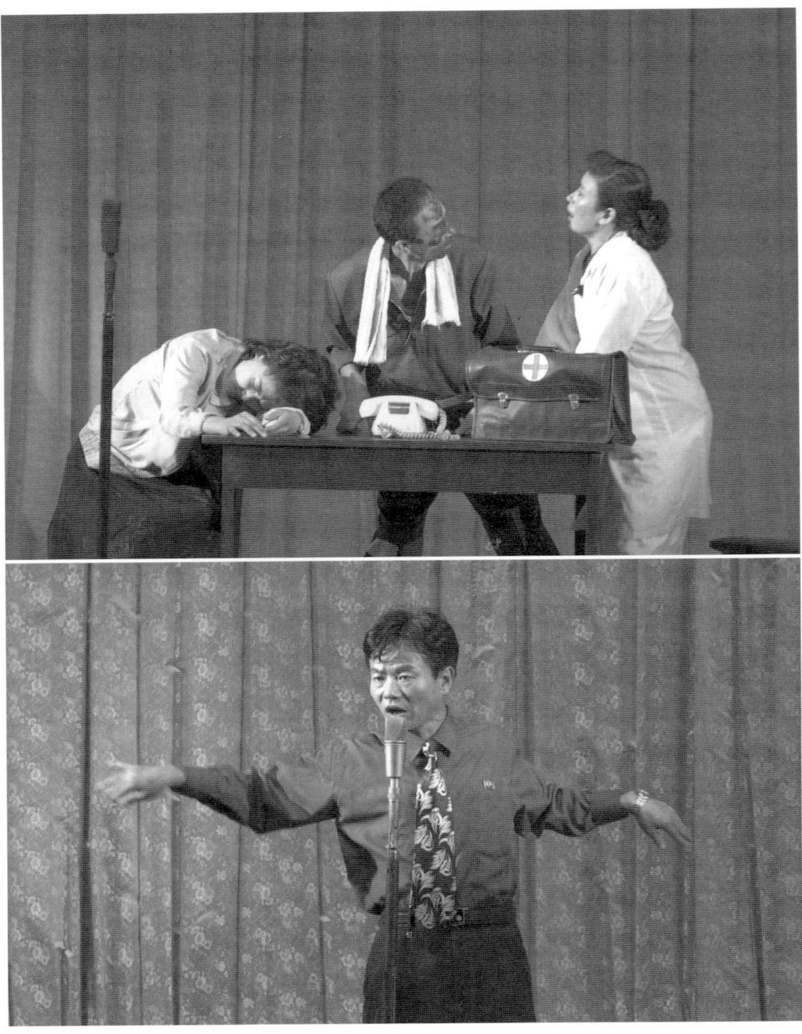

거든요."

'유럽식 웃음'을 반대하는 북의 희극배우들은 어떤 사람들인가. 한마디로 찍어 말할 수 없을 것이지만 그의 순직하고 소박한 인품이 그 일단을 보여 주고 있는 것 같다.

"'조선의 채플린'도 역시 채플린의 영화를 보고 자랐어요."

윤광섭 씨가 말하는 '똑바른 웃음'의 출발점은 영화관이었다. 1940년대 평양의 영화관들에서도 찰스 채플린의 작품들이 상영되었다. 어린 시절 윤광섭 씨는 열광적인 채프린 애호가였다. 학교수업이 끝나면 곧장 영화관으로 달려갔다. 돈은 없어도 손님이 붐비는 속에 끼여들어가 작품을 보았다.

윤광섭 씨는 일본인이 교장으로 있던 소학교를 다닐 때부터 희극에 취미가 있었다. 배경막을 치고 채플린의 분장으로 등장, 친구들 앞에서 연기를 해본 적도 있었다.

윤광섭 씨는 13살때 광복을 맞이하였다. 처음으로 조선말을 배웠다. 1950년대 중반까지의 직업은 자동차 운전수였다. 희극배우의 꿈을 버리지 못해 25살때 교예단의 문을 두드렸다.

윤광섭 씨가 처음 막간극의 세계에 뛰여들었을 때 채플린을 먼저 련상하였다.

"희극배우로서 어느 길을 갈 것인가. 새까만 양복과 모자, 스틱을 짚으며 구두의 오른쪽과 왼쪽을 바꾸어 신고. 화면에서 본 희극배우의 고정스타일인데 웃음을 처음 창조할 때 그런 길로밖에 나가지 못했지요."

평양교예단의 창립은 1952년. 초창기에는 막간배우들이 세계적인 추세를 참고로 삼았다. 이런 것도 해보고 저런 것도 해보았다. 도달한 결론은 외국인의 웃음을 본따서는 안된다는 것이었다.

예술로서의 웃음

평양에는 가극이나 음악공연을 전문으로 하는 극장도 있고 연극을 상연하는 극장도 있다. 그 중 언제나 사람들로 흥성거리는 극장은 웃음을 자랑거리로 하고 있다. 바로 막간극을 보여주는 교예극장이나 국립희극단이 출연하는 극장이다.

교예극장의 막간극은 평양을 방문한 외국인들이나 해외교포들도 즐긴다. 때로는 외국언론의 취재대상으로 되군 한다. 기자들은 사회주의나라 사람들의 웃음에 대하여 살펴려고 접근하는데 일부에서는 부정적인 결론을 이끌어내는 경우가 있다. '내용이 너무 교양적'이라는 것이다.

'유럽식 웃음' 반대론을 제창하는 평양교예단 관계자들은 자기들에 대한 비판에도 반론을 준비하고 있다.

창작창조과장 박소운(60) 씨는 "웃음에는 색갈이 있다"고 지적한다. 해마다 4월에 평양에서 개최되는 '친선예술축전'에 여러 나라 막간배우들도 출연하는데 그들이 펼쳐보이는 작품은 조선의 막간극에 익숙된 시민들 속에서 그다지 호평을 받지 못한다고 한다.

"웃음에는 생활에서의 웃음이 있고 희극적인 웃음이 있습니다. '사람이 길을 가다가 돌에 걸채여 넘어진다' 생활에서는 그런 웃음도 있는데 예술에서는 희극적인 웃음만이 허용됩니다. 말하자면 낡은 것, 뒤떨어진 것이 새 것을 가장해서 나타날 때 자기의 리상과 현실과의 모순, 내용과 형식과의 모순, 말과 행동의 불일치로부터 나오는 웃음입니다. 풍자적인 웃음, 교양적인 웃음으로 가려볼 수 있는데 조선의 막간극에서는 이 두 가지를 다 합니다."

예술로서의 웃음, 희극으로서의 웃음에 대한 집착심은 북의 창작가, 배우들에게 공통적으로 나타나는 특징이다. 그들은 '단순한 웃음', 웃음을 위한 웃음을 철저히 배격한다.

"막간배우가 옷 벗고 무대에 나가면 안 웃겠습니까. 한순간 웃음이 터지겠지요. 그런데 우리 관객들은 랭정하게 볼 것입니다. 그 배우는 창피하지도 않나, 발가벗고 나오는 것 봐라, 그런 반응을 보일 것입니다. 병신을 만들어서 웃기는 생리적인 웃음은 우리 예술에서는 의미가 없습니다."

북의 막간극에 어리광대가 등장하지 않는 리유도 같은 맥락에서 설명할 수 있을 것 같다.

식민지시기 일본에서 '기노시다' '오따' 를 비롯한 '써커스단' 이 조선에 와서 공연을 하였다. 분장한 어리광대가 등장하였다. 지금도 지난날의 기억이 살아있는 사람들은 교예에서 웃음을 자아내는 사람들을 보고 '못난이' 라고 부른다고 한다. 북의 막간배우들은 그런 호칭을 용납할 수 없는 사람들이다. 자존심이 강하고 직업적 전문가로서의 의식이 높다. 윤광섭 씨도 "예술인으로서 무대에 올라 사람들을 교양하는 우리가 인민들한테서 못난이라는 소리를 들으며 살 수 없다"고 하였다.

'웃음에도 교양적 가치가 있어야 한다.' 혹시 이 발언을 딱딱한 인상으로 받아들이고 역시 '유럽식 웃음' 의 편을 들겠다면 이러한 반론도 가능할 것이다. '웃음을 위한 웃음도 작품으로 될 수 있지 않은가. 왜냐하면 작품을 보고 망땅 웃으면 관객들은 순간이나마 고달픈 현실을 망각할 수 있다. 그러한 웃음의 효력도 인정되여야 하지 않는가.'

"각이한 리론이 있습니다. '사람은 우스워서 웃는 거지 또 다른 목적은 없다' 라고 주장할 수 있습니다. 생활에서는 그래요. 우린 그런 걸 무시하지 않습니다. 그러나 예술에서는 무의미한 것을 배제해야 한다고 생각합니다. 왜냐, 예술은 의도적인 것이니까. 작품이란 목적이 있어야 하지 않습니까."

박소운 씨는 "교양이란 말뜻을 오해하지 말아야 한다"고 강조한다.

"사람이 길을 가다가 돌에 걸쳐서 넘어진다. 그걸 재미나다고 웃을 수 있지만 다가가서 도와 줄 수도 있습니다. 교양이 있는 사람은 걱정하는 마음이 앞설 것이며 그렇지 않으면 웃을 것입니다. 그리고 적수가 넘어지면 통쾌하게 웃지만 자기 친구가 그렇다면 아닐 것입니다. 사람의 행동이란 모든 것이 사회적인 의식, 교양을 받은 결과로서의 세계관과 관련됩니다. 아무 의미없는 백지 상태의 '순수' 란 없는 것입니다. 웃음도 바로 그렇습니다."

북의 창작가, 배우들은 자기들의 '웃음철학' 으로 철저히 무장한 사람

국립희극단 연출가 김천 씨. 국립희극단은 사회의 부정적 현상을 희극으로 만들기도 한다.

들이다. 리론 전개에 빈틈이 없다.

그 앞에서 '까다로운 희극은 싫다, 그래도 사람이 길을 가다가 넘어지면 우습지 않은가' 라고 고집하면 할수록 마치나 자기의 교양수준이 낮다고 스스로 드러내고 있는 듯한 어색한 기분에 사로잡히게 될 것이다.

장기를 가지고 사람을 웃겨야

북의 관객들은 희극배우를 긍정적으로 평가할 때 '재미나다' 가 아니라 '잘 한다' 는 표현을 흔히 쓴다.

잘 하는 배우가 가장 많은 집단이 국립희극단이다. 1994년 창립 당시는 '평양웃음극장' 이란 이름이었다. 영화배우, 중앙 및 지방선전대의 희극담당 배우들 가운데서 뛰여난 재간이 있다고 소문난 인재들이 집결하였다.

리문호(47) 씨도 북방의 지방선전대에서 활동하다가 희극단에 소환되었다. 그는 영화 〈민족과 운명〉에도 출연하여 기타를 연주하면서 〈베사메 무쪼〉를 불렀다. 뚱뚱한 몸매와 특색있는 가창법으로 사람들에게 강렬한 인상을 주었던 희극배우다.

"희극배우는 장기를 가지고 사람들을 웃길 수 있어야 합니다. 웃음은 저절로 나와야지 짜내지 말아야 합니다. 얼굴표정이나 동작으로 웃기지 말고 내용으로 웃겨야 합니다."

그는 '노래 독연' 이라는 희극의 새로운 분야를 개척한 인물이다. 례컨대 예술영화의 줄거리를 노래와 기타연주로 형상한다. 최고의 인기작은 〈봄날의 눈석이〉. 통일문제를 주제로 한 대작인데 리문호 씨는 1절부터 3절까지의 주제곡에 그 줄거리를 집약시켰다. 관객들이 노래부르는 배우의 모습을 보고 웃으면서 통일의 절박성을 느끼도록 작품이 구성되어 있다.

"성대모사의 명인 리순홍"

만담배우 리순홍(44) 씨는 성대모사의 명인이다. 지난날의 명배우나 방송원, 정치인에 이르기까지 모사대상의 범위는 넓다.

그는 남녀로소의 목소리를 가려 쓰며 줄거리를 전개한다. 〈도깨비장군〉이라는 작품이 있다.

"술은 백해무익하다는 말이 있습니다. 정말이지 술이 한 잔, 두 잔 몸으로 들어가기 시작하면 반대로 몸에 있던 것들이 하나 둘 밖으로 나가기 시작합니다. 첫 잔에는 말이 나갑니다. 술 먹으면 사람 입에서 무슨 건전한 말이 나가겠습니까. 제 자랑 절반, 비밀 절반 그리고 뒤소리까지 나갑니다. 둘째잔에는 약속이 나갑니다. 해줄 것, 못 해줄 것 다 약속해놓고 그걸 지켜냅니까…"

작품의 첫머리에서 술을 마시면 나가는 것들을 라렬한다. 셋째잔에는 주먹이 나가고 넷째 잔에는 동공이 나간다.

"그 다음 잔에 관절이 나갑니다. 비틀비틀한 걸음걸이로 집에 못 가고 바깥에서 숙박하지요. 숙박비는 물어야 되니까 시계, 돈지갑 다 흘려버리고. 마지막 잔에는 심장이 나갑니다. 그러면 나라가 가만히 있나요. 병원에서 약이 나가고. 다 나가는데 딱 하나 안 나가는 것 있어요. 약 먹고 직장 안 나갑니다."

여기서 웃음이 터져 나온다. 리순홍 씨는 처음에 사람이 술을 마시고 마지막에는 술이 사람을 마시는 전형적인 장면을 탁월한 화술로 묘사한다.

"지금도 가끔 우리 주변에서 그런 주정뱅이들을 보게 되는데, 오늘은 우리 과장 동무의 뒤생활을 한번 복사해 올려볼가요?"

등장 인물은 어느 기업소 과장과 그의 부인, 과장의 친구. 집에서 술놀이가 벌어진다.

"술 좀 더 가져오려마!"

"아이구 죽겠구나. 어제 저녁도 어디 가서 몇 병 잡서보았는지 몰라. 작별인사 뭐라 하는 줄 알아요. 동해여- 서해여- 술이 돼 주렴-"

혀가 잘 돌지 않아 과장과 친구의 이야기는 갈피를 잡을 수 없게 된다. 안타까워하는 부인. 리순홍 씨의 말시늉이 바뀔 때마다 폭소가 일어난다. 대사가 관객들의 웃음소리에 완전히 삼켜져 버릴 정도이다.

희극인데 사실성이 있다. 무대 우의 등장인물들을 보니 확실히 평양에서 그런 술군을 만난 적이 있다는 느낌이다. 어쩌면 내 자신이 '도깨비장군' 일지도 모른다. 그런 생각까지 든다.

현실 속의 희극은 힘을 안겨줘

국립희극단에서 상연하는 작품의 특징은 사회생활에서 나타나는 부정적인 현상도 다루고 있다는 점이다. 연출가 김천(43) 씨는 "웃음속에서 비판하면서 웃음 속에서 자기를 뉘우치도록 하는 작품은 우리 극단의 특권"이라고 말한다.

"사회에는 긍정적인 현상도 있고 부정적인 현상도 있는데 거기서 오해와 갈등을 들추어냅니다. 웃음을 창조하여도 순간이 아니라 여운이 남도록 해야지요. 그러자면 외적 형상의 웃음이 아니라 내용으로 웃겨야 합니다. 잘 짜여진 대본 그리고 배우들의 높은 기량이 그것을 담보해 줄 수 있습니다."

김천 씨는 웃음은 현실의 반영이며 따라서 희극의 주제는 무한하다고 지적한다.

1990년대 후반기 '고난의 행군'이라 불리운 경제적 시련의 시기, 국립희극단은 전국의 공장, 기업소를 돌아다니며 순회공연을 하였다. 당시 직장과 가정들에서 나타난 현실을 소재로 많은 작품들을 창작하였다.

례컨대 27명의 고아를 맡아 키우는 한 녀성의 미담이 있었다. 가혹한 식량난과 연료난, 들이닥친 생활고. 아이들이 친부모를 잃게 된 사연을 생각하면 가슴 아픈 현실이 아닐 수 없다. 그런데 창작가들은 거기서 웃음의 종자를 찾아내였다. 27명의 아이들이 성격이 모두 다르다. 거기서 발생하는 '오해와 갈등'.

"현실 속에서 희극을 창조하면 웃음을 통해 사람들에게 힘을 안겨줄 수 있습니다. 희극의 교양적 가치란 바로 그런 것이지요. 그 때 우리가 그저 단순히 웃었다면 그 시련을 이겨낼 수 없었을 것입니다."

'고난의 행군' 시기 북의 인민들이 가슴에 새긴 구호가 있다.

〈가는 길 험난해도 웃으며 가자〉

'유럽식 웃음'의 개념을 가지고서는 그 말뜻을 해명할 수 없을 것이다. 막간배우 윤광섭 씨에게 있어서도 그 구호는 창작과 생활의 신조로 되고 있다.

"가정생활을 보더라도 생활이 편안해야 웃음이 나오는 법이지요. 곤난하고 어려운데 좋다고 웃지는 못합니다. 일반론은 그래요. 그렇지만 사람이란 오늘은 힘들어도 래일은 잘 살 수 있다고 희망을 가지면 웃으며 갈 수 있어요. 미래가 있는 사람들에게 웃음은 있습니다. 오늘은 잘 살아도 래일은 망한다는 사람들에게는 웃음이 없습니다.”

윤광섭 씨도 사람들의 평범한 일상생활 속에서 작품의 소재를 찾는다.

최근에 평양시내를 달리는 뻐스간에서 이런 일이 있었다. 어느 정거장에서 솜뭉테기를 짊어진 할머니가 뻐스를 탔다. 승객들은 솜이 묻을가봐 피하는데 차장이 할머니의 손을 잡아 이끌고 자기의 고정석에 앉힌다. 차장은 할머니의 손자 같은 나이의 젊은 처녀다.

“할머니는 기뻤던 것입니다. 주머니에서 사탕을 꺼내여 처녀의 입가에 가져갔어요. 그런데 차장은 근무시간에 손님들을 위한 안내를 해야 하니 입안에 음식을 넣을 수가 없잖습니까. 자꾸만 사탕을 피하려 하는데 할머니를 그걸 모르니 옥신각신하지요.”

'희극'을 보면 웃음을 터트리는 북녘 시민들.

길 가는 사람이 넘어져도 우습지 않는데 그 정경은 흐뭇한 감정을 불러일으켰다. 희극배우의 눈에는 일어난 사건이 희극으로 비쳤다.

광등으로 비쳐진 인민들의 자화상

"조선에는 웃음이 없다. 그런 말을 하는 외국사람이 있다고 하는데 편견입니다. 조선의 현실을 모르고 하는 소리이지요. 우리 사람들은 어려워도 락관적으로 살려고 합니다. 현실도피를 위한 웃음, 웃음을 위한 웃음은 필요 없습니다."

채플린의 후기명작에 로령의 희극배우를 주인공으로 한 작품이 있다. 〈라임 라이트(Lime Right)〉. 무대를 비치는 석회광등. 그 제목은 '사람들의 눈이 쏠리는 곳' '인기' '명성' 이라는 뜻이기도 하다.

나이를 먹고 최일선에서 물러서는 시기를 깨달은 주인공. 관객들은 그 모습에서 주역을 맡아 한 채플린의 삶을 보았다. 영화의 한 장면, 배우대기실에 있는 채플린은 분장을 하지 않았다. 주름살이 잡힌 맨 얼굴. 중산모를 쓰던 때의 그 얼굴이 아니다.

윤광섭 씨는 〈라임 라이트〉를 본 적이 없다. 광복 전 그가 평양에서 본 작품은 모두 중산모를 쓴 채플린이였다. 그렇지만 영화의 줄거리를 들은 것만으로 주인공의 심정을 충분히 리해할 수 있다고 한다.

"내 나이 칠십입니다. 젊을 땐 벌쩍벌쩍 뛰였지만 이제는 몸도 제대로 움직이지 않아요. 그런데 마음은 살아 있어요."

45년간 석회광등의 빛속에 있었던 막간배우는 지금도 교예극장의 등근무대에 나서면 관중들의 박수갈채를 받는다.

"죽을 때까지 이 무대에서 웃음을 창조해야 한다. 그것이 내가 인민들 앞에 지닌 의무라고 생각하고 있습니다."

사람들의 생활속에서 웃음을 찾고 사람들의 웃음에서 힘을 얻는다. 막간배우의 우스꽝스러운 동작, 친근감이 나는 희극. 그것은 극장을 찾은 매 관객들의 자화상일지도 모른다.

 북의 교예무대에 어리광대는 등장하지 않는다. 주름살이 잡힌 조선의
'채플린'의 얼굴에도 특별한 분장은 없다.

김지영《조선신보》평양특파원, 사진 문광선《조선신보》평양특파원,

2002년 11월호, 20호

국립민족예술단 무용배우들 | 조명애, 리유경, 임춘실과의 만남
"남쪽에서 배우자를 얻는다면 통일에 앞장서는 열혈청년에게 끌릴 것 같아요"

지난해 서울에서 열린 8·15대회에 참가해 화사한 외모로 남녘 총각들의 가슴을 설레게 했던 북측 무용배우 조명애, 부산 아시안게임 때 '미녀응원단'의 단장으로 내려왔던 리유경과 응원단원 임춘실. 이들을 《조선신보》 평양특파원이 만났다. 서울에 다녀간 뒤 이들의 마음속에 일어난 변화는 무엇일까.

그들을 만나는 것은 6개월만이였다. 필자는 지난해 8·15에 즈음하여 서울에서 진행된 민족통일대축전에 북측 수행기자의 한 사람으로 참가하였다. 116명으로 구성된 북측 대표단 성원들 속에 그들도 있었다.

조명애, 리유경, 임춘실. 국립민족예술단의 무용수들이다. 그들이 서울의 무대에서 펼쳐 보인 황홀경은 민족공동의 통일행사를 성공시키는 데 크게 기여하였다. 리유경, 임춘실은 그후 부산 아시아경기대회에 북측 응원단 성원으로 나가 경기장에서도 통일의 열풍을 일으켰다.

그들은 남측 언론들에서 '남남북녀'의 전형으로 소개되기도 하였다. 그들의 '미모'에 사람들의 관심이 집중되었다. 북측에서는 얼굴 생김보다 예술적 기량을 더 주목한다. 특정 예술인의 '팬클럽'이란 존재하지 않는다. 그런 사회에서 나서 자란 무용배우들은 남측에서의 '열광적인 환대'를 어떻게 받아들였을가.

오래간만에 만나 회상담을 나누어보자. 사전에 약속을 하여 그들의

국립민족예술단의 리유경, 조명애, 임춘실 씨(왼쪽부터 차례로). 남측에도 익숙한 얼굴들이다.

훈련장을 찾아갔다. 촬영을 의식해서 그런지 무용수들은 벌써 치마저고리와 양복을 차려입고 나타났다.

창문 너머 주고 받은 혈육의 정

그동안 남측 언론에 비친 그들의 모습을 계속 보았더니 영향을 받았을까. 확실히 6개월 전보다 녀성다운 아름다움이 더한 것 같았다. 무용배우들에게 우선 남측 방문에서 인상 깊었던 일들에 대하여 물어보았다.

2002년 부산 아시안게임에 참가한 북측 응원단 단장 리유경 씨.

조 "서울의 비행장에 내린 순간 통일이 된 그런 감정을 느꼈단 말입니다. 6·15공동선언 받들고 우리 민족끼리 반드시 통일을 이룩하자는 그런 마음을 가다듬을 수 있었습니다."

짧게 한마디 하면 고개를 숙이고 다른 사람의 이야기에 귀를 기울인다. 조명애는 그런 녀성이다. 대신하여 웅변을 피로하는 것은 '미녀응원단' 성원들이다. 먼저 응원단 단장.

리 "부산의 어느 대학 경기장에 력기경기를 응원하러 갔단 말입니다. 내가 응원지휘를 했으니까 기자도 달라붙고 시민들도 따라 왔는데 우리가 경기장을 떠나기 위해 뻐스에 올라타니까 밖에서 물어본단 말입니다. 나이가 몇 살이며 이름이 뭔가, 그것을 대주자니까 내 목소리가 바깥으로 나가지 않지 않습니까. 그래서 손으로 창문에 써주었단 말입니다. 그런 짧은 순간에도 동포의 정을 나눌 수 있었다고 할가. 그런 체험은 처음이었습니다."

인터뷰 중인 조명애 씨. 2002년 8·15민족통일대축전에 참여하면서부터 주목받기 시작했다.

남측 언론들에서 소개된 장면은 본인들의 기억에도 인상깊이 남아 있는 것 같다. 서울, 부산에 갔던 무용배우들이 한결같이 말하는 것은 '뻐스의 창문'에 대한 이야기이다. 그것은 남녘 동포들과 더 깊이, 더 폭넓게 만나지 못한 안타까움의 상징인 듯 싶다. 창문 밖에서 목청을 돋구던 청년들과 '미녀'들의 심정은 비슷했던 셈이다.

임 "북녘 동포들의 손 한번 잡아 보자고 서로마다 손을 내밀고 통일기를 흔들면서 소리랑 치면서 반가와 한단 말입니다. 서울에서 있은 일인데 공연장을 떠나가자니 할머니들이 막 울면서 창문을 두드리는 것이 아닙니까. 뻐스 창문이라는 게 열었다 닫았다 할 수 없는 창문이란 말입니다. 그러니까 창문에다가 손을 딱 붙이면서 손 잡아 봤으면 좋겠다고 운단 말입니다. 그 헤여지는 아쉬움. 뻐스 안에 있던 모든 사람들이 다 같은 심정이었다고 생각합니다. 남녘 동포들이 하루빨리 통일했으면 하는 마음이 얼마나 간절한가, 그때 우리들도 많은 생각을 하였습니다."

조 "호텔에서 연회가 있었는데 나는 늙은 분들하고 같은 탁에 앉았습니다. 그때 할아버지, 할머니들이 울면서 말씀을 하셨단 말입니다. 조국이 통일돼야 한다, 평양의 손녀들을 빨리 만나서 같이 살았으면 좋겠다고. '평양의 손녀들', 그 말이 잊혀지지 않습니다."

"남측에 갔다 와서 기량이 올랐다"

무용배우들의 서울, 부산 방문은 그들만의 체험이 아니다. 평양에는 그들의 가족들이 있고 친구들이 있다. 그리고 남측과의 교류사업은 북측에서 늘 사회적 관심이 높은 화제이다.

리 "평양에 돌아오니 남쪽 사람들이 어떤가, 이렇게 물어 본단 말입니다. 우리하고 같은가 이렇게 물어 보는 사람도 있고. 얼마나 오래 헤여져 있었으면 글쎄, 그런 소리까지 하겠습니까.

그래서 남녘 동포들이 우리와 언어도 같고 생김새도 똑같은 한 민족이라고 하면서 이야기를 했습니다. 부산에서는 내가 경기장에서 북과 남이 통일구호를 같이 부르도록 했는데 어쨌든 제꺽 받아 문단 말입니다. 내가 신호하는데 따라서 남녘 동포들이 순간에 호응해가지고 '우리는 하나다'의 구호를 웨치는데 그런 장면들을 소개했습니다.

글쎄, 실지로 보지 못하고 이야기만 전해 들은 사람은 '뭐, 그랬갔나' 하고 반신반의하는데 그때 북측 기자들도 남쪽에 나가서 찍지 않았습니까. 후날에 텔레비죤으로 그 장면을 방영하니까 그걸 보고 진짜였구나 하고 생각을 한 것 같습니다."

'미녀응원단'의 호칭은 북측 사람들도 모두 알고 있다. 텔레비에서 그렇게 소개되었다. 남측의 반향이 북측의 새로운 반향을 불러일으키는 시대가 되었다. 서울, 부산에 나갔던 무용배우들은 그 체현자들이다.

조 "서울에 갔다 온 다음부터는 하나 하나의 춤이 여느 때와 달라졌습니다. 말하자면 자각이 생겼다고 할가. 민족무용을 할 때면 남녘의 동포들을 그리며 춤을 추게 되었고 바로 그렇게 해야 우리가 하는 예술이 통일에 이바지할 수 있다는 생각도 하게 되었습니다."

임 "물론 이전에도 민족무용에 대한 남다른 긍지를 가지고 있었습니다. 그런데 우리의 무용을 보고 상상을 초월할 만큼 남녘 동포들이 좋아 하는 모습을 보고 새삼스럽게 느꼈단 말입니다. 아무래도 그런 긍지를 가지게 되니까 예술생활에서 변화가 있지 않겠습니까. 아마도 우리 세 사람의 기량도 조금 더 올라갔을 수 있습니다."

세 사람은 인민학교(소학교) 시절부터 무용을 하였다. 뛰여난 재능이 인정되어 북에서 해마다 진행되는 학생소년들의 '설맞이 공연'에도 출연한바 있다.

북에는 만수대예술단, 피바다가극단과 같은 이름난 예술단이 있다. 국립민족예술단은 특히 민족의 전통 예술에 중점을 둔 창작공연으로 알려져 있다. 무용도 민족적 색채를 띤 작품들이 많다. 북에서 고전적 명작으로 불리우는 〈눈이 내린다〉〈조국의 진달래〉 등이 양식화된 아름다움을 보여 주는 무용작품이라면 지금도 본가본원인 만수대예술단을 건드릴 수 있는 집단이 없다. 그러나 장고춤을 시키면 국립민족예술단의 무용수들이 으뜸이라는 평가가 일반적이다.

조명애, 리유경, 임춘실은 만수대나 피바다가 아니라 국립민족예술단을 선택했다. 모두 평양음악무용대학의 졸업생들이다. 조명애는 1999년, 리유경, 임춘실은 1998년에 예술단에 입단하였다. 아직은 20대 초반인 그들은 60명의 무용수 집단에서 중견위치에 있다. 장차 주역으로 등장할 것이 기대되는 신진무용수들이다.

리유경은 음악가 가정에서 자랐다. 아버지는 피바다가극단의 음향사로 있다가 지금은 중앙예술선동사에서 일한다. 만수대예술단의 무용수였던 어머니는 안무가로 활동하고 있다. '미녀응원단'의 단장은 부모의 대를 이어 예술의 길에 들어 섰다.

무대 뒤 조명애 씨와 리유경 씨. 서로 상반된 성격이지만 직업에 대한 자부심은 같다.

임춘실은 군관의 딸이다. 옆집에 살던 언니의 영향을 받아 무용을 시작했다고 한다.

조명애는 자기 가족들에 대하여 "어디서나 볼 수 있는 평범한 로동자, 사무원의 가정"이라고 소개한다. 그의 아버지, 어머니는 해방전 부모를 잃고 고아로 자랐다고 한다. 아버지는 해방후 나라에서 운영하는 학원에서 배웠다. 어머니는 옆집에 돌봐 주는 사람이 있어 양딸로 자랐다고 한다.

조명애의 수줍음과 리유경의 언니 기질

남측에 갔다 와서 6개월, 최근에는 어떻게 지내는지. 말수가 적은 '수줍음을 타는 처녀'에게 물어 보았다.

조 "공연준비를 합니다. 오전에는 기초훈련을 하고 오후에는 작품별 안삼불(앙상불)을 합니다."

필자가 무용수들을 만났을 때 국립민족예술단은 음력설에 즈음하여

하게 될 음악무용종합공연의 준비에 달라붙고 있었다. 그런데 그녀의
대답은 너무도 간결하다. 잇달아 질문을 던지지 않으면 안된다.

공연준비가 없을 때는 무엇을 합니까.

"무용배우는 항상 소품 창작이란 게 있단 말입니다. 여기에 힘을 기울
입니다."

작품창작이 없는 기간도 있을 텐데.

"그때는 개별훈련을 합니다."

훈련 이외는 생활이 없는가요.

"학습도 합니다."

인터뷰 중인 국립민족예술단
신진단원 임춘실 씨.

조명애에 대하여 예술단 관계자들은 "겉으로는 약하게 보이지만 훈련
을 통해 무용수로서의 강기를 키웠다"고 말하군 한다. 어느 지도원은
"사실 우리는 그가 고와서 예술단에 받아 들였다"고 하였다. "조선 녀
성의 기본인 계란형의 얼굴이 큰 매력이였다"는 것이다. 그의 말에 의
하면 입단 초기에는 국립민족예술단의 풍만한 춤에 끼우기 힘들어 했
는데 3년의 숙련과정을 거쳐 이제는 예술단이 요구하는 춤체를 체득하
였다고 한다. 조명애의 급성장은 꾸준한 훈련의 결실이라는 것이다.

조명애와 대조적인 인상을 주는 리유경은 "활달하며 다재다능한 처
녀"라는 것이 예술단 관계자들의 평이다. 전문가 못지 않게 음악에 대
한 조예가 깊다고 한다. 그는 기타의 명수이다. 같은 아빠트에 사는 유
치원 아이들을 자기 집에 데려다가 그 솜씨를 배워 주는 언니 기질의
소유자이다.

춤을 출 때 가장 어려운 점이 무엇인가라는 질문에 조명애는 이렇게
대답하였다.

"제일 힘든 게 기교동작입니다. 자기가 노력하는데 잘 안된단 말입니
다."

한편 리유경의 대답은 이렇다.

"물론 무용수는 운동하는 직업이니까 힘들 때가 있단 말입니다. 그

인터뷰 중인 국립민족예술단
신진단원 리유경 씨.

래도 우리야 자기가 좋아서 하는 것이니까 어려움으로 생각하지 않습니다."

무용이라는 한 줄기의 길을 걸어 온 자부심을 직통적으로 표현한다.

리 "녀자라면 어릴 때 누구나 무용을 하겠다는 열의가 있습니다. 부모들도 신체단련을 위해 배우라고 하는데 무용이란 자기 육체적 준비와 체격을 구비해야 되는 게 아닙니까. 말하자면 키가 작다거나 얼굴이 커진다고 할 경우는 다른 부문에 돌아가게 되지요. 결국 어릴 때 재능이 있고 멋있게 성장하는 아이들만이 무용을 계속하고 전문가가 될 수 있습니다."

그럼 자기들은 '선발된 사람들'이라고 생각하는가요.

리 "일명 그렇게도 말할 수 있습니다."

장난기 섞인 대답을 하면서 웃음을 터뜨린다.

'선발된 사람들'도 제일선에서 계속 활약하자면 숨은 노력이 있을 겁니다. 례컨대 무용배우라면 몸무게가 늘지 않도록 여러모로 신경을 쓸텐데.

임 "똑같이 훈련하고 똑같이 먹어도 몸이 나는 사람이 있지요. 무용가란 게 무대에 오르면 갸름한 얼굴에다 약한 몸매, 그런 거 아닙니까. 운동을 하는 직업이기 때문에 몸이 뚱뚱하면 유연하게 날릴 수 없고. 그래서 개별적으로 몸을 까는 육체훈련도 합니다."

리 "식사조절도 합니다. 그런데 우린 아직까지는 조절할 만한 정도가 아니고. 한마디로 말해서 표준이라고 할 수 있을가."

국립민족예술단은 올해 가을 가무극 〈락랑공주와 호동왕자〉를 상연한다. 세 명의 당면한 목표는 그 작품에서 주인공을 맡아 하는 것이다. 서로 경쟁자가 되는 셈이라고 말했더니 의아한 표정을 짓는다.

리 "장면마다 그 작품을 끌고 가는 쎈터적인 역할을 하는 무용수가 있다는 말이죠. 가무극에 여러 장면이 있으니 잘 하면 우리 세 사람 모두가 그런 역할을 할 수 있습니다."

조 "민족예술단의 무용부는 화목한 집단입니다. 서로 돕고 이끌고 정

2002년 8·15민족통일대축
전에 참가한 북측 무용배우
들. 첫번째가 조명애 씨, 한
사람 건너 임춘실 씨이다.

말 동지애가 깊습니다.”

좋아하는 오락은 '청년동맹 무도회'

이 글을 읽는 남측 독자들은 무용가의 일과보다 그들의 사생활에 더 관심이 있을 것이다. 그들을 대표하여 질문을 하였다.

일요일에는 대체로 무슨 일을 하고 있습니까.

조 “토요일에 퇴근하면서 동료들과 약속을 한단 말입니다. 무리를 짓고 놀러 나갑니다. 그런데 혼자 지내는 일도 많지요.”

배우들이 그렇게 쉽게 평양시내를 드나 들 수 있나요.

리 “예, 대성산유희장에도 나가 보고 모란봉에도 오르지요.”

명절날에 있는 무도회에도 나가나요.

리 “나갑니다. 아니, 배우들은 사람이 아닙니까. 우리도 청춘 남녀들이 춤추는 것을 보면 막 춤추고 싶단 말입니다. 무대에서 하는 것과 다른 재미가 있지 않습니까. 그럴 땐 달려 나가지요.”

평양에서는 명절날에 시내 곳곳에서 청년동맹이 주최하는 야회와 무도회가 진행된다. 무도회는 평양의 청년들에게 있어서 절호의 '상봉마당' 이다.

청춘남녀가 리상의 상대를 만날 수 있는 기회이지만 남자들에게 있어서 무용배우는 '어려운 대상' 이다. 보기는 곱지만 결혼을 하면 남자가 더 고생하게 된다는 것이 일반적인 관념이다. 뛰어난 무용배우는 가정보다 무대활동에 전념하지 않으면 안된다는 표상이 있기 때문이다.

민족예술단 무용수들은 대체로 몇 살에 결혼을 합니까.

임 “스물 다섯, 여섯 나이에 시집을 갑니다. 대다수는 결혼을 해도 무용배우를 계속합니다. 우리의 생활이란 훈련과 공연의 련속인데 결혼상대는 역시 직업상 만나게 되는 사람인 경우가 많은 것 같습니다.”

애인들과 남몰래 만나자면 일요일을 리용하게 될 텐데 동료들과 무리를 짓

고 놀러 가지 않으면 단번에 알리지 않을가요.

조 "사람의 성격에 따라 다르지 않습니까. 개방적인 성격은 서로 친하다는 것이 공개될 수 있고 어떤 사람은 숨기고 몰래 하는 경우도 있고."

조 동무는 숨기는 형인데 리 동무는 공개될 것 같습니다.

리 "모르겠습니다. 아니, 나도 숨길 것 같습니다. 그런데 기자 선생의 질문이 자꾸만 딴 방향으로 나가는 것이 아닙니까."

조명애, 리유경의 팬클럽이 남측의 인터네트상에 조직되여 있다는 사실을 알고 있습니까.

리 "부산에서 나를 따라 다니며 소리치는 청년들이 있었는데 그게 무슨 소리냐고 안내원한테 물어 보았더니 그 청년이 사랑한다고 이야기한단 말입니다. 나로서는 그때 어떻게 생각했나 하면 지금은 우리가 갈라져 살지 않습니까. 그런데 어떤 호응이 있을 수 있습니까."

조 "우리가 하루 빨리 통일되여야 그들과 말하자면 앞으로 일생을 같이할 수 있는 길동무로 만날 수도 있는 것이고."

통일이 전제조건이란 말이죠.

리 "아무리 그렇다 해도 남자에게만 선택의 권리가 있지는 않지 않습니까. 녀성으로서 내가 선택할 권리를 가진다면 통일을 위한 길에서 맨 앞장서 나가는 열혈청년이라 할가, 그런 사람에게 끌릴 것 같습니다."

꿈은 백두, 한라에 신혼여행

그들은 4~5년이면 북측 무용배우의 결혼 적령기를 맞이한다. 통일을 위한 길에 청춘을 바쳐 가는 남측의 '열혈청년'들에게는 희소식이다. 희망은 있다. 평양의 무도회에서 그들을 만날 수 있는 가능성은 '제로'가 아니다.

남측에서는 북측 무용배우들의 미모에 대해 "역시 남남북녀다" 하는

2002년 8 · 15대회에 참가한 임춘실 씨.

고무찬양이 많았다. 이에 대하여 본인들은 "예로부터 내려 오는 말이기는 하지만 우리의 모습이 아름답다면 그것은 우리가 북에서 누리는 생활의 반영일 것"이라고 말한다.

그들은 '고난의 행군'이라 불리운 경제적 시련의 시기에 대학을 졸업하고 예술단에 입단하였다. 배우들이라 하여 생활에서 다른 사람들과 차이나는 점이란 없었다. 밥도 제대로 먹지 못하면서 창작활동을 벌이지 않으면 안되였지만 미래에 대한 신심을 잃지 않고 어려움을 이겨 내였다. 그들에게 있어서 서울과 부산에서의 화려한 무대는 그때의 체험의 연장선상에 있는 것이다.

두 시간이 눈 깜빡할 사이에 지나갔다. 배우들은 오후 훈련에 참가해야 한다고 한다. 옷단장을 하여 멋을 부린 처녀들의 기대에 보답하여 야외에서 기념사진을 찍기로 하였다.

앞으로 통일되면 꽃 피우고 싶은 희망이 무엇이냐고 극장 앞 잔디밭을 거닐면서 마지막으로 물어 보았다. 조명애는 이렇게 대답하였다.

"순회공연을 하고 싶습니다. 북과 남이 대화를 해서 겨우 한번씩 넘어 갔다 오는 이런 정도가 아니고 말하자면 남쪽의 방방곡곡 쫙 돌아서 우리 예술의 위력을 과시하고 싶습니다."

리유경이 곁다리를 들었다. 기자 선생의 '기대'는 그런 것이 아니라고 말한다.

"신혼려행. 백두, 한나에 갈 수 있으면 얼마나 좋습니까. 물론 일요일이 아니라 장기휴가를 받아야지요. 그날은 꼭 오고야 말겠으니까."

그러면서 그는 동료들과 함께 촬영기 앞에서 귀여운 미소를 지었다.

김지영 《조선신보》 평양특파원 2003년 3월호, 24호

인민배우 김정화 인터뷰
총 80여편의 영화에 출연,
연기력 갖춘 세계적 명배우가 꿈

남쪽에 잘 알려진 북의 대표적 영화배우 김정화. 그녀는 〈이름없는 영웅들〉과 〈민족과 운명〉을 통해 북의 3대 여성 영화배우로 떠올랐다. 인민배우이기도 한 그녀는 최근 북중합작 영화 〈역도산의 비밀〉에도 출연 중이다. 《통일신보》에서 그녀의 연기와 인생에 대한 글을 보내왔다.

남녘 독자여러분. 북의 예술영화들을 보셨습니까? 어느 영화들을 보셨는지요. 북의 영화를 보신 분들은 인민배우 김정화를 아실 겁니다. 공화국의 영화계에서 3대 녀배우의 한사람으로 인민들의 사랑을 받고 있는 김정화(51). 수수한 촌아낙네건, 현대문명의 첨단에 선 지성인이건, 군인이건, 력사물영화의 명기이건 그의 연기는 관중들의 심금을 울립니다.

아직도 '순희' 라 불리는 그녀

사람들은 그를 보고 '순희' 라고 정답게 불러준다. '순희' 는 그의 첫 작품인 다부작예술영화 〈이름없는 영웅들〉의 녀주인공의 이름이다.

사람들의 기억 속에 첫 출연작품의 주인공 이름으로 30년이 되도록 정깊게 불리우는 녀배우가 이 세상에 과연 몇 명이나 되겠는지.

인민들의 각별한 애정으로 불리우는 '순희' 라는 그 이름은 세월이 흐

를수록 이 영화의 생명력을 더해준다. 그리고 더더욱 깊은 감명 속에 추억하게 되는 녀주인공 김정화의 매력을 말해준다.

평양연극영화대학을 졸업하고 배우 생활의 문어귀에 첫발을 들여놓은 그에게 20부의 대작인 〈이름없는 영웅들〉의 녀주인공역이 맡겨질 줄은 본인도, 그 누구도 생각지 못했다.

당시 영화계의 관록있는 연출가로 소문났던 류호손은 녀주인공역을 고르기 위하여 영화와 무대 부문의 한다 하는 녀배우들의 이름과 사진을 목록에 올려놓고 고심하던 중 우연히 촬영소 구내에서 대학생복 차림의 한 처녀와 퍼뜩 어기였다.

'아, 내가 찾는 형이로구나' 하고 뒤돌아보았을 때 처녀는 이미 바람처럼 사라져버리고 없었다.

며칠 후 그 이름 모를 대학생 처녀와 정면으로 맞다들었을 때 자신도 모르게 눈물이 찔끔 나오더라고 인민예술가 류호손은 훗날 이야기하였다고 한다.

그 대학생복 차림의 처녀가 다름 아닌 평양연극영화대학을 졸업하고 촬영소에 갓 배치되여 온 김정화였던 것이다.

이렇게 마주 서고보니 사람들이 정화 선생을 순희라고 부르는 말이 우연치 않다는 생각이 드는군요.

"지금도 순희로 불러주는 그 이름은 나에게 너무도 소중해요."

밝은 웃음으로 숙였던 머리를 갸웃하고 쳐드는 그의 얼굴에 그토록 사랑스러웠던 20대 정탐일군인 처녀-순희 특유의 기지와 슬기로움이 빛나는 생신한 모습이 재현되었다. 순간의 자감상태로 그는 근 30년 전 처녀시절 순희로 되살아난 것이다.

"연출가 앞에서 아이 되는가"

"촬영을 시작해서 저는 연출가의 의도를 로봇처럼 따랐답니다."

3부에 들어서면서부터 김정화의 창조력과 연기 수준이 눈에 띄게 발전하기 시작하여 창작가들을 놀래웠다.

무슨 일이든 축적이 있고야 폭발이 되기 마련이 아닙니까? 정화 선생의 출발과 첫 출연은 너무도 성공적이여서 이 영화를 보지 못한 남녘 동포들에게 어떻게 설명해야 될가요?

"글쎄요. 한 마디로 다할 수 없는 이야기입니다. 나는 이 세상 영화배우들 중에서도 보기드문 행운을 지닌 배우라고 해야할 거예요."

시대의 각광을 받으며 현실반영의 영화들이 수많이 나오고있던 때였다.

그는 열심히 공부하였다. 배우로서, 인간으로서 필독문헌으로 오늘도 창조사업의 지침으로 삼고 있다고 그는 말한다.

"이 로작(김정일 위원장의 《영화예술론》―편집자주)의 〈성격과 배우〉부분에서는 배우가 창조한 인간형상은 글로 묘사된 성격이나 선과 색

예술영화 〈돌아오지 않은 밀사〉의 박상궁 역.

채로 그려진 성격보다 더 생동하며 선율과 률동으로 표현된 성격보다 비할 바 없이 구체적이다, 그 어느 예술도 배우예술에서처럼 인간을 산 숨결 속에서 생동하게 그려내지는 못한다고 가르치고 있습니다."

이 명저가 가르치는 사상 정신적 높이, 미학 예술적 높이에 따라서려면 아직 멀었다, 그래서 늘 새겨가며 그 숭고한 높이에 오르려고 분발한다는 김정화였다.

지금까지 출연한 영화가 얼마나 됩니까?

"80편이 넘습니다."

제일 행복했던 연기는요?

"아유, 난 한번도 그래본 적이 없어요. 어느 영화나 한 장면 한 장면을 다 힘들게 찍었어요. 어떻게 해야 할가 하고 생각을 수십, 수백번 굴려요. 연출가는 역시 큰 사람이구나 하는 생각이 들어요. 류호손, 김영호… 이런 연출가들 앞에서 아이가 되는가 싶어요. '난 왜 그렇게 생각 못할가?' 하고 말이예요. 반드시 고심을 한다고 해서 호평을 받는 것도 아니구, 별로 힘들이지 않고 자연스럽게 흘러나왔는데 야, 고 장면 기 딱 막혀 할 때도 있어요. 연기는 생활적으로 해야 한다는 거지요."

얼굴이 서구형이라 마음고생 심해

그는 자기 성격이 한번 시작하면 끝을 볼 때까지 파고드는 것이라고 겸손하게 말한다.

"대본 100번 읽기 운동하는데. 일단 맡은 역은 잘해야 한다는 마음 때문이예요. 한번은 너무 힘들어 선배 배우에게 괜히 배우를 하는 것 같다고 하소연한 적이 있어요. 오미란(우리나라 3대 녀배우의 한 사람) 동무는 감수성이 예민한데 난 그러지 못한 것 같다구요. 그랬더니 그가 '동무가 그렇게 말하는걸 보니 이기겠다. 감각이 아무리 좋아도 그 좋은 장점을 살리지 못하면 동무한테 못 견딘다' 고 하는 거예요. 안타까운 건 난 모든 걸 힘들게 하거든요. 남들은 헐하게 해치우는 것 같은데 난 그렇지 못해요. 탁상작업부터 구체적으로 합니다. 무대에 나서기 전에 나는 끈끈이 타산을 하면서 고심을 해요. 비유하면 집을 설계하고 짓듯이 꼭 째이게, 조화롭게…. 저는 화학공대를 2년 다니다가 연극영화대학에 입학했어요. 자연과학을 전공하다가 예술로 돌았기 때문인지 어쨌든…"하고 그는 시원하게 웃는다.

영화배우로서 고충이 뭐예요?

그는 자기 얼굴이 고전형이 아니라고 한다.

"예술영화 〈길〉을 촬영할 때입니다. 파란곡절 많은 녀인의 형상인데 제가 선정되자 흙냄새가 날 것 같지 않다고 작가가 반대한다는 거예요."

그는 원형인물을 만나서 체험을 깊이, 구체적으로 했다. 자기와 역인물을 통일시키기 위해서.

"저는 체험과정을 통해서 역인물의 상을 잡는 것을 철칙으로 합니다. 나를 세워놓고 역인물의 체취를 가진 객관적으로 보는 상이 나오도록 말이예요. 그래야 종자가 뚜렷해지고 역인물을 통해서 사회의 무엇을 말하려고 하는가, 노리는 것이 무엇인가를 명백하게 하는 겁니다. 물론 종이장 차이지만 이 장면에서 무엇이 나와야 하는가가 중요합니다."

20대 나이였던 그가 환갑이 넘은 녀인으로 출연하는 〈길〉의 마지막 장면을 맨 먼저 찍기로 했다. 주인공 역에 대한 시험인 것이다.

첫 필림이 나오자 구구한 론의가 있었다. 온 촬영소가 관심사가 되여 다 보러왔다. 잠간 필림이 돌아가고 불이 켜졌는데 모두 잠잠 숨죽은 듯 고요했다. 작가가 벌떡 일어나서 그를 찾더니 손을 덥석 잡고 "정화 동무! 정말 잘 보았소. 아주 잘했소. 연출가한테 아무 말이나 막했는데 용서하오"하고 말했다는 것이다.

그는 예술영화 〈효녀〉의 주인공역을 맡았을 때의 일도 떠올렸다.

우리 인민들 속에 널리 알려진 산골군 상업관리소 소장을 원형으로

한 영화를 만들기 위해 거기에 가서 원형인물의 집에 며칠 함께 있었다.

어느 날 저녁 중앙에서 온 한 일군이 그 집에 들렸다가 그들을 보고 호기심이 나서 누가 주인공역을 하는가고 물었다고 한다.

그 자리에는 기본 역인 김정화와 주인공의 친한 동무 역을 맡은 다른 한 녀배우(인민배우 김옥희)와 연출가, 작가가 있었는데 김정화가 맡았다고 하자 "옥희 동무가 더 맞지 않소?"라고 하더라는 것이다.

순간 김정화는 눈물이 쑥 나와서 누가 볼가봐 슬그머니 자리에서 일어나 나왔다.

그의 마음을 눈치채고 따라나온 원형(정춘실 소장)은 그더러 "아니 이게 뭐예요? 난 그래도 정화 동무가 맡았다기에 강직한 맛이 있다고 생각했는데…. 사람이 목표를 세웠으면 옆도, 뒤도 보지말고 앞을 보고 냅다 달려야지 안되겠어요, 코집이 글렀어요"라고 말하더라는 것이다. 그 순간 이게 원형의 성격이로구나 하는 생각이 가슴을 쿵 울리면서 신심이 생겼다고 한다.

영화 〈효녀〉는 기름지게 형상되였다. 그는 배우가 성공하려면 '역인물의 성격적 핵을 잡는 것이 기본'이라고 한다.

"자기 확신 서야 연기"

기자는 연출실에서 박정주 연출실장과 만났다. 우리나라 영화예술계의 손꼽히는 로장인 그를 만나는 순간 검은머리 한오리 보이지 않는 은발에 시선이 끌렸다. 창조의 열정과 고뇌가 비껴 저토록 은빛으로 빛나는 것이 아닐가 하는 생각이 들었다.

바쁘지 않느냐는 물음에 그는 늘 바쁘다고 하면서도 취재에 쾌히 응해 주었다.

"정화 동무의 배우생활은 우리나라 영화예술의 전성기와 함께 뜻깊게 흘러오지 않았습니까! 그가 출연한 영화 한편 한편이 다 시대와 력사에 의의가 있는 종자들이고 인기가 있는 영화들이 아닙니까.”

“한 마디로 김정화 하면 욕심이 크고 목표가 높은 배우입니다. 그는 영화계의 초학도였을 때 큰 역을 맡았습니다. 시작이 남달리 성공적이고 배우로서 누구에게나 쉽게 차례지지 않는 길에 들어섰습니다. 이게 힘이 드는 길입니다. 처음 단역으로부터 시작해서 점차적으로 단계를 밟아보는 것보다 말입니다. 응당 이렇게 걸어야 되는 법은 없는 거고, 운명적으로 그는 단번에 20부나 되는 다부작영화의 주인공으로 관객에게 큰 파문을 일으켰습니다. 이것이 자기를 다잡게 하는 기초로 되었을 겁니다. 인민의 사랑, 조국의 배려에 보답하겠다는 마음, 자신에 대한 애정과 기대에 어긋나지 말아야겠다는 생각이 촉매적인 역할을 했다고 봅니다.”

〈민족과 운명〉 신달래 역

그는 방안을 거닐면서 스스럼없이 이야기했다.

김정화가 예술영화 〈민족과 운명〉의 신달래 역을 맡았을 때이다.

영화계의 별들인 오미란과 김정화는 한 화면에서 얼굴을 함께 마주하게 되었다.

“둘이 다 자기 역에 대한 욕심이 컸고 사람들의 이목이 집중되였습니다. 정화 동무가 나를 찾아왔습니다. 자기 역이 최고가 되고 싶어하는 욕망과 열정이, 그 승벽이 마음에 들었습니다. 그래서 그에게 조언을 주었습니다. 오미란 배우가 하는 역이 활동적인데 동무가 거기에 파묻히면 손해를 본다, 동무는 행동을 적게 하는 것으로 대치시켜야 한다, 상대가 색깔이 있기 때문에 동무는 내적인 체험, 내적인 행동으로 하라고 말입니다. 그는 신달래의 역을 잘했습니다.”

그는 김정화에 대해 역인물의 세계에 인차 쉽게 들어가는 형은 아니지만 심사숙고하여 자기의 것으로 만들어 연기에 들어가면 성공한다고 하였다.

"그는 순간 순간 번쩍거리는 연기가 아니라 자기 식의 확신이 서야 연기를 합니다."

김정화는 사색에서 철학이 있고 정서에서 풍부하고 여유가 있는 배우라고 하면서 자기 맡은 역에 대한 새로운 생각이 떠오르면 시간에 구애됨이 없이 연출가를 찾아와서 의견을 나눈다고 한다.

"자기 부족점을 인정할 줄 아는 그 솔직성과 대범성, 그것은 남에게 이기려면 자기 자신에게 먼저 이겨야 한다는 겁니다. 이런 측면에서도 남다른 특징이 있습니다."

언제가 그의 연기의 어느 한 장면에서 얼굴로만 많이 표현하려고 했다고 말해주었을 때도 그는 외적인 연기에 치중했다고 하면서 시정하더라는 것이다.

"그는 방첩장교로부터 흙냄새나는 녀성에 이르기까지 그야말로 다양한 역을 했습니다. 그의 갖춤새와 특징에 맞는 역은 역시 내성적인 겁니다. 그는 책을 많이 봅니다. 어디가나 그의 손에서는 책이 떨어지지 않습니다. 그 진지한 탐구력은 누구도 따르지 못하지요. 그의 나이 쉰살이니 녀배우로서 황금시대는 지나갔다고 해야겠으나 예술가로서의 목표는 더 높은 곳에 있습니다. 여전히 생생한 꽃으로 남아있겠다는 결심이 그의 마음 속에 굳게 자리잡고있는 것 같습니다. 그의 일거일동, 모든 생활이 그걸 말해줍니다. 별의 자리를 내놓지 않으려는 야심- 얼마나 아름다운 것입니까."

은발의 로연출가는 탁 트인 촬영소의 청신한 정원을 이윽히 바라보더니 "들국화가 아름답게 피였군요. 서리가 내리면 더 아름다우리라는 생각이 듭니다. 어떤 사람이 아름다운가? 나를 도약하게 만들고 나에게 힘을 주는 사람 다른 사람들은 어떻게 생각할는지 모르겠지만 나는 그런 사람이 가장 아름다운 사람이라고 생각합니다"라고 말하며 창문

김정화와 박정주 연출실장. 박정주 실장은 김정화를 '욕심이 크고 목표가 높은 배우'라 평했다.

을 활짝 열어젖혔다.

전원 맛이 나는 교외의 가을정서가 촬영소 정원에 차고 넘쳐 파도처럼 방 안으로 밀려왔다.

"래일 시간을 내지요"

"김정화 선생 집이예요? 전번에 취재를 채 못해서 아쉽군요."

기자의 말에 수화기에서는 다부작예술영화 〈민족과 운명〉의 신달래의 부드러운 앨트목소리가 울려왔다.

"정말 미안해요. 래일 제가 시간을 내지요. 어디서 만날가요? 아니, 제가 찾아가지요."

순간 무엇인가 가슴에 찡하게 안겨오는 것 남을 배려할 줄 아는 그의 사람됨이였다.

그와 다시 마주 앉으니 어쩐지 신달래의 모습으로 안겨왔다. 나이가 들수록 정이 깊어지는 다정다감한 매력으로 끌어당기는 김정화. 관록

있는 배우라는 평을 받은 신달래 역 형상에 대한 이야기부터 꺼냈다.

신달래와 홍영자는 완전히 대조적인 인물이 아닙니까.

개인의 권력을 위해서 사는 독사와 같은 야심가―도고하면서도 음탕한데도 있고 날파람이 있으며 지성도도 있는 미묘한 성격의 묘령의 녀성이 홍영자 역이다.

그에 비해 신달래는 조국과 겨레를 열렬히 사랑하고 불의에 타협하지 않으며 홍영자를 정신적으로 압도하는 고결한 중년부인이다. 오미란의 고혹적인 연기에 비해 김정화의 연기는 앞에서 박정주 연출실장이 말했듯이 힘든 역이었다.

인간심리와 행동 연구가 취미

그의 연기에는 한마디의 대사도 없이 겉으로는 유유부동이나 속으로는 용용히 사품치는 천길폭포처럼 웅심 깊고 저력 있는 내면심리세계를 담은 힘든 장면들도 있고 눈길과 눈길의 대결, 불같은 심장의 토로로 단 마디에 홍영자를 꺾어놓는 장면도 있다.

그 이채로운 형상은 관중들의 마음을 틀어잡는다.

"영화가 만들어질 때 많은 사람들의 관심 속에 있었습니다. 내가 맡은 신달래의 역이 좀 느린 역입니다. 상을 어떻게 잡겠는가고 많이 고민했어요."

연출실장 동지가 정화 선생의 특징은 늘 손에서 책을 놓지 않는 거라고 하던데요?

그는 책을 읽으면서 꼭 메모를 하는 습관을 가지고 있다고 한다. 소설을 보면서도 사람들의 행동과 심리를 연구한다고, 문학작품을 통해서 탐구하면 배우 수업을 하는 것이다.

"신달래 역을 연구하면서 뿌슈낀의 운문소설 《예브게니 오네긴》에서 오네긴이 장군의 광실에서 따찌야나를 보는 장면을 생각했어요. 옷도

수수하게 입고 얼굴 표정이 아주 소박한 한 녀인 따찌야나가 아무 내색
도 없이 오네긴을 의식하지 못하는 듯 그러나 온 광실을 꽉 채우면 덤
덤히 걸어오는 모습입니다."

암자에서 홍영자와 마지막으로 대결하는 장면에 그는 그걸 써먹었다
고 말한다. 그 장면은 정말 감탄할 정도로 성공한 장면이다. 언제나 인
간의 심리와 행동을 연구하는 것이 체질화되어 외국 출장길에서도 광
고소개판 하나도 무심히 보지 않는다고 그는 말한다.

"그 표정이 '신통하다'고 생각되면 다시 보고 인상깊이 새겨둡니다.
지나가는 사람들을 보아도 그의 표정을 보면서 심리를 연구하는 것이
습관되었습니다."

그는 카프 작가 편을 찍을 때의 일도 떠올렸다.

"녀주인공 경란의 형상을 위해서 저는 그 시기 작가들의 글을 거의 다
읽었어요. 인민대학습당에 파묻혀서 한자공부를 해가면서 말이예요."

최서해가 쓴 소설, 수필들이 좋았고 거기에서 상을 얻었다고 하면서
녀류작가들의 글을 많이 보았는데 모윤숙의 수필도 읽었다고 한다.

"최서해가 쓴 〈녀학생들에게 고하노라〉에는 이런 내용이 있어요. '모
든 잘못은 여자에게 있다. 남에게 업심받지 않기 위해서는 자기가 자기
를 업신여기지 말라' 당대의 시대상이 비낀 말이예요."

그는 녀류시인 경란의 형상도 매력적으로 하였다.

세계적 명배우의 꿈

일본에 가서 촬영할 때의 일이다. 야외장면들을 찍고서 원래 일본에
서 계획에 없던 다방 장면을 연출가가 즉흥적으로 찍자고 해서 그가 분
장을 하고 가보니 1920년대 다방맛은 전혀 없었다. 대학생들이 조용히
차 마시는 곳, 지성인들이 모이는 다방이 아니였다.

"그래 여기서 하자는 거예요? 내가 앉을 자리가 어디 있어요? (그의

역은 다방주인이다) 어떻게 연기해요? 못 하겠어요.”

사람들이 모두 입을 벌리고 눈을 크게 떴다. 1주일 동안 영업을 중지시키고 숱한 사람들이 동원되어 준비를 했는데….

“애당초 의견이 있었는데 정작 해야 된다고 보니까 량심에 걸렸습니다. 이런 때 작가가 나타났습니다.”

“다 준비됐소?”하는 작가의 말에 그는 “작가 동지, 대본이나 종이장에 잘 써놓으면 영화가 되는가요? 이런 식으로 해야 합니까?” 하고 들이댔다.

결국 촬영은 취소되고 촬영소에 돌아와서 다시 준비를 해가지고 찍었다. 제가 옳다고 확신하면 타협하지 않고 주장을 관철하는 성격 때문에 어지간히 마음 고생도 했다고 한다.

어디서 그런 대담성과 용기가 나왔는가. 그가 〈이름없는 영웅들〉로 첫 배우생활을 할 때 체험한 일이다.

영화의 첫 시사회에는 객관적인 평가와 합평을 위해 출연배우들을 참가시키지 않는 것이 일반적 관례이다. 그러나 그는 자기가 창조한 형상이 어떤가를 보지 않고서는 못 견딘다. 한번은 첫 두개필림시사회를 준비했는데 일군들이 회의와 다른 사업으로 제 시간에 나오지 못해서 밤 깊도록 하지 못한 적이 있었다.

매번 첫 두개필름을 보고서야 안심을 하는 김정화는 참고시사실에 초저녁부터 들어가 ‘숨어’ 있었다.새벽 두시가 지나서 시사회가 있었는데

김정화가 출연한 영화들. 왼쪽부터 차례로 〈추억의 노래〉, 〈한 자위단원의 운명〉, 〈민족과 운명〉.

그는 아침녘에야 집을 돌아왔다.

그의 연기형상에서 특기는 생활의 진실을 담은 개성적 형상과 함께 깊이 있는 심리추구이다. 그리고 재현능력이 풍부하며 언제나 비반복적인 형상을 창조하는 것이다.

하기에 언제인가 그는 영화잡지 기자와의 회견에서 이렇게 이야기하였다.

"높은 연기술을 소유한 세계적인 명배우가 되려는 것이 나의 목표이며 확고부동한 결심이다. 이 결심과 목표는 오직 연기술만을 용납한다. 그것만이 마지막 백번째 역인물까지도 개성이 뚜렷한 인물로 형상할 수 있게 하는 근본열쇠이다. 이 열쇠를 단단히 틀어쥐지 못한탓으로 하여 한대 세계영화계의 제왕으로 떠받들리웠던 가르보도 일찍이 은막우에서 사라졌다고 나는 생각한다."

통일행사에 매번 참여하는 열성

범민련 중앙위원인 그는 예술창조활동이 아무리 바빠도 통일행사들에 꼭꼭 참가한다.

2000년 6·15때 그가 남측대표단을 만나는 장소에서 남조선의 한 대학교수가 매우 놀라운 표정을 지으면 물었다고 한다. 배우가 정치활동에 관여하는가고. 그는 통일을 위해서 일하겠다는 사람이라면 다 만나서 허심탄회하게 이야기를 나누고 싶다고 한다.

영화, 그 자체가 시대의 요구와 민족의 지향을 담고 있다. 배우는 인민의 리해관계와 사상을 대변하는 참된 인간의 본보기를 창조해야 시대와 더불어 진정한 예술가로 살기 때문이 아니겠는가.

그는 진지한 교육자이기도 하다. 평양연극영화대학 겸직교수이다. 그의 강의는 현직 교원들의 강의보다 어떤 측면에서 대학생들에게 더 인기가 있다. 그는 늘 학생들에게 야심을 가지고 단단히 잡도리를 하고 잘해보라고 말한다. 외모나 갖추는 것이 배우가 아니며 철학이 있어야 한다고.

생활잡사를 펼쳐놓기 좋아하는 처녀들을 보면 "넌 배우 안되겠다. 다른 직업 구하는 것이 좋겠다"고 말한다. 배우로서의 활동에 '미쳐서' 모든 걸 다 집어던지고 해도 안 되는데….

취미가 뭐예요?

"의상미술이예요. 옷 설계를 좋아해요. 많이 연구합니다. 제가 말은 배역의 의상들을 그리고 머리 모양도. 신달래의 머리 모양도 제가 생각해낸 거예요."

그와 마주앉아 이야기를 나눌수록 허물없는 질문도 스스럼없이 하게 되고 솔직함을 느끼게 되었다.

집살림은 어떻게 하는가요?

"우리 어머니가 다 해주셔요."

친정어머니를 모시고 있어요?

"아니, 시어머니예요."

아, 시인 정서촌 선생 부인?!"

"예, 우리 어머니는 이젠 나이가 퍽 드셨는데 날 뒤받침해주기 위해 지금도 댕댕하시답니다. 무슨 행사에 갈 때면 문밖에까지 따라나와 저의 차림새를 깐깐히 돌봐주신답니다. 어쩌다 TV 보도시간에 잠간 얼굴이 비쳐도 '애, 어서 와서 봐라, 네가 나온다' 하고 불러 앉히시군 해요."

가정을 한번 방문할 수 있을가요?

"아무 때든 오세요. 그런데 제가 늘 집에 늦게 들어가서. 요새는 〈력도산의 비밀〉이라는 중국과의 합작영화에 출연하느라고 일찍 들어가지 못해요."

이야기가 끝나고 작별인사를 한 후 김정화는 자기 차로 향했다. 운전대를 잡고 차창에 웃는 얼굴을 갸웃이 비끼며 살래살래 손을 흔들고 사라져가는 모습 너무도 신선한 향기였다.

차는 기자의 시야에서 사라졌건만 그 모습은 영화의 마지막 장면처럼 긴 여운을 안고 필자의 가슴에 스며들었다.

무엇이 진정 아름다운가

기자는 며칠 후 그의 집을 방문하였다.

름름하게 생긴 청년이 문을 열어주었다.

김정화 선생 아들인가요? 이름을 어떻게 불러요?

"정려명이라고 합니다."

그는 기자를 안내하고는 컴퓨터 앞에 마주앉아 한번도 얼굴을 내밀지 않았다. 김일성종합대학 학생이라고 한다.

정화 선생의 말처럼 '단단한' 정서촌 선생의 부인이 반겨주었다.

78살이라는 고령에 비해 사람들과의 대상에서 감정표현이 섬세하였다.

"정화 선생이 어머니 자랑을 많이 합니다. 새 역을 맡으면 제일 기뻐하시는 어머니 생각에 막 집으로 달려온다고요."

시어머니는 "외며느리니까"하고 말을 받는데 며느리에 대한 은근한 자랑이 배여 있었다.

"딸보다 더 고운가요?"하고 묻자 부인은 빙그레 웃으면서 "집에 돌아오기 바쁘게 부엌에 들어와 이야기를 펴는걸 보면 제 서방이 다 시샘이 나는지 뭐가 그리 급해서 옷도 갈아입지 않고 그러는가구 한다오"라고 말한다.

지방 출장으로 그의 남편이 없어서 이야기를 나누지 못하는 것이 아쉬웠다. 그에게 사진을 보여달라고 하니 트렁크 안에 가득 찬 사진첩들을 꺼내놓았다.

"이 사진이 좋구만요. 이 초상사진을 좀 빌려주세요."

기자가 큼직한 흑색초상사진을 골라내자 그는 "이건 명이 아버지가 제일 좋아하는 사진인데"하더니 딱한 얼굴로 시어머니를 마주 보면 "아니, 우리 어머니가 더 좋아하셔요"하고 선뜻 내놓을 잡도리가 아니다.

사진들을 고르는데 시어머니는 한마디씩 그루를 박아주신다. 이 사진이 좋다고. 영화달력, 화보에 난 사진들을 모아놓은 것을 가리키며 김정화는 "난 찬찬치 못해서 이런걸 모아둘 생각을 못하는데 이건 다 우리 어머니가 하나하나 건사해두신 거예요"라고 한다.

시어머니와 며느리가 서로 아끼고 사랑하는 따뜻한 가정의 숨결 이것이 기자가 가정방문에서 온몸으로 느낀 것이다.

기자는 그저 직업적으로 그의 가정을 들여다본 것은 아니다. 이 가정의 중심은 김정화였다. 역시 가정은 녀성들이 움직여나가는 세계가 아닌가. 기자는 돌아오는 길에 생각하였다.

어떤 것이 아름다운가. 시대의 요구와 지향에 맞는 것, 인민대중의 자주적 요구와 리해 관계를 반영한 것이 아름답다.

  겉모습의 아름다움을 한껏 뽐내고 자랑하는 인간보다 정신적인 아름
다움, 내적미를 창조해 가는 남모르는 진지한 노력이야말로 숭고한 넋
이 비긴 아름다움이 아니랴.

박단희 《통일신보》 기자 2005년 1월호, 58호

'세계마라손여왕' 정성옥의 사랑이야기
"리기적인 사랑은 갈라지기 쉽지요"

1999년 세계육상선수권대회 여자 마라톤에서 금메달을 딴 정성옥 선수는 북에서 '세계마라손녀왕'으로 통한다. '공화국영웅' 칭호를 받기도 한 정성옥 선수가 이북 최고의 '스포츠 스타'가 되기까지에는 그의 '러브스토리'도 한몫 톡톡히 한다. 《조선신보》 평양특파원이 전하는 '정성옥의 연애에서 결혼까지'.

'공화국영웅' 정성옥 선수와 역시 마라톤 선수인 남편 김중원 씨.

평양시 보통강구역 서장동, 높은 언덕 우에 우뚝 솟은 고층아빠트. 수도시민이라면 누구나 다 아는 건물이다.

정성옥(28) 씨와 그의 가족들의 살림집은 38층짜리 아빠트의 37층. 시내를 흐르는 보통강과 강변의 버드나무거리를 창문을 통해 한눈에 바라볼 수 있다. 그가 1999년 8월 29일 에스파니아 시빌리아에서 진행된 제7차 세계륙상선수권대회 녀자마라손에서 금메달을 쟁취한 그때로부터 2년. 세월은 흘렀다. 그리고 많은 변화가 있었다.

추운 겨울을 이겨내면 따뜻한 봄날이 오듯이 소생하는 조국의 숨결을 느끼며 '세계마라손녀왕' 도 인생의 새 출발을 하게 되였다. 선수 생활을 그만두고 조선체육대학에서 전문지식을 배우는 대학생으로 되였다. 고층아빠트의 살림집에는 식구가 한 명 늘었다. 그는 올해 3월, 5년간 교제한 마라손 선수와 결혼하였다.

결혼상 받은 마라손 부부

결혼식 이튿날 마라손 부부가 탄생한 소식이 보도되였다.《조선신보》 평양지국 기자들은 두 사람의 관계를 이미 오래 전부터 알고 있었다. 마라손 선수의 련애와 관련하여 항간에 돌아다니는 소문이 많았다. 두 사람의 사랑 이야기를 취재하려고 계획을 세운 바 있지만 보류하였다. 도중에서 들여다보는 것이 아니라 두 사람의 사랑이 마지막 결승선에 들어선 다음에 취재해야 진실한 글을 쓸 수 있다고 판단하였기 때문이다.

결혼의 보도가 있은 날, 서장동의 아빠트에 전화를 걸었다. 정성옥 씨가 전화를 받았다. 남편은 외출하고 집에 없었다.

"안 됐어요. 중원 동지는 훈련하러 나갔어요."

남편 김중원(29) 씨는 국내 마라손에서 확고한 1인자로 인정받고 있는 선수이다. 정성옥 씨는 남편이 약 3주일 후인 4월 15일부터 진행되

2001년 '만경대상 국제마라
손경기대회'에서 역주하고
있는 김중원 선수.

는 '만경대상 국제마라손경기대회'에 출전하게 된다고 말하였다. 훈련은 마감 단계에 들어서고 있었다. 김중원 씨는 전날 결혼상을 받고 나서 곧장 선수들의 합숙소로 뛰여갔다고 한다.

"취재는 경기가 끝난 다음에 하면 안 될가요?"

결혼식은 올렸으나 사랑의 결승선은 아직도 두 사람의 발 밑으로 지나가지 않았던 것이다.

4월 15일, '만경대상 국제마라손경기대회'. 《조선신보》 기자들도 현장으로 나갔다. 오전 9시 30분, 김일성경기장을 출발한 선수들이 평양 시내 거리로 달려나갔다. 약 2시간 10분 후, 경기장에 수만 명 군중들의 환성이 터져 올랐다. 김중원 선수가 맨 선참으로 경기장주로에 들어섰다. 그는 뒤따르던 여러 나라 선수들을 떨구고 결승선의 테프를 끊었다.

"기자선생, 언제든 오세요. 중원 동지도 집에 들어와요. 기쁜 마음으로 취재를 받을 거예요."

정성옥 씨는 우승선수를 취재하는 기자들에게 흥분된 어조로 말하였다.

며칠 후 결혼을 축하하는 마음으로 간단한 음식과 술병을 들고 서장동의 아빠트를 찾았다. 운동복 차림의 마라손 부부가 반갑게 기자들을 맞이하였다. 김중원 씨는 안해의 분부를 좇아 술을 절제하고 있다 한다. 정성옥 씨는 "몸관리는 체육선수의 과업이예요"라고 남편을 타이르며 기자들의 잔에만 술을 부었다.

"난 작년에도 같은 경기에 출전했는데 2등을 했거든요. 올해는 결혼상도 받았으니 주변 사람들의 기대도 비할 바 없이 컸어요. 마음을 단단히 먹고 달렸지요."

1년 전, 평양 시민들은 승용차를 타고 김중원 씨의 뒤를 따라가는 정성옥 씨의 모습을 목격했다.

"힘내라요." "빨리 뛰라요."

목이 쉬도록 격려했으나 처음에 앞서 달리던 김중원 씨는 마지막에 가서 주력이 딸려 외국선수에게 역전당하였다. 정성옥 씨는 올해도 승용차를 타고 달리는 남편의 뒤를 따랐다.

"나도 시빌리아에서 그 순간을 체험한 바 있지만 나의 '길동무' 가 1등으로 결승선을 지나가는 모습을 직접 보니 얼마나 기쁜지, 막 눈물이 흘러나왔어요."

두 사람의 첫 만남은 1995년이였다. 1996년 애틀란타올림픽 마라손 경기에 출전할 국가종합체육선수단에 망라되여 함께 훈련하게 되였다. 북의 체육계에서 같은 종목 남녀체육선수들이 맺어지는 일은 드물다. 최근 년간에는 제41차 세계탁구선수권대회에 코리아유일팀의 성원으로 참가했던 리분희 선수가 김성희 선수와 결혼한 경우가 있지만 현역선수들 속에서는 그것도 '례외적인 경우' 로 간주되고 있다. 정성옥 씨는 말했다.

"체육선수란 사랑보다 훈련에 열중하는 경우가 많지 않습니까. 그래도 서로 종목이 다르면 눈길이 갈 수도 있고 자기에게 없는 재능을 가진 그 선수를 존경할 수도 있겠지만 매일 같은 훈련에 땀 흘리는 선수들끼리는 그런 감정을 몰라요."

정성옥 씨는 종합팀에서 누구보다 훈련에 열성을 바치였다. 김중원 씨도 그것을 인정했다. 그러나 체육선수들의 련애 문제에 대해서는 이견이 있다고 했다.

"난 성옥 동지에게 눈길이 갔어요. 사람이란 그렇지 않습니까. 남자라는 건 녀자를 주시해 보게 되어 있고 녀자가 남자에 관심을 돌리는 건 당연한 일이지요. 그런데 성옥 동지를 보니까 항상 훈련에서 이악하고 경기에서도 뭐라 할까, 어떻게 해보자는 마음이 아주 강한 거예요. 호감을 가졌죠."

"글쎄, 난 다른 건 모르겠는데 중원 동지가 그런 눈길을 주었지, 난 그에 대하여 특별히 말한 게 없어요."

김중원 선수를 응원하는 정성옥. 응원에 힘입어 김중원 선수는 이날 1등 테이프를 끊었다.

정성옥 씨는 자기가 한번 한 말을 취소하려 하지 않는다. '사랑의 시작' 에 대하여 그 나름의 줄거리를 전개한다.

"애틀란타올림픽에 갔다가 조국에 돌아와서 경기 성적에 대한 총화가 엄격히 진행됐죠. 그것이 계기가 된 거예요."

애틀란타올림픽 마라손경기에 참가한 북측 선수들은 소기의 성과를 거두지 못하였다. 김중원 씨가 38등, 정성옥 씨는 20등, 순위권 내에도 들지 못한 수치스러운 성적이었다고 두 사람은 말했다.

애인이 채워준 손목시계

"총화가 끝나고 중원 동지가 '우리는 금메달로 조국의 기대에 보답해야 한다' 고 나직히 말했는데 공감이 갔어요. 정말 이 사람이 진실하구나. 그의 인간성을 알게 되면서 나도 변했지요. 조기훈련 시간에는 서로의 경험을 나누고 부족점을 일깨워주었고 훈련에 지쳐 일어나기 힘들 때면 서로 호실에 찾아가 일으켜 세워서 같이 달리기도 하였고…."

젊은 체육인들의 운명적 전환점은 1999년 8월이었다. 정성옥 씨는 에스파니아 시빌리아에서 진행되는 세계륙상선수권대회에 출전하게 되였다. 선수단이 평양을 떠나기 전날, 김중원 씨는 애인을 만났다. 이야기를 나누다가 그의 눈길이 애인의 손목에 멈췄다. 시계를 차지 않았기 때문이였다. 김중원 씨는 자기 손목에서 시계를 풀어 애인의 손목에 채워주었다.

"시계가 고장나서 벗어놓았다는데 마라손선수가 시계 없이 어떻게 경기를 한단 말입니까. 시계를 채워주면서 이국의 거리를 달릴 때 이것으로 시간을 확인하면서 조국을 그리고 나의 모습도 떠올리면 큰 힘이 날 것이라고 송별인사를 했지요."

'애인에게서 받은 정성옥의 손목시계'는 평양의 젊은이들 속에 널리 알려진 일화이다.

"경기할 때 애인 생각을 전혀 안 했다면 거짓말이구… 해볕 내리쬐는

1등으로 결승선에 들어온 뒤 환호하는 관중들에게 손을 들어 답하는 김중원 선수.

시빌리아의 거리를 달리면서 웬일인지 평양의 거리가 떠올랐어요. 바람에 흐느적거리는 버드나무들, 눈익은 조국의 가로수들 그리고 나를 키워준 지도선생님들과 가족들의 모습….”

정성옥 씨는 달리면서 힘들면 손목시계를 보았다. 올림픽경기를 총화하면서 애인이 하던 그 말이 머리를 스쳤다. 그 말을 되뇌이면서 달려나갔다. 40km를 지나서는 기억이 없다고 그는 말한다. 눈앞의 일본 선수를 따라 앞섰다. 선참으로 결승선에 들어섰다. 자기 나라 대사관도 없고 옆에서 성원을 보내주는 동포도 없는 낯설은 이국 땅. 그러나 그는 당당하였다.

평양 시민들은 ‘고난의 행군’을 막 끝낸 어려운 시기에 전국민에게 희망을 안겨준 ‘세계마라손녀왕’을 커다란 감격 속에서 맞이하였다. 100만 군중들의 연도환영이 조직되었다. 목란관에서 성대한 정부연회가 있었고 김일성광장에서는 청년학생들의 경축야회가 진행되었다.

김중원 씨는 륙상선수 대표로 정부주최 연회에도 참가하였지만 주탁(헤드테이블)에 앉은 정성옥 씨를 멀리서 바라보아야만 했다. 두 사람은 귀국 이튿날이 되여서야 만나 이야기를 나눌 수 있었다.

“그저 수고했다고 말했지요. 성옥 동지가 약속을 지켰으니 다음엔 내가 약속을 지킬 차례라고 한 마디 덧붙였지요.”

두 사람의 마음은 변함없었지만 주변 사람들의 시선은 이전과 같지 않았다. 그때는 벌써 륙상 관계자들뿐 아니라 일반 시민들 속에도 두 사람의 관계를 아는 사람들이 많았다.

정성옥 씨에게는 국가 표창이 수여되었다. 조선민주주의인민공화국 영웅칭호. 체육 선수로서는 처음이었다. ‘세계마라손녀왕’과 관련한 화제는 무엇이든 사람들의 관심을 끌었다. 높은 칭호를 지니면 생활이 변하기 마련이다, 정성옥은 다른 남자와 다시 만날 수 있다, 일부에서는 무책임한 억측들이 돌아가기도 하였다. 김중원 씨가 말했다.

“나도 얼핏 들어본 적이 있어요. 하지만 무엇보다 성옥 동지의 사람됨

정성옥을 지도한 신금단 감독, '로력영웅' 칭호를 받은 장경옥, '로력영웅' 칭호를 받은 박영순, '로력영웅' 칭호를 받은 배길수 선수(위로부터 차례로 반시계방향).

을 잘 알고 있었기 때문에 나는 우리의 관계가 변한다고 생각하지 않았어요. 성옥 동지는 국제경기에서 1등을 해서 온 나라에 그 이름이 알려지게 되니까 내가 자기를 대하는데서 뭐라 할가요, 다른 부담감을 가질 수도 있지 않을가, 그런 걱정을 했다고 합니다. 그런데 남자가 그럴 수 없지요. 리기적인 사랑이란 갈라지기 쉬워요. 그런데 우리는 달라요. 금메달로 조국에 이바지하자는 하나의 목표를 내걸고 그것을 지향하는 과정에서 깊어진 사랑입니다."

"중원 동지가 하는 말이 맞아요. 내 이름은 알아도 우리들의 사랑의 불씨가 무언지 모르는 사람들이 많았죠. 그러나 뜬소리 하는 사람들을 일일이 찾아내 반론을 할 수도 없고, 방송프로에 출연해 중원 동지와의 관계를 설명할 수도 없잖아요. 우린 마라손 선수들입니다. 결국은 경기 실적만이 진실을 증명할 수 있는 거예요."

정성옥 선수는 에스파니아에서 돌아온 후 2년 동안 김중원 씨의 훈련을 방조(곁에서 도움)하는 데 이전보다 더 심혈을 기울였다. 그를 고무하고 내세워주는 것이 무엇보다 큰 보람이었다.

올해 3월, 두 사람의 결혼 소식을 듣고 "남편이 그 사람 맞나"고 롱삼아 말하던 사람들도 '만경대상 국제마라손경기'가 진행된 그날, 함께 달리는 마라손 부부의 모습을 똑똑히 보게 되었다. 김중원 선수가 결승선에 이르렀을 때 경기장에 터져나온 우렁찬 박수는 두 사람의 앞길을 축복하듯 오래도록 메아리쳤다.

필자는 김일성경기장에서 우승한 순간의 김중원 씨를 취재한 즉시로 다음 취재현장인 만수대예술극장 연회장으로 달려갔다. 연회를 준비하던 해당부문의 일군들은 벌써 경기의 결과를 알고 있었다.

"참 잘 됐네. 김 선수가 1등을 할 것을 얼마나 기대했겠소."

50대 후반의 한 일군은 마치 자기 딸과 사위가 큰 일을 해낸 것처럼 만면에 웃음을 띠었다.

해주 출신의 '무서운 이악쟁이'

생활 속에서 보는 마라손 부부는 아주 대조적이다. 김중원 씨는 취재에 응하면서도 기자가 물어볼 때까지 스스로 말을 꺼내려 하지 않는다. 우선 상대방의 의견에 귀를 기울이는 성미인 것 같다. 42.195km를 달리는 완강한 투지의 소유자인데도 목소리를 들으면 깨끗하고 맑다. 이야기를 하면서 이따금 중학생처럼 순진한 표정을 지었다.

한편 정성옥 씨는 기다리지 않고 주견을 뚜렷이 내놓는다. 취재에 응하는 몇 마디 말을 들어도 그의 꺾일 줄 모르는 강한 정신력을 느낄 수 있다. 정성옥 씨는 황해남도 해주시 출신이다. 그가 열살 되던 해인 1984년 봄, 해주시 옥계동에서 봄철 운동회가 열렸을 때 고등중학교 학생들이 참가한 800m 달리기에서 1등을 하였다. 이것을 지켜본 해주체육학원 교원 리만석 씨가 정성옥 씨의 소질을 발견하였다. 정성옥 씨는 열한 살에 해주체육학원 중등반에 입학했다. 리만석(40) 씨는 소녀 시절의 이 제자가 '무서운 이악쟁이'였다고 증언한다.

"정성옥 선수는 동무들에 대한 우아심과 진정이 많으면서도 일단 경기에 들어가서는 무서운 경쟁자였습니다. 늘 교원이 제시한 훈련 계획을 제멋대로 넘쳐 수행하여 은근히 교원들의 속을 태우기도 했지요. 하루 훈련판정에서 상급생들에게 조금만 뒤져도 주먹으로 땅을 치며 눈물을 뿌릴 줄 알던 요구성이 높은 소녀, 이것이 '세계마라손녀왕'의 어린 시절 모습이었습니다."

그후 정성옥 씨는 평양 압록강체육선수단에서 신금단(62) 감독의 지도를 받게 된다. 선수 시절 400m, 800m 달리기에서 세계 신기록을 수립한 신금단 감독도 정성옥 씨의 강한 정신력에 주목하였다고 한다.

"성옥이를 처음 알게 된 것은 해주 출장 중이었을 때입니다. 체육학원에서 학생들의 훈련 정형을 관찰하다가 저도 모르게 한 녀학생에게 눈길이 쏠렸어요. 당시 속도는 비록 남보다 빠르지 못하였지만 높은 인내력을 가지고 목표에 도달할 때까지 이악하게 땀 흘리는 소녀, 그가 바로 정성옥이였습니다."

북측에는 세계선수권을 보유하거나 세계 신기록을 세워 인민들의 추억 속에 남아 있는 체육인들이 적지 않다. 그들은 신금단 감독처럼 '인민체육인'이란 호칭으로 불리우며 국가적으로, 사회적으로 높은 존대를 받고 있다. 그러나 정성옥 씨처럼 체육선수가 '공화국영웅'의 칭호를 수여받는 것은 전례가 없는 일이였다.

북측의 영웅칭호에는 '조선민주주의인민공화국 영웅' 칭호와 '조선민주주의인민공화국 로력영웅' 칭호가 있다. '공화국영웅' 칭호는 주로 조국의 해방을 위한 항일투쟁 등 정치군사적 의의를 가지는 사업에서 위훈을 세운 사람에게 수여되며 '로력영웅' 칭호는 주로 경제건설과 과학기술발전 등에서 특출한 공훈을 세운 사람에게 수여된다.

박영순(제33차, 34차 세계탁구선수권대회에서 세계선수권 보유) 선수, 김철환(제22차, 23차 세계자유형레스링선수권대회 48kg급경기에서 세계선수권 보유) 선수, 배길수(제17차, 28차, 32차 세계체조선수권대회 안마운동에서 세계선수권 보유) 선수를 비롯한 '인민체육인' 들에게는 이제까지 '로력영웅' 의 칭호가 수여되였다.

해주 출신의 '무서운 이악쟁이' 는 하루아침에 시대의 전형으로 부상하였다. 나라가 가장 어려운 시기에 불굴의 정신으로 자기의 힘과 지혜를 깡그리 바쳐가는 사람만이 진정한 애국자로 될 수 있다는 여론이 조성되였다.

정성옥 씨와 김중원 씨는 바로 이러한 환경 속에서 서로의 사랑을 키워나갔다. 다른 나라들에서 흔히 볼 수 있는 '유명인의 련애' 와 사정이 다르다. '세계마라손녀왕' 은 '우상(Idol)' 이 아니라 '영웅' 이였다. 비할 바 없이 무거운 중압을 느끼는 나날이였을 것이다. 하지만 그들에게는 주변 환경에 대한 불만이나 반발심이 없었고, 마침내 마라손선수로서 무한한 헌신성을 가지고 조국을 위한 길우에 사랑의 결승선을 그렸다.

북측에는 프로체육의 제도가 아직 본격적으로 도입되지 않았다. 프로선수들처럼 내 명예를 위하여, 선수단의 명예를 위하여 경기를 한다고 공공연히 말하는 체육인은 찾아볼 수 없다. 북측에는 여러 체육단이 있고 내각체육지도위원회 주최로 해마다 각종 국내경기들도 진행되지만 체육인들에게 있어서는 통과점에 불과하다. "왜 체육인으로 되였는가" 는 물음에 그들은 "국제무대에서 나라와 민족의 기상을 떨치기 위하여

이 길에 들어섰다"고 대답하군 한다.

2년 전, 정성옥 씨는 세계륙상선수권대회에서 우승한 소감을 묻는 기자들에게 이렇게 말하였다.

"세계 륙상선수들의 눈으로 볼 때 내가 신진 마라손선수라는 것은 사실이지만 자신이 있었습니다. 세계는 앞으로 우리에 대하여 더 잘 알게 되리라고 생각합니다. 그리고 우리에 대하여 더 잘 알게 하고 싶습니다."

조선말을 몰라 통역으로 리해한 외신기자들은 정성옥 씨가 말한 '우리'를 모두 '나'로 표기하였다. 그러나 우승자의 의도는 자기를 내세우는 일이 아니었다. 국제무대에서 그는 자기 조국에 대하여 말하고 있었다.

아버지는 유술, 어머니는 빙상

신혼 생활을 시작한 김중원 씨와 정성옥 씨는 련애 시절과 마찬가지로 서로를 '동지'라 불렀다. 아기가 태여나면 '아빠', '엄마'라 부르게 될 것이라 하면서 아기가 크면 아버지, 어머니가 함께 실린 《조선신보》를 보여줄 것이라고 말하였다. 필자는 마라손 부부의 사랑 이야기가 실린 《조선신보》를 가지고 서장동의 아빠트를 다시 찾는 기회가 있었다.

"특별히 차린 게 없지만 어서 드십시오. 이젠 우리 구면이 아닙니까."

지난번 취재에서는 딸과 사위의 이야기를 옆에서 가만히 듣고 있었던 아버지가 이날은 탁상 우의 술과 음식을 기자들에게 권하면서 이야기의 주도권을 쥔다. 서장동 아빠트의 집안식구는 현재 6명. 신혼 부부와 정성옥 씨의 조모 변월계(78) 씨, 부친 정영택(54) 씨, 모친 리춘희(52) 씨, 동생 정성철(26) 씨. 막내동생 정성갑(23) 씨는 현재 군대에 복무하고 있다. 가족들은 1999년 9월 해주에서 평양으로 왔다.

세계륙상선수권대회에서 금메달을 쟁취한 정성옥 씨는 나라로부터

서장동의 고급 살림집과 고급 승용차를 선물로 받았다. 평양 시민들은
모두 '공화국영웅'이 타고 다니는 승용차가 어떻게 생겼는지 알고 있
다. 운전석에 색동으로 만든 귀여운 장식품이 걸린 검은 벤츠. 어린이
들은 세워둔 그 승용차를 발견하기만 하면 임자의 모습을 잠간이라도
보고 싶어 앞을 다투어 몰려든다.

정영택 씨는 해주에서 18년간 지방공장의 화물자동차 운전수로 일하
여왔다. 평양으로 살림을 옮겼으나 같은 직업에 종사하고 싶었다고 한
다. 그는 작년부터 정성옥 씨의 승용차를 몰고 있다. 전문 운전수가 있
었는데 국가적인 조치를 취했다고 한다. 정영택 씨는 '공화국영웅', 최
고인민회의 대의원이란 '공인'으로서 분주한 나날을 보내고 있는 딸과
언제나 행동을 같이 한다. 정영택 씨의 말이다.

"해주에 있는 우리 집이 차도 옆으로 세워져 있었어요. 어린 시절의
성옥이는 자동차를 보기만 하면 함께 달려나가는 거예요. 또 우리 집은
체육인 가정인 것 같애요. 성옥이 동생도 체육대학에서 력기를 하고 군
대에 나갔던 막내도 륙상을 했습니다. 나도 열아홉살 나이까지 유술을

했지요. 우리 집사람은 빙상을 했고요. 이제는 옛 모습을 찾아볼 수 없겠지만 속도빙상 선수였죠.”

곁에 있던 리춘희 씨가 말을 받았다.

“아니, 지금도 나가면 요란할 것입니다. 빙상관(평양 최대의 스케트장)에서 얼음판을 지치는 애들의 모습을 보면 마음은 처녀 시절로 되돌아가군 하는데, 당신 사람을 그렇게 겉보기로 평가하면 되나요.”

젊은 시절에 체육선수였다는 정성옥 씨의 부모들은 두 사람 모두 성미가 시원시원하고 활달하다. 술기운이 돌아가니 그들의 이야기는 조금도 중단됨 없이 이어졌다.

“들자니 베이징에 있는 우리 대사관 직원들에게까지 정성옥 아버지가 술고래라는 소리가 돌았다고 해요. 난 젊을 땐 술을 많이 먹었어요. 해주에 있을 때 일곱 살 난 성옥이가 이 애비를 위하여 술안주랑 다 만들었는데 동네 사람들이 대단하다며 칭찬하더라고요.”

“나는 해주에서 려관의 일을 했어요. 상업부문에서 일하다나니까 저녁 늦게 집에 들어오군 했는데 어린 성옥이가 어머니 역할을 맡아 했어요. 동생들이 학교에서 돌아오면 세수시키고 숙제 보아주고 밥을 먹였지요. 웬만한 부모들은 딸이 뛰는 걸 좋아하지 않는데 우리 집은 아버

최고인민회의 대의원으로 선출된 뒤 다른 대의원들과 함께. 가운데가 정성옥 선수다.

지도 어머니도 체육을 했잖아요. 그렇다고 부모들이 딸의 재능의 싹을 발견해서 키우자고 한 것은 아니었어요. 로동자 가정이 어떻게 자기 딸을 체육학원이나 선수단, 국가종합팀에 올려서 훈련시키겠나요.”

“어머니. 그릇, 어디 두었나요?”

이날 부엌일을 맡은 것은 정성옥 씨였다. 그의 남편은 이날도 외출하고 집에 없었다. 8월 말에 중국 베이징에서 진행되는 국제경기를 앞두고 훈련에 나갔다고 한다. 정성옥 씨는 교제중이던 김중원 씨를 먼저 어머니에게 소개하였다고 한다. 그때를 떠올리며 어머니가 말했다.

“내가 느낀 인상보다 딸을 믿어야지, 성옥이가 뭘 하나 실수가 없는 딸이였으니까요. 그저 나는 상대가 체육인이니까 좋단 말이예요. 아버지의 의견? 아버지가 반대할 수가 있나 뭐. 딸이란 어머니에게는 의논하는 문제도 아버지에게는 속을 들어놓지 못하잖아요.”

한편 안방에는 세계륙상선수권대회에 출전한 정성옥 씨의 대형사진이 걸려 있었다. 두 번째 위치에서 달리던 그가 40.72km 지점에서 속도를 올려 일본의 이찌하시 아리 선수를 뿌리친 장면이다.

“그 한순간을 위해 힘들었던 훈련이 필요했던 겁니다. 성옥이가 시빌리아에서 돌아와서 아버지한테 하는 말이 ‘만약 앞서 달려나가던 선수가 일본 선수 아니였더라면 자기는 2등밖에 못했다’는 거예요.”

정성옥 씨는 이전에 필자에게도 비슷한 말을 한 바 있다.

“실력을 보면 이찌하시 선수보다 내가 떨어질 수 있었지요. 그러나 정신력에서 나는 이겼습니다.”

실제로 이찌하시 아리 선수는 뒤따라오는 조선 선수의 숨소리와 자세, 보조에서 그가 힘들어한다는 것을 느끼고 있었다고 한다. 그는 경기가 끝난 후 “자기가 2등을 하게 된 리유는 ‘욕심에서 차이’가 있었기 때문”이라고 말한 바 있다.

결승선에 들어선 순간이나 시상식의 장면이 아니라 40.72km 지점의 사진을 안방에 두게 된 영웅가족들의 심정을 일본에서 나서 자란 필자는 충분히 리해할 수 있었다.

부모들이 일치하게 말하듯이 그때 정성옥 씨는 한 가정의 딸이 아니라 달리는 조선의 상징이었다. 그는 이찌하시 아리라는 마라손 선수가 아니라 그의 가슴에 달려 있는 일장기와 승부를 겨루었던 것이다. 시빌리아에서 결전이 벌어진 그날은 8월 29일. 90여 년 전 우리 민족이 일본에 나라를 빼앗긴 날, 조선 사람들의 가슴 속에 지금도 녹슨 못처럼 박혀 있는 국치일이었다.

누가 보건 말건 묵묵히

정영택 씨는 해주에 살고 있을 때 국가종합팀에서 훈련하는 딸을 만나기 위하여 공장의 화물자동차를 몰고 평양으로 자주 올라가군 했다. 그때마다 할머니가 만든 강냉이엿을 딸에게 넘겨주었다. '고난의 행군' 시기 지방도시에서 시련을 겪는 가족들이 얼마나 어렵게 그 엿을 마련했는지 정성옥 씨는 잘 알고 있었다.

그러나 선수단의 합숙소에서 만난 아버지와 딸은 몇 마디 이야기도 나누지 못한 채 헤여지군 하였다. 아버지는 다 큰 나이의 딸에게 건네줄 말이 떠오르지 않았다. 한 번만 례외가 있었다. 1997년의 일이었다. 정성옥 씨가 휴가를 받고 해주로 돌아왔다. 딸은 마라손을 그만두고 집으로 내려오겠다고 말하였다.

"아무리 훈련을 해도 기록은 더 올라가지 않구, 같은 나이 처녀들은 곱게 화장하고 시집 가서 애기 등에 업고 다니는데 내 얼굴은 새까맣게 타구, 홀쭉해지구…."

아버지는 노하며 말하였다.

"이래서 못했다, 저래서 못했다는 건 다 거짓이다. 지금 마라손을 그만두는 건 조국 앞에 죄를 짓는 일이다. 어차피 그렇다면 이제는 너도 나도 함께 죽고 말자…."

정성옥 선수의 가족들. 부모님과 남동생 정성철 씨. 운전수였던 아버지 정영택 씨는 딸의 운전수를 자처했다.

　딸은 망설임을 바로잡고 마라손을 계속하여 세계의 패권을 쥐었다. 그때 평양에서 훈련주로를 함께 달리던 청년을 사위로 맞이하였다. 아버지가 이야기하는 회상담을 딸은 부엌일을 하면서 가만히 듣고 있었다.

　"성옥이가 큰일을 했잖아요. 우리 가족들도 누가 보건 말건 조국을 위하여 자기의 한생을 묵묵히 바쳐가야 옳지요. 비범한 기질을 가진 걸출한 사람만이 영웅이 되겠나요. 국가칭호는 아니지만 우리나라에는 인민들이 흔히 쓰는 '숨은 영웅' 이란 칭호가 있지 않습니까."

　이날 창문가에는 밤늦도록 등불이 켜 있었다. 가족들의 단란하고 흥겨운 웃음소리가 넘치었다. 서장동 고층아빠트 37층. 누구나 다 아는 그 살림집에는 우리와 조금도 다를 바 없는 평범한 사람들이 살고 있었다.

김지영 《조선신보》 평양특파원 2001년 10월호, 7호

실리 사회주의 현장을 가다

초판 2쇄 발행 2006년 4월 26일
지은이 민족21 엮음
펴낸이 윤관백
펴낸곳 도서출판 선인
등록 제5-77호(1998. 11. 4)
주소 서울시 마포구 마포동 324-1 곶마루B/D 1층
전화 (02)718-6252
팩스 (02)718-6253
E-mail sunin72@chol.com
홈페이지 www.suninbook.com

정가 20,000원
ISBN 89-5933-047-7 (03900)